谨以此书献给在金隅 20 年成长中不懈奋斗的金隅人！

铸造辉煌

1992—2012

金隅 **20** 年成长之路

主　编：蒋卫平

副主编：吴　东

　　　　段建国

创意执行：刘　炜

北京出版集团公司

北京出版社

图书在版编目（CIP）数据

铸造辉煌：金隅 20 年成长之路 ／ 主编蒋卫平． —

北京：北京出版社，2012.12

ISBN 978 – 7 – 200 – 09603 – 3

Ⅰ．①铸… Ⅱ．①主… Ⅲ．①建筑材料工业—企业集

团—概况—中国 Ⅳ．①F426.9

中国版本图书馆 CIP 数据核字(2012)第 320335 号

铸造辉煌
——金隅 20 年成长之路
ZHUZAO HUIHUANG

主编 蒋卫平

*

北 京 出 版 集 团 公 司
出版
北 京 出 版 社

（北京北三环中路 6 号）

邮政编码：100120

网 址：www．bph．com．cn

北京出版集团公司总发行

新 华 书 店 经 销

北京画中画印刷有限公司印刷

*

787 毫米×1092 毫米 16 开本 23.5 印张 324 千字

2012 年 12 月第 1 版 2012 年 12 月第 1 次印刷

ISBN 978 – 7 – 200 – 09603 – 3

定价：96.00 元（精装）

质量监督电话：010 – 58572393

重实际
重效益
重创新
争一流

张毅

共融　共享
共赢　共荣

王东

特别能吃苦
特别能奉献
特别有激情
特别有思路
特别能融合
特别有追求
特别能理解
特别能实干

蒋卫平

　　2009 年 7 月 29 日，金隅股份（HK2009）成功登陆港交所，在全球发行 9.33 亿股 H 股

2011年3月1日，时任北京市常务副市长吉林，北京金隅集团董事长蒋卫平在上海证交所为金隅股票（601992）开锣

水泥及预
拌混凝土

金隅四大产业板块

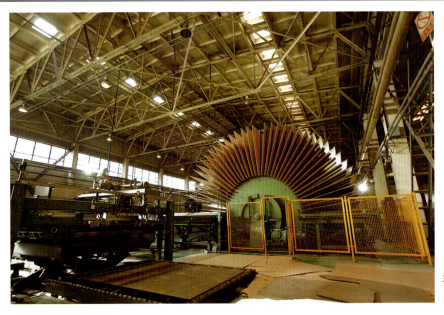

新型建材制造

房地产开发

地产与物业

春到塞北——涿鹿金隅

金隅太行——大窑英姿

金隅水泥外包技术服务让金隅在世界各地展示技术实力。这是琉璃河水泥厂沙特 SCC 项目

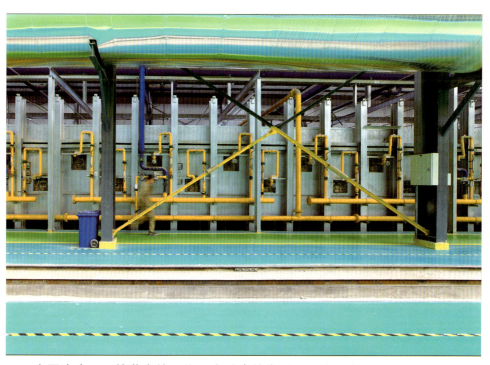

金隅脚步——快节奏的工作、大踏步的发展。通达阳泉新工厂

为了首都的碧水蓝天，拆除燕山水泥厂

金隅环保示范线

朝阳新城廉租房开工

金隅美和园两限房入住

朝阳新城物业 100%的物业费收缴率，见证了小区物业的服务品质

金隅旗下两家物业公司承担着城市 800 余万平方米居民小区的管理

两任书记——为金隅取得的成就，1992年集团成立时任党委书记的唐澄向现任党委书记蒋卫平竖起了大拇指

每年的大年初一，集团领导都要到水泥企业看望在一线坚持生产的职工。这是集团总经理姜德义在振兴水泥慰问

首都文明办主任陈冬、金隅集团党委书记蒋卫平为获得全国文明单位的北京水泥厂颁发证书

2011 年，北京市总工会副主席余俊生等来到金隅为劳模李庆祥庆贺百岁寿辰

每逢年节，集团都组织各种慰问，把公司的温暖送给老党员、困难职工和为金隅做出突出贡献的金隅人

琉璃河水泥博物馆的主题墙记录了琉水的辉煌历程

在为庆祝建国60周年举办的全国建材职工第二届艺术展中，金隅人获得了两个一等奖

金隅通过各种方式促进职工身体健康

金隅艺术团经常深入厂矿、工地慰问演出

　　2008 年，汶川地震发生后，当时的金隅星牌公司职工加班加点赶制灾区急需的彩钢板，并送往灾区，受到了中华全国总工会和北京市总工会的赞扬

向灾区捐款

由北京金隅冠名赞助的北京金隅篮球队获得 CBA 中职篮 2011—2012 赛季总冠军

金隅职工参与当地救灾，扑灭山火

每年七一前后，公司都要表彰一批优秀共产党员，共青团员和先进工作者。这是2010年冯运生获得"全国劳动模范"后接受证书

2012年五一劳动节期间，公司领导接见劳模和先进集体代表

金隅集团总部通过各种学习活动，建设管理高效的满意总部

集团领导参加支部活动，到山区看望老党员，进行传统教育

北京金隅集团（股份）第一次党代会选举出公司新的领导集体

前　　言

蒋卫平

　　伴随着中国改革开放的大潮，北京金隅风雨兼程 20 载，由弱变强，在持续创新中逐步成长为国有控股的大型现代产业集团和征战国际国内两大资本市场的公众公司，在与时俱进中奏响了波澜壮阔的华美乐章。

　　过去 20 年，是金隅艰苦创业、奋勇拼搏的 20 年。金隅集团确定了"科工贸一体化"发展方向，制定了"五统一"原则，确立了"三重一争"集团精神，逐步建立起"以产权联结纽带为基础，以多级法人分层管理为特征，以整体发展为目标"的母子公司体制，并由此确立和开创了集团化发展道路。

　　过去 20 年，是金隅改革创新，锐意进取的 20 年。金隅按照自身战略规划，义无反顾，在改革发展中不断探索实践、不断充实完善，走出了一条具有自身特色的持续快速健康发展之路，并且多年位列中国企业500 强，在经济规模和核心竞争力方面居于全国同行业前列。

　　过去 20 年，是金隅强化核心产业链，整体持续快速发展的 20 年。为持续强化核心产业链，加快实现整体做强做大的目标，集团党委董事会制定了"三高一快两步走"战略方针，确立了"共融、共享、共赢、共荣"发展理念，并据此大力实施"走出去"战略。集团的战略布局更加科学、产业规模不断扩大，在区域市场乃至全国的影响力、控制力和竞争力持续增强。

过去 20 年，是金隅进军资本市场，实现历史性跨越的 20 年。2005年 12 月，金隅集团采用发起设立方式，组建北京金隅股份有限公司，完成集团层面股份制改造，标志着金隅经营体制的又一次战略性变革，为构建科学、高效的现代企业管理制度奠定了良好基础。在克服了国际金融危机蔓延、全球股市振荡、内地新股发行暂停、香港新股发行近乎停滞等重重困难后，金隅股份于 2009 年 7 月 29 日以香港资本市场上多项殊荣，在联交所 H 股挂牌上市，创造了自国际金融风暴以来的成功发行范例。又经过一年时间的努力拼搏，金隅股份 A 股于 2011 年 3 月1 日在上交所成功挂牌上市，成为当年 H 股上市公司回归 A 股的又一项第一。"A + H"两地上市，标志着金隅集团同时拥有了境内外两个资本市场平台，实现了产业资本与金融资本的有机融合，开创了更加广阔的发展空间，也为加快向国际一流产业集团迈进奠定了坚实基础。

过去的 20 年，是金隅硕果累累、成就辉煌的 20 年。20 年前，集团实力还很弱小。20 年后，集团总资产已达 812 亿元、净资产 233 亿元、营业总收入 326 亿元、实现利润 43.5 亿元，分别是 20 年前的 27.4倍、20.8 倍、13.4 倍、77.7 倍，经济效益和经营规模在全国同行业、北京市属国有企业中跃居前列，在中国企业 500 强、中国企业效益200 佳和全国盈利能力 100 强等权威榜单中的排名持续大幅提升。

过去 20 年，是金隅不辱国企使命，勇担社会责任的 20 年。在不断加快自身发展，充分发挥国有经济引领、带动和示范作用和确保国有资产持续保值增值的同时，始终坚持"经济效益、社会效益、生态效益协调统一"，为城市发展、环境安全和社会和谐做出了积极贡献，获得"五一劳动奖状"、"中华环境奖"、"全国企业文化示范基地"、"北京十大影响力企业"、"中国最具影响力企业"等荣誉称号，并得到了党和政府以及社会各界的肯定。

过去 20 年，是金隅创新党建，凝心聚力的 20 年。集团党委在市委和市国资委党委的坚强领导下，结合自身实际，坚持党建工作围绕、融入、促进经济发展，明确了"结构更加优化、效益更加显著、发展更加和谐"的科学发展主题，确立了"四强"、"四优"和"四好"有机结合的"创先争优"活动载体，形成了各级领导重视、机制健全、保障有力的"惩治和预防腐败体系"，开展了以了解人、关心人、凝聚人、激励人为内容的"凝聚力系统工程"。与此同时，始终坚持"德才兼备、以德为先、注重实绩"的用人原则、"能务实、敢创新、讲效率、抓效益、干成事、不出事"的用人标准、"民主、公开、择优"的选拔任用机制、"对长期在条件艰苦、工作困难的地方工作的干部职工格外关注，对不图虚名、踏实干事的干部职工更加留意，对埋头苦干、注重为长远发展打基础的干部职工绝不亏待"的用人导向。获得"全国建设系统思想政治工作先进单位"、"北京市思想政治工作创新奖"等荣誉称号，集团党委多年来在党建创新和思想政治领域的工作成绩得到上级有关部门充分认可。

辉煌与荣耀属于过去，激情与创新成就未来。我们今天总结回顾集团走过的 20 年发展道路，二十个春秋寒暑，之于浩瀚历史长河只是短暂一瞬，之于金隅人却是一段难忘的流金岁月，而之于金隅百年基业，则是开创更加辉煌发展局面和更加美好未来的又一新起点。

下一个新的 20 年，需要我们紧紧抓住重要战略机遇期，进一步增强加快发展的责任感、危机感和使命感，始终保持奋发有为、只争朝夕的精神状态，始终保持艰苦奋斗、顽强拼搏的优良作风，始终保持永不满足、再创新高的进取意识，勇往直前，不懈奋斗！

下一个新的 20 年，需要系统内广大党员干部牢记责任与使命，坚定理想信念，始终保持旺盛的创新激情，在困难面前敢闯敢试，勇于探索，敢为人先。在开拓征途上善于学习，勇于实践。在风险面前科学严谨，敢于担当；始终砥砺勇气，坚定信念，瞄准发展目标不动摇，抓紧工作进度不放松，解决现实矛盾不回避，团结带领广大职工奋发有为，广泛凝聚发展力量开拓进取，在加快金隅创新发展的生动实践中发挥好先锋模范作用。

下一个新的 20 年，需要系统内各级管理团队在科学发展观指导下，准确研判外部发展环境的深刻变化，进一步增强机遇意识、产业板块协同意识和顺应宏观调控把握自身发展意识，进一步增强发展谋划能力、战略推进能力和执行落实能力，进一步提升技术创新水平、管理创新水平和体制机制创新水平。从而不断形成创新驱动发展格局，不断提升核心竞争能力，不断探索出一条具有自身特色、紧抓历史新机遇以实现跨越式新发展的有效路径。

下一个新的20年，需要系统内各级党组织充分发挥思想政治优势，认真践行社会主义核心价值观，大力弘扬"北京精神"，持续加强"三支队伍"建设，进一步激发全体干部员工以更加昂扬的发展斗志和更加饱满的精神状态，为实现共同的理想信念和价值追求而努力奋斗。

让历史见证金隅人实现崇高理想的岁月征程！

目　　录

第一部分　国有企业改革的必由之路／1

● 从 1992 年到 2002 年，金隅走过了公司集团化成长的第一个十年。这十年，金隅人在反复思考和实践中确立了"走集团化整体发展道路，在市场竞争中实现自我发展、自我壮大"的共识。金隅完成了由建材工业局向产业集团的市场化转型。

● 十年中，金隅转变传统的"砖、瓦、灰、砂、石"生产，顽强地搭建起今天"四大产业板块"的最初框架。2002 年，公司的营业总收入达到 60.5 亿元，比成立时翻了一番多。

● 2000 年 12 月，北京建筑材料集团有限责任公司更名为北京金隅集团有限责任公司。

第二部分　金隅成长之路／57

● 从2003年到2008年，金隅提出了把公司发展成为国际化产业集团的"第二步"战略目标，确立了"三高一快两步走"战略，要公司"先做强，再做大"。这一时期，金隅紧紧抓住2008年奥运会这个难逢的历史机遇，赢得了公司历史上最快的发展阶段。公司试水资本市场，实现了资本条件下的扩张。2005年，金隅股份宣告成立。

● 到2007年末，金隅集团资产总额达到300亿元，营业总收入129亿元，利润总额8.7亿元，营业收入等主要经济指标实现年均20%以上增长，比2003年翻了一番还多。

● 在企业文化上，金隅逐步形成了"信用、责任、尊重"的核心价值，形成了"共融、共享、共赢、共荣"的共同发展的理念，提出了在集团的整体发展中，逐步实现企业发展和个人的价值。

第三部分　实现跨越式发展之路／105

- 2008 年之后的几年，金隅真正实现了跨越式的发展。
- 历经几代金隅人竭力打造，金隅在国内、国外两个资本市场成功上市；实现了战略扩张；并且"一路披荆斩棘，成功实现企业化、集团化、股份化、证券化等一系列战略转型，在国企改革发展中始终勇立潮头"。到 2011 年底，北京金隅的营业收入达到 326 亿元，再次实现翻番。
- 金隅在学习实践科学发展观教育中提出了"结构更加优化、效益更加显著、发展更加和谐"的金隅发展主题。提出了促进金隅与金隅人共同发展，建设"和谐金隅"的未来发展方向。
- 金隅人所特有的"八个特别"的人文精神成为一代金隅人的共同价值观，金隅以一脉相承而又与时俱进的优秀企业文化凝聚全系统干部职工精诚团结，和谐奋进。

第四部分　和城市一起成长／151

- 五十余载风雨兼程，百炼不轻，从革不违，斯为真"金"；三十多年改革发展，博纳百川，守正出奇，雄踞一"隅"。
- 在多年的发展道路中，金隅人牢记自己最大的社会责任——发展。金隅人坚持改革深化和机制创新，使可持续发展更具活力。
- 进入集团整体快速发展的新时代，金隅提出了与北京的城市发展相互推动的发展思路与发展举措，紧紧围绕北京市的城市功能定位和规划布局，完善产业链条，实施战略转型和升级。
- 在发展过程中，集团层面强调企业化之路，整体发展之路；在发展方式上强调集中力量办大事，小发展服从大发展；在发展道路上强调学习、借鉴，坚持走自己的道路；在发展中公司不断强大，从走出去学习到走出去发展。
- 在企业层面，坚持共同发展的目标，走共同探索的道路；企业之间利益上互让，目标上趋同，发展上借势合作。

第五部分　融合的力量 / 229

● 在金隅 20 年的发展历程中，集团营业收入从 1993 年的 32 亿元到 2003 年的 66.06 亿元，用了 10 年时间；再到 2007 年的 129 亿元，用了 4 年时间；这以后到 2011 年底，同样 4 年时间，北京金隅的营业收入达到 326 亿元。

● 几年前，在制定"十一五"规划时连许多金隅人自己都不敢相信，这会是真的。曾经"特别能吃苦"的金隅人，靠越来越有"思路"，创造了 2008 年国际金融危机爆发后资本市场的九项"第一"。

● 成功融资后，金隅迅速地赢得了收购、整合最为有利的时机，果断出手。在做强的基础上，逐步做大。这恰好印证了那句话："把不可能变成可能，没有金隅人干不成的事。"

第六部分 金隅文化引领公司和谐发展／275

● 人们说，伟大的文化催生伟大的力量。在金隅，历经多年的风雨砥砺、薪火相传，逐步产生了企业特有的价值观念、发展目标、管理风格和人格认同。金隅的历代领导人也越来越重视这种文化传统的影响和传承，不断地总结提炼，形成了一系列为金隅人共同认可的企业文化。同样，金隅各级企业的领导者也都不约而同地谋求用更先进的企业文化引导公司成长。

● 这20年，金隅的企业文化表述经历了几个重要的历史时期，一直在不断发展，不断充实，但目标始终如一。

● 如今，金隅"掌门人"再次概括金隅文化的内涵时说："从某种意义上讲，可以将'三重一争'，'共融、共享、共赢、共荣'和'八个特别'理解为金隅文化的最显性符号，但逐一穷究其深层次内涵，皆可归于'成就事业发展'这一本质。"

第一部分

国有企业改革的必由之路

- 从 1992 年到 2002 年，金隅走过了公司集团化成长的第一个十年。这十年，金隅人在反复思考和实践中确立了"走集团化整体发展道路，在市场竞争中实现自我发展、自我壮大"的共识。金隅完成了由建材工业局向产业集团的市场化转型。

- 十年中，金隅转变传统的"砖、瓦、灰、砂、石"生产，顽强地搭建起今天"四大产业板块"的最初框架。2002 年，公司的营业总收入达到 60.5 亿元，比成立时翻了一番多。

- 2000 年 12 月，北京建筑材料集团有限责任公司更名为北京金隅集团有限责任公司。

20年前，88岁的邓小平考察中国南方武汉、深圳、广州等城市。在离开深圳前，他对广东省委发表了关于加快改革开放步伐的谈话，指出："要害是姓'资'还是姓'社'的问题。判断的标准，应该主要看是否有利于发展社会主义社会的生产力，是否有利于增强社会主义国家的综合国力，是否有利于提高人民的生活水平。"从此，三个"有利于"成为人们衡量一切工作是非得失的判断标准。这就是"南方谈话"。

第一个名称"北京建筑材料集团总公司"

这一年的初秋，曾作为原政府主管建材工业具有工业局性质的"北京市建筑材料工业总公司"撤销，组建成立了"北京建筑材料集团总公司"。

集团的大事记上是这样记录的：

1992年8月18日　依据北京市政府办公厅《关于撤销北京市建筑材料工业总公司组建北京建筑材料集团总公司的通知》文件，北京建筑材料集团总公司成立。

从"北京市建筑材料工业总公司"到"北京建筑材料集团总公司"，北京后面那个背着40年的"市"字没有了。一字之差，曾经的国家干部变成国企职工。这，是进步吗？

9月21日，就在刚刚成功承办过第十一届亚洲运动会的亚运村五洲大酒店，北京建筑材料集团总公司举行了成立大会。当时的北京市领导、国家建材局领导到会祝贺。

之后，《北京建材报》这样报道成立大会：

标志着北京建材工业将有一个新跨越的北京建筑材料集团总公司成立大会，于9月21日在亚运村隆重举行。……

北京建筑材料集团总公司的成立是以全民所有制为主体，

1992 年 9 月 21 日，北京建筑材料集团总公司成立大会在亚运村五洲大酒店隆重举行

多种经济成分并存的企业性公司，由 115 家企业组成，生产经营 24 类 160 个品种上万个规格的优质产品，能保证首都 1000 万平方米建筑所需的材料，部分产品还出口到 40 个国家和地区。

为祝贺北京建筑材料集团总公司成立，各界领导、有关部门纷纷题字或发来贺电。为成立大会题字的有：全国人大常委会副委员长费孝通、王光英，全国政协副主席洪学智，中顾委常委耿飚、杨得志，中顾委委员袁宝华、吕东、荣高棠，经贸部副部长吴仪，国家建材局局长王燕谋，北京市常务副市长张百发等。

当时，承担大会礼仪任务的是刚刚由国家干部转为公司员工的王淑英、蔡琍等一批年轻女孩儿。20 年后，回忆起当天的情景一切仍历历在目。

像王淑英们一样，虽然是身份改变了，但当时的人们并没有意识到，这一天的改变，对于自己的企业以及企业的未来意味着什么？

郭凡，也是这个群体当中的一员。不同的是，这个出身书香世家的女孩子，天生有一种"叛逆"的心。

这年 9 月，经过了长达 16 年反复的考察、论证，建材人梦想了多年的"大水泥"——北京水泥厂终于获得批准在昌平县筹建。

北京水泥厂是经国务院批准 1992 年开工的全国 70 个基本建设大中型项目之一，也是北京市重点工程之一。设计能力为日产 2000 吨水泥熟料，总投资 4 亿元人民币。这在北京建材的历史上是空前的。

为此，总公司发出号召，组织、选派一批机关干部支援一线，到"大水泥"筹建处去。

"大水泥"有多大？时任总公司团委副书记的郭凡，当时只有二十几岁。那时正在上映一部罗马尼亚电影《沸腾的生活》，描写的是港口上一位厂长多彩的生活。郭凡羡慕极了电影中那钢筋铁骨的场景和激情火热的生活。她毫不犹豫地报了名，到第一线去。同时报名并充实到一线的还有总部机关人员吴震珊、季伯文、许明等 22 人。

"大水泥"之梦

筹建北京水泥厂是北京市政府还有北京建材人的梦想。当时的北京城，每年仅开工的住宅就达数百万平方米，再加上城市建设，中央部委、企业在北京的建设发展，城市对于水泥等建材有着大量的需求。当时的北京建材总公司虽号称是北京市建材行业的龙头，但作为建材基础产品的水泥产能只有不足 200 万吨。分别是 1939 年建厂的北京市琉璃河水泥厂，拥有 6 条生产线，水泥产能却只有百万吨。还有建于"大跃进"时代的燕山水泥厂，年产水泥 50 万吨。这对于亚运会后正急速发展的北京市城市建设不过是杯水车薪。尤其是，对于刚刚成功举办了有史以来最辉煌一届亚运会的北京市来说，人们已经把目光放到了 2000 年的奥运会。申办新世纪的第一届奥运会成为当时北京市政府和老百姓最为急于成就的梦想。

要申办奥运会，城市要发展，城市的基础设施建设必须有一个大的飞跃。所以，建设一个现代化的水泥厂获得了各界空前的关注。

早在 1975 年，有关部门就成立了水泥筹建处。但是，在当时人们

北京水泥厂开工时职工的合影

的印象里，水泥生产是浓烟滚滚，乌烟瘴气。生产中大量的粉尘使得工厂周围灰蒙蒙一片，天地一片灰色。所以北京市有关部门对于发展水泥，兴趣不大。

到了20世纪80年代，城市的各项建设都在发展，作为建设基础材料的水泥更是紧张得经常需要主管市长出面协调。1984年，实在是为水泥挠头的张百发副市长要求北京市计委上报北京市水泥建设计划。果然，国家计委在1985年初，迅速下达了北京水泥项目的建议书。对于当时计划经济体制下的项目立项和审批来说，一般要经过下达项目建议书，在地方政府立项；批准后，组织委托设计；组织各方面专家扩充设计；组织施工设计；开工等几个阶段。项目建议书的下达意味着北京水泥项目已经纳入国家投资计划"大本"。这时，刚刚来到水泥筹建处的原建材总公司所属水泥公司副经理沈鑫根踌躇满志地打算干一番大事业了。公司组织的10名大学生、10名中专生也已到岗，被人们期盼着、称为"大水泥"的项目准备启动了。

然而，筹建的过程也绝非一帆风顺。比水泥更紧张，北京市电力发展更为迫切。同样作为北京市"八五"期间的重点工程，石景山发电厂三台20万千瓦发电机组，先期上马了。北京发展电力在当时的条件下只有火力发电一条路。烧煤，会大量产生粉煤灰，而粉煤灰的处理只有一种办法：沿着永定河漂走。久而久之，永定河将成为第二条河底高出地面的"黄河"。而石景山电厂今后每年要增加排出 20 万吨粉煤灰。建设水泥厂，刚好可以吃掉它。看似一桩好买卖，也没让水泥厂的上马过程加快。

当年的学生一部分作为劳务支援伊拉克去了，一部分留下来继续筹建。很多人动摇了。有人跟沈鑫根开玩笑："够不着的东西你还要蹦吗？"当时的筹建办公处在东四四条 78 号，几乎要搬出来。是张毅叮嘱老沈："不能走！走了还回得来吗？"一贯办事坚毅果断的老董事长这时也感到些许的无能为力。

1990 年，石景山新建的机组发电了。困扰电厂的粉煤灰处理难题似乎也淡化了。北京市有关部门建议：北京水泥厂项目下马。

报告给到张百发。张百发批示：水泥项目是首都建设之急需，必须尽快上马。意见与有关部门正相反。与此同时，靠着张百发当时的影响力和北京市正在兴起的城市建设，四位副市长同样给出了与有关部门相反的意见。经过这一反复，有关部门也提出协调解决相关问题。再一次报有关市长审批，这回增加了使用土地等事项。就这样，筹建北京水泥厂的批文，经过五位副市长，九次批示，终于走到了开工建设的门槛。

1992 年 4 月 25 日，第一批建设者进驻现场指挥部。4 月 30 日，总公司领导、机关干部到现场参观慰问。

1992 年 5 月 1 日出版的《北京建材报》一版头条消息是这样报道的：

经历十六载　今朝始出来
北京水泥厂筹建工作紧锣密鼓

本报讯　"大水泥"——北京水泥厂的代名词，历经十六载风风雨雨，数度坎坷与沉浮，经总公司几任领导及大水泥筹建处同志的不懈努力，终于正式获得开工建设的许可证。

建成后的北京水泥厂年产高标号水泥 74 万吨，是全国

1992 年 70 个基建重点项目之一，而且是仅有的一个建材项目，将对首都城市建设和改变北京市的建材产品结构起重要作用。

为支持北京水泥厂在 10 月 1 日前开工，总公司机关和琉璃河、燕山水泥厂等单位克服本身的困难，在一周内就抽调了 40 多名精兵强将到北京水泥厂筹建处报到。目前，这个筹建处已建立了党支部，设立了政治工作处、计划财务处、土建工程处、生产准备处、动力设

由于选址在一片曾经的河滩上，土质软，因此建厂时需要将大量的混凝土桩基打入地下，每隔几米就是一个

备处、劳动人事教育处、行政办公室等机构，为大水泥的按时开工创造了良好条件。

北京水泥厂位于昌平县南 7 公里北小营村，距天安门 35 公里，总投资近 4 亿元（含外汇 460 万美元），该厂将采用国内外先进技术、设备，将建成居国内领先地位的现代化水泥企业，并成为北京市建材工业对外展示实力的窗口。该厂预计 1995 年 10 月 1 日建成投产。

白秀喜

终于到了顺利推进的时候。就在北京建材集团总公司成立后的一周，9 月 28 日，北京水泥厂在距离天安门 35 公里的昌平区北小营废弃的河滩上破土动工了。从 1984 年担任北京水泥厂筹建处主任，历经"八年抗战"的沈鑫根担任了现场建设总指挥。郭凡也被留在了北京水泥厂。

按照当时的规划，北京水泥厂占地 800 亩，投资近 4 亿元，主体是

北京水泥厂转窑安装

日产 2000 吨熟料的窑外分解生产线，是国家及北京市"八五"重点项目。建成后的北京水泥厂，可年产水泥 74 万吨，其中，普通水泥 60 万吨，粉煤灰水泥 14 万吨。散装与袋装比例为7：3。企业预计年销售收入 1.37 亿元，利润总额 4700 万元。

与其他企业不同，历经风雨的北京水泥厂在筹建之初就提出了北京水泥厂的企业精神是："团结拼搏，勇于成功，乐意奉献，志在一流。"

创办全国首家"高新建材开发区"

1992 年，对于北京的建材行业来说，的确是极不平凡的一年。这一年的 5 月 6 日，时任北京市副市长的张百发到北京陶瓷厂视察。"北陶"是 20 世纪 50 年代为国庆十大建筑工程建设需要而筹建的，产品曾经被誉为"皇冠"产品，行销世界各地。随着设备设施的逐渐老化，企业已多年亏损。为了改变这个局面，建材总公司投资 7000 万元，引进日本东陶公司的技术，建成一条年产 20 万件中高档卫生洁具陶瓷生产线。投产后，当年就生产了 10 万件产品。这一跃，使北京的洁具市场快步前进了十几年。张百发细心地看着新洁具，询问公司生产经营状况。他叮嘱陪同的建材集团领导，规划要合理，胆子要大，步子要快。"下次外商来我可以见一下。"他还说："北京的建筑工程要用自己的产品。"

也许是半天的参观考察让这位搞建筑出身的副市长，感受到了北京建材业发展的希望。随后的 7 月 8 日，北京市政府的主要领导一齐来到"北陶"，就如何发展北京市的建材工业召开现场办公会。会议的成果包括：成立北京市发展建材工业领导小组，由市长助理担任组长；组建北京建材集团总公司；在西三旗创办全国首家"高新建材开发区"。

6 月 6 日，总公司成立了新型建材开发区指挥部，张毅为总指挥。开发区由总公司所属混凝土制品一厂和二厂、建筑涂料厂、长城砖瓦机械厂、轻钢结构厂和建材技校等，俗称"五厂一校"共同组成，占地 3400 亩。建成后，开发区将形成新型墙体材料、装饰材料、建筑

1993 年建设建材城前的西三旗路，宽不足 10 米，与如今一条普通的乡村道路没什么区别

和水暖五金、高科技建材产品等产业集群，成为北京市新型建材制造的重要基地。时任总公司党委书记唐澄、总经理张毅为指挥部成立揭幕。高新建材城的成立，使建材总公司土地开发带动工业调整的步伐大大加快了。

1993 年 9 月 5 日，《北京建材报》追踪报道了这一时期建材城建设的情况：

充满希望的热土

——初访"建材城"

本报记者

公元 1992 年 7 月 8 日，是北京建材工业发展史上最难忘的日子，也是首都建材职工最感到自豪的日子。这一天，市政府在北京市陶瓷厂组织召开现场办公会。会上决定了发展北京

建材工业的三件大事：一是成立市发展建材工业领导小组；二是决定组建北京建材集团总公司；第三就是在北郊西三旗地区5.2平方公里的土地上建立北京高新建材工业开发区（即建材城）。同年9月28日，西三旗建材城隆重剪彩。从此，一个以开发生产高新建材产品为主导，技工贸和房地产开发于一身的高新建材开发基地便拉开了建设的序幕。建材人心里充满了喜悦、振奋与感激。北京建材工业的灿烂前景已展现在眼前。

一年来，"建材城"建设进展如何？记者日前进"城"进行了采访。

从西三旗往东，便是通向"建材城"规划中的主干道。记者惊喜地发现，三个月前还是一条宽不足10米、两旁环境杂乱的小马路，如今旧貌已踪影无存，取而代之的是宽约50米、一望无际的正在扩建的大工地。工地上，推土机、铲车、吊车、运输车隆隆作响，来往如梭。一堆堆石碴、灰土星罗棋布，施工工人们冒着34℃的高温挥锹舞镐，个个汗流浃背，好一派热火朝天的繁忙景象！据介绍，这条主干道是建材城迎接国内外商界朋友投资的重要"桥梁"，因此必须首先抓紧建好。别看这条路只有6.6公里长，建起来可真不容易。首先，路面宽度要由10米扩到45米，路下还要埋设水、电、气、通信管网，单是拆迁清理路两侧构筑物和平整沟沟坎坎，工作量之大就是难以想象的。在拆建工作中，该地区各单位和居民们给予了很大支持与合作。特别是"城"内"五厂一校"的干部职工们，以集团利益为重，克服了种种困难，做出了大量的无私奉献。再说建设资金，困难更是不小。据"建材城"负责同志介绍，尽管他们千方百计四处筹措，但如果没有市政府和各有关兄弟单位的关怀与大力支持，扩建工作将寸步难行。可以说，大家正在以实际行动，谱写着一曲齐心协力、走向胜利的凯歌。据悉，这条路可望在今年9月28日由西三旗环岛至建中路环岛北侧快慢车道通车，年底前西三旗路、建中路全线通车。

记者来到城内工业区，该区在建材城中占地面积最大，约占规划总面积的48.9%。据介绍，到目前为止，已进行工作的各类工业项目达75项，其中开工的已有10项。记者在与中国台湾合资、以生产五金洁具件和精铸件为主的柯登有限公司工地看到，两座大型新厂房已拔地而起，据说该公司现已部分投产，今年1月份就要完成五金散件组装1000套。记者获悉，到目前为止的75个项目全部建成后，将年创产值4亿元—6亿元，年实现利税总额可达1亿元—2亿元，可安置职工1800人—2500人。届时，本市建材产品的档次和配套能力将得到大幅度提高，预想的建材城可初具规模。在生活东小区建筑工地上，记者看到建筑工人们正在紧张施工，前后三栋居住大楼主体已竣工。据介绍，今年开工15万平方米，力争30万平方米。可喜的是，房未建完，却已售出2万多平方米，年内争取售出5万多平方米，对实现为建材城积累资金、自我循环、自我发展无疑是个良好的开端。建设建材城是个庞大的系统工程，要做的事实在是太多太多，容易办到的事实在是太少太少，但记者欣喜地发现，建材城里上至各级领导，下至职工群众，包括新来的大学生们，无不充满着一种奋力拼搏、自信自强、真抓实干、勇于成功的可贵精神。这是早日建成建材城的可靠保证！时任北京市委书记在为建材职工亲笔写的诗中这样说道："改革更开放，筑起建材城，米菜丰且美，巧妇易为炊。"这语重心长的勉励，正在激励着建材集团8万名职工团结奋进，决心创造出更新、更好、更多的建材产品，为首都建设、为祖国繁荣昌盛、为人民生活得更美好做出新奉献。

1994年1月25日《北京建材报》：

"建材城"建设有突破性进展

本报讯 （记者 王宁）在建材城1994年第一次工作会上记者了解到，在市政府和总公司的关怀指导下，通过五厂一校的通力合作，建材城3000多名干部、职工的艰苦创业，1993年取得了优异成绩。1994年他们又提出了更高的奋斗目标。

自1992年7月8日，市政府现场办公会决定建设建材城以来，经建材城经营开发公司全体职工创造性地工作，各项工作进展很快。目前，市政工程6000米西三旗路和建中路及地下7条管线工程，1993年底基本完成原计划任务。住宅建设完成开工面积15万平方米，竣工2.5万平方米。工业项目完成三资企业5个，柯登五金洁具件组装线，1500套精铸线土建工程全部完成，台湾第一批设备已到厂。完成以上各项指标总投资额达1.9亿元。

1994年他们提出进一步解放思想、团结务实、开拓创新，要有新突破新举措。具体目标是：①营业收入15490万元，比上年增长44.8%，实现利税297.7万元，增长35%，归还专项贷款321万元，增长52.9%，消化潜亏270万元，多消化12%，基建总投资4.7亿元，其中工业项目6775万元。②开复工建筑面积30万平方米。③市政工程初步实现七平一通。西三旗路和建中路景观有明显变化。④热力厂21706.75平方米土建工程全面开工，竣工7034平方米，完成两台锅炉配套设备安装，保证1995年供气。⑤完成临时变电站工程和正式变电站土建工程。⑥柯登公司两条生产线正式批量投产，完成精铸件142吨，五金件13000套。⑦轻钢结构厂、涂料厂搬迁

当年的好美家家具建材市场，如今是新都商城

改造，新厂区土建工程全面开工，完成主体厂房的建设。⑧保证区内五厂完成承包任务和产品结构调整。⑨争取引进玻化砖等 5 至 10 项高附加值工业项目进区。⑩争取几项政策的落实和批准确定建材城扩大到 35 平方公里的规划控制边界。

展望未来，建材城前景十分诱人，正像总经理张毅所指出的：建材城要成为集团吸引外资的基地，成为发展新型装饰材料的基地，成为代表集团形象的基地，成为上台阶奔小康的基地。

1994 年 9 月 25 日《北京建材报》：

以优异成绩向建国四十五周年献礼
北京高新建材城主干道路全线通车

9 月 13 日下午，北京建材集团高新建材城内彩旗飘扬，气球高悬，一派喜气洋洋。经过建设者们一年零四个月的团结奋战，建材城主干道全线建成通车。与主干道配套的通信、电力、天然气、上下水、热力等地下管网工程也同时竣工。建材集团总公司"迎接十一庆通车"座谈会在这里隆重举行。

建材城主干道包括西三旗路和建中路，贯穿建材城东西和南北，全长约8公里，路面宽45米，两条路交会处为直径100米建材城中心环岛，这里与西面八达岭高速公路相距只有3公里。

主干道建设是建材城基础设施建设的重点工程之一。西三旗地区原市政基础条件一直很差，7米宽的路面损坏严重，更缺少电力、天然气、上下水、热力等必要的基础设施。为全面改善招商引资的硬环境，加快建材城的建设步伐，在市委市政府的关怀支持下，建材集团首先对这一地区的市政基础设施进行大规模改造。在资金十分紧张的情况下，通过共建等多种形式，广泛筹集建设资金。担负主干道施工任务的城建集团四个公司的广大职工，克服施工中的种种困难，奋力拼搏，保证了工程建设的如期竣工。

建材城主干道建成通车，使建材城的开发格局基本形成，为全面改善招商引资的硬环境打下了坚实的基础。目前，除主干道外，热力厂、配电站工程正加紧建设；天然气、自来水和电信等公用工程也都取得了实质性进展；房地产开发进展顺利。随着基础设施的不断完善，建材城建设重点将在现有工业项目建设的基础上，加快招商引资进行工业项目建设的步伐。

市建委主任王宗礼在讲话中称赞建材城主干道通车是建材、城建两大集团团结合作的结果，他希望建材城今后在转向全面招商的工作中取得更大成绩。建材集团总经理张毅在讲话中要求建材城在今后的工作中要进一步重视现有的土地，争取更多可利用土地，发挥更大的土地效益；巢已筑起，可引凤来。要有选择地引进高技术高附加值的工业项目进区，注重经济效益；要抓紧工业项目的动工建设和竣工投产，使建材城早日出效益；要继续抓好与市政工程和工业项目相配套的房地产开发。

张瑞梅　严在文

经过了几年的开发建设，那个曾经以黏土为原料，生产"秦砖汉瓦"等传统建筑材料的砖瓦窑地，经过了填坑造地，统一规划，调整产品，引进资金和技术，相继开发建设了一批高新建材项目，昔日的工业废弃地成为招商引资的热土，更成为北京市建材制造业改变昔日形象、跨入新型建材领域的标志。那时投产的新型建材项目达18个，总投资达16亿元。其中，TOTO高档卫生洁具的生产制造使中国的洁具市场飞速跨越了十几年，成为洁具产品的领导品牌。天坛这个曾经连续13年位居中国市场第一的家具制造企业，拥有了更加现代化的生产空间。

西三旗建材城还为日后金隅集团探索园区化发展模式，提供了宝贵的经验。之后的金隅集团又分别推动了大厂工业园区和窦店工业园区的建设。园区化发展模式成为金隅建材制造业规模化、规范化发展模式的成功探索。

20年后，人们这样记述了建材城。

建材城　探索中前行

一

20年前的6月6日，建材集团总公司（金隅集团前身）在北京市建筑涂料厂召开揭牌大会，西三旗新型建材开发区指挥部宣告成立。9月28日，举行了西三旗建材工业开发区开工典礼。

20年过去了，昔日荒草遍野、沟壑纵横的工业废弃地，经过金隅职工20年拼搏和创新，已经在一片工业废弃地上建起了一座新城。这是金隅集团探索产业结构调整和利用工业开发区模式建设新型建材产业的第一块实验田。

放眼望去，一座座现代化厂房林立在建材城路和林萃路上，工商银行数据处理中心、佰能电气、天坛家具公司、东陶

2011 年建成的金隅翡丽是高品质低密度住宅

（北京）有限公司、爱乐屋等知名企业落户在这里；西三旗主干道路、热力厂、电站、电信局等市政基础设施完备；硅谷先锋、润生园、金隅翡丽、枫丹丽舍等中高档住宅的开发建设，使老建材职工告别了低矮潮湿、环境脏乱的平房，还迎来了数万的城市新居民。

今天的人们很难想象，这些厂房、住宅都是建设在一片废弃的大坑上。

1992 年，西三旗建材城成立前，这里是当时北京市重要的砖瓦生产基地。由于建厂早，生产工艺落后，长期的粗放经营，使大片的良田变成工业废弃地。区内生产黏土砖而形成的大坑有 31 个，面积 70 多万平方米，大坑的平均深度 7.3 米，深处将近 20 米。

建材城成立之初，集团以整体资源将混凝土制品一厂和二厂、建筑涂料厂、长城砖瓦机械厂、轻钢结构厂和建材技校等俗称"五厂一校"所拥有土地 3400 亩，总体开发利用，建设包括发展新型墙体材料，建筑和水暖五金制品以及建筑高新科技产业的新型建筑材料工业基地。

1992年7月8日，在北京市陶瓷厂举行的市政府现场办公会上，市政府批准了这个做法，决定在西三旗地区5.2平方公里的土地上建立北京高新建材工业开发区（即建材城）。当年的9月28日，也就是集团成立大会后一周，北京市的主要领导为开发区开工揭幕。一场建城的战斗打响了。

建设伊始，集团要求一面努力改变投资环境，一面加快招商引资，吸引国内外高端新型建材项目进入园区。

这时，已经成功运作的北京市陶瓷厂东陶生产线已经开始运行，初期便形成了可观的效益。日本的TOTO公司也希望扩大在北京的投资和合作。而作为建材城引进这样的项目既有合作基础，又有品牌效应，影响巨大，是求之不得的好事。据当事人回忆，当把日本人带到划定的开发区域时，日本人望着十几米的大坑和汪洋，瞪大眼睛，摇摇头，礼貌但是坚决地回答：这不可能。考虑到是合作伙伴，日本人最后对时任开发区负

1994年9月，东陶（北京）机器有限公司原址为一片大坑

责人的蒋卫平说，这样吧，一年后，如果你们可以把这里填平的话，我们再协商。

建材城的大坑从新中国成立初建设北京开始，就把它作为制砖，采挖黏土的基地，经过40多年的挖掘开采，已经是满目疮痍。不仅有大坑，还有自然淤积的雨水。建材城成立的土地整治办公室，对31个大坑进行了摸底调查，测算出如若全部填平所有大坑，所需土方量预计为530万立方米。工程量如

此巨大，必须分期分批地进行。经多次研究，并根据建材城总体规划，将这些坑分为7类：一类为亟待回填区，二类为次急回填区，三类为先期回填区，四类为二期回填区，五到七类为暂缓回填区。

一个月后，蒋卫平再次约请日本人来到工地。望着被填平的大坑，日本人不停地拍照，不敢相信自己的眼睛，非常钦佩地说：我们服了，合资协商尽快启动。1995年2月18日，双方签署了合作协议。东陶（北京）公司正式成立，这是建材城引进的第一家合资企业。

从1993年开始至1998年，建材城共用近6年的时间，将区内大坑全部填平，共填土方近700万立方米。建材城的职工在平整土地的过程中，显示出特别能吃苦，特别能实干的精神。通过填坑平出土地70多万平方米，平整后的土地上建设了东陶公司、天坛家具公司、热力厂、二号区涂料厂等工业厂房，同时为房地产开发提供了土地资源，包括程远大厦、枫丹丽舍、硅谷先锋、富力桃园、金隅翡丽，为集团产业结构调整和地区发展做出了贡献。

当年，程远商务楼前的雕塑——《翔》

二

曾经，在北京西三旗建材城中心环岛耸立着大型不锈钢城雕作品——《翔》。"鹰隼展翅，旗帜当风"。雕塑由三组似旗又似鹰的单元组合而成，整体创意取材鹰击长空的瞬间。中心的球体镶嵌有建材城标志，体现出建材城的腾飞与发展，雕塑的空间影像又仿佛是三面迎风招展的旗帜，暗示西三旗的地理概念，整组雕塑寓意明确、深刻，形体高大庄重而又富于变化。

雕塑《翔》的作者是中央工艺美术学院"泥人张雕塑工作室"的范英海。自1995年6月建成以来，雕塑多次在《雕塑》杂志、中央工艺美术学院《装饰雕塑设计》、《中国城市雕塑五十年》、《北京城市雕塑五十年》、《人民日报》等多家报纸刊物发表，至今已建成17年，历经时间的考验，《翔》依旧展示着它持久的艺术生命。

20年前，西三旗在一片荒芜中举起开发建设的旗帜，小土路上驶来了大型运输车，市政人员进驻西三旗，西三旗地区迎来了崭新的时代。从1992年到1995年，建材城完成了建材城路的铺设和市政管线的配置；从前西三旗唯一的标志性建筑是一栋3层小楼，如今以程远大厦、程远商务、全隅翡丽为中心的建筑鳞次栉比，这些都是在近20年的时间里建材城人用信心和双手建造起来的。

楼建起来了，面对着新区，当时的老领导张毅把时任市政工程经理李凤林找到办公室。要求他五一节前在建材城中心区建立起一座城市雕塑，要象征开发区的腾飞，体现集团的形象。并指示有关人员，别的可以欠账，这个不行。

干建材的人，有着无数要改变现实的梦想。如今，建设这样一个面向未来的建材城，必须把它建设得最好。不仅在硬件方面，环境、软件也志在一流。当时，不仅时间紧，对于设计、施工及运输的要求也十分突出。要体现开发区的气度，雕塑的体量不可以太小，材质也必须适应长久摆放。施工选择在离现场不太远的地方，但是，安装还是遇到了问题。从制作现场到环岛要经过一条铁路，上面还有高压线。不锈钢的雕塑主体横着几乎与高压线一般高。为了运输，李凤林千方百计地找

在北京建材技校原址上建设的危改回迁楼——润生园小区

来离地间隙低，承载力又足够的轮胎，靠人工推过铁道线。

五一节前，光彩熠熠的《翔》面对着蔚蓝的天空，展开奋进的翅膀。老一辈建材城人用智慧和双手改变了地区的面貌，他们正如同那三只雄鹰，冲破困难，在广阔天地任我遨游！

吴志霞　包剑波　张　蓓

西郊木材厂"破产"

1992年7月，这一天的《北京日报》头版刊登了一条让北京市所有企业和职工震动不已的消息：北京市推出18家企业，包括刚刚成立的建材总公司所属西郊木材厂，公开向社会拍卖，拍卖不成就破产。破产，倒闭，这在新中国历史上是第一次。这条消息如果不是刊登在中共北京市委的机关报上，人们有十分的理由怀疑消息的可靠性。然而，这件事对于正处在起步阶段的建材总公司来说，引起了公司上下不小的震动。改革真正触碰到了企业的生死存亡。

这件事是由当时的市经济计划委员会提出的，市经委是在计划体制下主管全市的经济和工业企业的规划、立项、审批，甚至在企业领导人（任用）方面都有重要的话语权。要知道那个时候如果除了国有企业，民营经济、股份制企业规模还极其弱小。所以，市经委实际就是政府的经济主管。

这一拍卖，对于刚刚成立的建材总公司来说，不仅是考验，简直就是个挑战。总公司有没有能力管理和控制所属企业，有没有魄力整合庞大而又复杂的资源，这对于"年轻"的总公司领导班子是一道无法逾越的难题。总经理张毅带着时任总公司办公室主任的蒋卫平来到市经委，寻求市政府有关部门支持：靠公司整体力量整合西郊木材厂，扭亏有望！

此时，总公司经过反复研究，决定由天坛家具公司兼并西郊木材厂。当时的天坛家具在国内的家具行业可谓是声名显赫，公司主要经济指标连续多年以 20% 的速度递增。产品不但畅销全国，还远销世界五大洲的 43 个国家和地区。国家权威部门认定：天坛家具公司经营规模全国第一，产品覆盖率全国第一。天坛公司有能力兼并西郊木材厂。

1993 年 4 月 12 日，建材总公司以自己的资源和能力接管了西郊木材厂，并在当年就实现了扭亏，还清了 3600 万元的债务，一个濒临破产的企业就此获得重生。以后 7 年，共实现销售收入 2 亿元，直至以后改制。

多年之后，当时被集团安排到西郊木材厂担任党委书记的刘杰回忆了那一幕。

集团优势救活了一家企业
——西郊木材厂枯木逢春记

1962 年，一部电影故事片《枯木逢春》受到了观众的好评，在血吸虫病横行的环境下，苦妹子在新旧社会的不同境遇引发了人们深切的关注，"春风杨柳千万条"，毛泽东奋笔疾书的一首《七律·送瘟神》，更让人相信枯木逢春只有在新中国才能实现。

1993 年，刚刚成立一年的北京建材集团也制作和"上映"了一部"枯木逢春"的大片，这就是以集团的优势使濒临破产的北京西郊木材厂起死回生，枯树发新枝，在集团内外引发了重磅反响。

让我们将时钟拨回到1971年。

那一年，由三家小企业组成的西郊木材厂成立了，辉煌时刻，这个厂的衣柜、书柜、木箱等产品畅销北京和外地，亦为不少大宾馆配制家具，与东郊木材厂、南郊木材厂（后为长城家具公司）、北郊木材厂（后为天坛家具公司）被并称为"东西南北"四支柱。但十几年后，由于经营管理不善等原因，企业出现了严重亏损，资不抵债，生产断断续续，职工工资无法发放。1992年7月，北京市经委将全市18家亏损严重扭亏无望的企业名录登在《北京日报》头版公开"征婚"，西郊木材厂位列其一。

消息传来，职工议论纷纷。怎么办？人们六神无主。难道真的要"婚变"吗？还是企业破产散摊子？这时，集团考虑到国企改革的整体形势，考虑到曾做出很大贡献的1000多位西郊木材厂职工和500多位离退休人员，如果将企业破产推向社会固然省心省力，但这不是以人为本的做法，况且企业的职工和设备仍然可以继续为首都建设做贡献。于是，集团委派一位副总经理分管西郊木材厂的工作，并调整厂领导班子，解决了几个月来拖欠的职工工资。

1993年4月12日，集团决定，由优势企业北京天坛家具公司管理西郊木材厂。对于511名离退休人员，则由北京市家具公司、北京木材厂、长城家具公司、木工机械厂等家具企业和燕山水泥厂等10家非家具企业分别接收。为了不给这些企业增加过大的负担，集团按其接收的人员数量下拨一定的补助。这些企业都热情、妥善地接待了西郊木材厂的离退休人员，像对待亲人一般，使这些原本还有点想法的"外来户"，一下子就感受到了集团大家庭的温暖，心里悬着的一块石头落了地，脸上笑开了花。一位老同志噙着眼泪说，前几年总惦记着厂子的前途和自己的工资、药费，现在总算有了归宿，还是有了集团好哇！这话代表了大家的心声。

20世纪80年代红极一时的天坛"7469座椅"热销场面

　　天坛家具公司的同志进驻西郊木材厂是在集团宣布决定的当日。没有欢迎会、座谈会等程序，只有一句话：按照集团的要求干起来！清理车间、仓库，调试设备，组织恢复生产。十几天后，一度死气沉沉的车间里一派热气腾腾的景象：办公家具、民用沙发、餐桌等出了车间，出了厂门，一些急需的设备迅速购进用于生产，厂大门内外恢复了昔日的车水马龙，一片繁忙。按照集团的部署，天坛家具公司输入了规范的管理和人性化的方法，调动了职工的积极性。至当年5月底一个月的时间里，传来喜讯：产品销售额比原计划超出26万元。

　　西郊木材厂的职工说，这回身上的劲儿有处使了，盼了好几年盼到了，集团的决策救了一个厂，救了1000多名职工啊！

　　在生产见成效的同时，厂区文明建设紧紧跟上，缺损的门窗、玻璃修复配齐；厂房、库房粉刷一新；值班人员由老弱者换为专职保安；多年来，厂区内自行车乱放的问题得以解决；厂区与生活区截然分开，厂区井然有序，生活区整洁舒适……一位两个多月前调出厂的同志回来办事，看到这新景象，连声说：变了，变了！

是啊，是变了！产品变俏了，车间变新了，厂房变美了，人变勤快了。

变的动力来自集团以人为本的指导思想和集团大集体的温暖，来自集团成员单位慷慨无私的支持，来自职工们艰苦奋斗、不断进取的精神，这正是建材人"八个特别"人文精神的写照。

按照集团党委的安排，我从1991年7月至1993年5月在西郊木材厂担任党委书记，见证了这段历史。在这个过程中，集团党委要求平稳过渡，不能出现不稳定情况，圆满交接，尽快稳定职工情绪，恢复生产。我认识到这一任务的重要，在那忙碌的22个月当中，在厂领导班子成员均先后离开厂子、新调整的班子里只剩下我一个人时，我坚定地在集团领导下，依靠厂内党员、干部、职工，使这项集团成立后第一件企业调整的事项得以圆满完成。

如今19年过去了，当年情景恍如昨日，西郊木材厂职工发出的心声，展现的笑容，时时浮现在我身边、眼前，我是在企业走入正轨后才走上新岗位的。多年来，集团的果断决策和一心为企业职工着想的举措，时常在我心中荡起阵阵暖暖的涟漪，也让我学到了更多，作为一个在集团工作了43年的职工，回顾集团发展的历史，特别是西郊木材厂枯木逢春的这一段，心里总会产生一股暖流，一种激情。

"沉舟侧畔千帆过，病树前头万木春"，这部集团制作"上映"的枯木逢春的"大片"不逊于当年的《枯木逢春》。

集团党校　刘　杰

最初的改革——承包制

"有这么个故事。一日清晨，乾隆皇帝早朝之后出了太和殿。见西方天空一片黑烟滚滚，遮天蔽日，就问身边的太监是怎么回事？太监随后回禀道：是琉璃厂在烧窑。皇帝不悦。认为浓烟有碍'圣瞻'，污染了京城的环境。遂降旨，令琉璃厂搬到距皇城 60 里以外的郊区去。这郊区，就选择了出产硬质黏土的门头沟琉璃渠，果然距皇城 60 里。"

讲这故事的是黄嘉志。20 年前，30 多岁，正年富力强的黄嘉志被任命为现代加气混凝土公司经理。一年间，这个多年亏损的加气混凝土厂扭亏为盈。当时的集团总经理张毅考察完现代公司的经营情况后对年轻的黄嘉志说，这个有 700 年历史的琉璃瓦厂也归你了。黄嘉志的脑子转都没转说，"别价啊！"

说"别价"不是黄嘉志不愿意承担责任，实在是习惯了当年拿到政府批条才能买建材，刚刚从计划经济时期转向市场的建材企业来说，一手抓增产，另一手抓销售，难度实在是不小。刚刚实现扭亏为盈的现代公司一切改革还刚刚开始，方兴未艾。

1987 年，35 岁的黄嘉志从西六公司调到已经连年亏损的现代公司。现代公司当年是为消纳电厂的粉煤灰而建设的一家制造加气混凝土的企业。生产的主要原料来自电厂，利用石景山高井电厂排放的粉煤灰、渣做原料，生产多种新型建筑材料。年综合利用粉煤灰、渣 24 万吨，约占北京市粉煤灰利用的 45% 以上。

20 世纪 80 年代，与现代公司一墙之隔的首都钢铁公司是全国工业改革的一面旗帜。这个位于长安街最西端，北京市最大的国有企业借助改革的春风，率先走出了国有企业分配制度改革的第一步。首钢人则将自己改革的重要思路和主要成果概括成四个大字："承包为本"，镌刻在企业里最大的一面墙上。这四个大字也深深地影响了黄嘉志。

黄嘉志利用担任厂长、经理期间形成的广泛社会关系，开阔眼界，积极学习，把以承包为主要内容的管理方法在现代公司运用到极致。公司推广承包制、计件工资制，把职工的收入与企业生产、效益挂钩，推动了国有企业效益提升，推动了企业管理制度的改革。企业还先后对引进加气混凝土生产线的关键设备切割机、板材生产系统等进行改造，将五面切的生产工艺改变为六面切。这些成果使加气混凝土公司的主导产品加气混凝土的产量从 1987 年的 4.3 万立方米，增长到 5 年后的 22 万立方米。在 3 年的时间里，将一个亏损数百万元、濒临破产的企业建设成为全国规模最大的加气混凝土生产企业。连续 4 年夺得全国同行业产量、质量、规格品种、效益 4 个第一，年产值由 500 万元增加到 5000 万元。取得了经济效益、社会效益、环境效益多赢。那时的黄嘉志被人们诙谐地称为"吃灰大王"。1991 年，他被评为北京市优秀厂长和全国建材系统劳动模范。同时还获得北京市工业企业优秀科技领导干部一等奖。新中国成立 50 周年，黄嘉志被有关部门评选为对北京城市建设有特殊贡献的 50 位"首都楷模"。

今日现代化的加气混凝土生产线

当年那个划给黄嘉志的琉璃制品厂这时也在现代公司的带领下重新起步。公司提出对琉璃制品厂改革的原则是：输思想，输管理，不输血。现代公司党员干部利用休息时间到琉璃制品厂帮助治理脏、乱、差的环境，输入管理和市场营销的思路。同时，在生产中保持传统工艺特色的同时，通过不断的技术改造和创新，使延续了几百年的手工操作，基本实现了机械化。除继续给古代建筑修复、恢复提供材料外，还制作了园林及多种环境工艺品。产品也远销日本、新加坡、美国等地。为北京的古老建筑和民族文化锦上添花。

开发公司起步

早在集团成立之前的1987年，总公司将原先的公司基建处进行改革，成立了隶属于建材总公司、具有独立企业法人性质的开发公司。当时，公司只有七八号人，总公司给予200吨钢材，算是开办费。几年间，逐步积累了开发的一些经验。

那时，根据北京市调整工业布局的总体安排，二环以内原则上不再安排工业生产企业，而是将新建企业建设在那时看起来十分遥远的三环路，俗称"退二进三"。建材总公司

1999年，开发公司办公区拆迁改造

根据自身土地资源状况，决定充分发挥土地资源优势，通过统一规划，统一土地开发，为公司的产业结构和产品结构调整积累资金，为建立建材产业基地、促进集团的整体发展创造条件。

在这一原则指导下，集团首选了地处东部近郊的建材制品总厂及其所属分厂——水泥瓦厂、烟灰制品厂和石棉制品厂作为试点。这些厂普遍存在着生产工艺落后、产品技术含量低、劳动条件差等情况。生产水泥瓦的是20世纪30年代美国制造的压瓦机；生产烟灰砖的原料是东郊

热电厂燃烧过的烟灰，虽经治理，仍然粉尘飘扬；最重要的是产品在市场上已经没有了竞争力。集团决定利用这三个分厂所处的甘露园地区的土地资源，启动开发调整工作。

启动这么大规模的开发项目，对于集团和开发公司来说，都是平生第一次。既无经验，又无资金。有人建议由集团以外的公司进行开发。总公司领导班子分析后认为：不开发永远没有经验，只有通过开发才能积累经验，积累资金，从开发中增强实力，走出困境。

尝试和探索就从甘露园开始了。甘露园小区规划总建筑面积12万平方米，其中，居住面积9.2万平方米，教育及商业配套设施面积2.84万平方米。

当时的开发公司招聘了一批刚刚毕业的大学生，虽说没有开发的经验，但是，凭着热情还有学习探索的勇气，这批年轻学生就在当时开发公司副经理马永利的带领下开始了日后辉煌的金隅房地产开发的征程。

从当时项目组成员名单上，你可以看到，甘露园项目对于日后的金隅房地产业意味着什么：1992年入职大学生，黄安南、庞宏垣；1993年入职大学生，王世忠、程洪亮、刘斌、李新、朱文泽……如今，这些人都成了金隅房地产业的顶梁柱。

那时的项目组，真是边学边干，规则不懂，碰了钉子再说。审批费劲，就在政府部门的门外死盯、死等。建设管理不规范，怕建设单位偷懒，就派人在现场看着。后来，这一工作才有了

为了保证甘露园及时交工，开发公司所有成员都奋战在第一线。图为技术人员和工人们一同在5米多的深坑里处理下水管道

正式名称叫"监理"。在当时,这都是派最年轻的人来干,越不懂的越较真儿。因为都是苦出身,吃苦、加班都算不了什么,每天辛苦归来,一碗热汤面足可以驱散所有的压力和困难。作为南方人的刘斌就最爱吃公司的热汤面。

有一次,为了抢时间建设化粪池,公司上下全体上阵,狠拼了一下。苦受大了,可是几年过后,年轻时受过的苦,成为一生中最大的快乐。

就在甘露园开发的过程中,总公司又决定对南湖砖厂地区进行统一开发。南湖渠砖厂始建于1951年,主要生产实心黏土砖,经过40年的生产,土地资源几乎枯竭,难以继续维持生产。经过分析,集团领导认为南湖渠砖厂所处的地理位置优越,具备土地开发的条件,随后制定了总体开发的规划,进行开发建设。

南湖住宅综合小区总占地面积65公顷,规划总建筑面积70万平方米。从开发建设到2000年,建设住宅面积45万平方米,其中配套公共建筑及服务设施面积6.3万平方米。小区住宅除用于北京市危旧房改造周转及解决建材特困职工外,还有部分住宅向社会出售,解决了近5000户、16800多人的住房问题。

为了美化居住环境,建材集团还在南湖小区规划建设了南湖公园,为小区居民提供了一个整洁优美、舒适休闲的生活环境。南湖公园总投资4550万元,占地17公顷,绿化面积达80%,是一个以草坪为主的休闲公园。公园内设有社区文化中心,12万平方米的草坪,各项建筑及娱乐健身设施全部向游人开放,成为北京市住宅区中最大的社区公园。

南湖小区开发取得了很好的经济效益,其开发的商品住宅,销售额相当于原南湖渠砖厂50年销售收入的总和。南湖渠砖厂职工经过培训,大部分进入了物业管理岗位,职工住房条件也得到了改善。

多年后,金隅房地产品牌——金隅嘉业逐渐成为在全国房地产开发领域具有领导性的品牌之一。金隅集团旗下的地产业,经过归并、整合、重组,年销售收入超过100亿元,列入全国地产行业30强。

金隅嘉业这样记述了他们的历程：

建筑雕刻的永恒
——金隅嘉业的变迁

1987年，中国的改革开放走到了第9个年头。与9年前新华社记者所描述的"灰白的太阳终于费力地钻出薄雾，把它那毫无热气的光线折射到城市的每一个角落"不同，彼时的首都处处弥漫着"变革"的气息。这一年的春夏之交，北京市建材工业总公司在北京城区西南一隅做出了一个重要决定——组建北京建材建设开发公司。

与今天房地产开发在国民经济中的支柱性产业地位不同，21年前专营"房屋开发"对很多人来讲无异于天方夜谭。彼时，整个北京的房地产企业不过20余家，其中"吃皇粮"的还占去多数。这些综合开发公司均在统建基础上成立，由市、区政府统建办公室统一管辖，可在全市范围内取得土地进行开发，可谓占尽"天时、地利、人和"，俗称"八小集团"。相比较而言，建材开

1997年，花家地西里售楼处，就设在小区里。腾出来几间房，摆几张办公桌，就那么开始卖房了。远不是如今那些售楼小姐可以想象的

发公司等少数几家"系统"开发公司只允许对其系统内自有土地进行开发建设，业务范围被大大限制。在大部分人看来，由于处在福利分房大环境和"八小集团"双重挤压下，"系统"开发公司进行房屋开发的市场可谓小之又小。开发公司的出路归根到底要依靠人来解决，于是，人员问题成了开发公司成立面临的首要难题。

历史的必然性最终要由个人去完成。愿意的人，命运领着走；不愿意的人，命运拖着走

按照当时会议纪要的记录，开发公司以基建处为基础创立，实行两块牌子一班人马。所谓基建处，不过是建材工业总公司的一个职能部门，主要负责争取投资项目、落实资金来源、安排投资计划、组织协调项目实施等。以这次会议为分水

当年金隅嘉业的部分员工合影。他们当中不乏当年的开拓者，也不乏今日金隅房地产业的新才俊

岭，基建处作为建材工业总公司处室改革试点的角色已毋庸置疑——由原来的职能部门过渡到带有一定经营性质的半经济实体。11月20日，北京市建材工业总公司建设开发公司（金隅嘉业前身）经市建委、市计委批准正式成立。

由于原基建处人员有限，为撑起这个新实体，公司成立之时，在总公司人事处和组织部的指导下，组织了一场面向总部机关的干部聘任大会，最终有36名同志榜上有名。几天后，公司办公地点从原宣武区枣林前街21号迁至朝阳区白家庄东里1号的总公司党校大楼四层，30多个人就这样"摸着石头过河"了。

困难，经常是"纸老虎"；倒是看似"高枕无忧"反而往往潜伏着危机

在丰台区东安街头条，坐落着两栋普通得不能再普通的五层板楼。临街二至四层的阳台已被道路两旁的槐树枝干遮挡得

金隅嘉业合作开发建设的第一个项目——开工于1987年3月20日的丰台东安街住宅，如今已成为绿树环绕的宜居小区

密不透风，横亘空中的电线肆无忌惮地向四周蔓延，楼下水果摊的小商贩无精打采地经营着惨淡的生意，只有旁边的棋局偶尔传出几声苍老的笑声——这就是金隅嘉业历史上开发建设的第一个项目，它甚至没有名字。

该地块原为丰台医院与燕山水泥厂合建宿舍楼项目，总建筑面积2838平方米。建材开发公司成立伊始接手该项目，采取与丰台医院合建开发形式实施住宅楼的建设。建成后，两个单位"五五分成"进行产权与使用权的分配，其中开发公司取得25户共计1419平方米的房屋产权，并以1431.25元/平方米的价格将其出售给铁道部电气化工程局，由此获得总额约203万元的第一笔销售收入。这竟是开发公司的"第一桶金"。

而无可争辩的事实是，合建模式得到了肯定。随后在1988年至1991年的短短4年间，西郊木材厂、玛钢厂、南湖渠砖厂、北郊木材厂、供销公司、北木角门、水暖二厂等7个

1996年，北京建材集团房地产开发公司参加房展会

合建住宅项目相继开工。合建开发的这批商品房，不仅为开发公司的后续开发积累了资金，还给合建单位解决了大量住房，为本系统职工改善了居住条件。在此基础上，开发公司也取得了城市综合开发三级资质等级证书，金隅嘉业在向新一阶段迈进的征途上，步伐越来越充满自信。

1992年6月26日，面积达24万平方米的甘露园小区被认为是金隅嘉业进行规模开发的里程碑。然而，就在开发公司挽起袖子准备大刀阔斧地大干一场的时候，国内改革开放环境却悄然发生了变化，在连续经历了1988年"物价闯关"，1989年经济衰退，1990年苏联解体、东欧剧变之后，中国开始经历一个异常敏感而不乏惊险的"循环交替"。甘露园小区开工不久，北京市房地产开发政策发生变化。新政策主张，通过对现有房屋开发企业砍掉一批、撤销一批，达到行业内部整合的目的，而建材开发公司恰恰在撤销单位的名单中。是由于项目在建，公司由此逃过"突然死亡"，而是"撤而不销"，即甘露园小区竣工后再自行消失。消息一出，上到总公司、下到开发公司，处处弥漫着悲观情绪，有些人甚至已经开始给自己找退路了。

正当开发公司的命运岌岌可危时，市政府采取了赴新加坡、香港等地招商引资的重大举措，在工业、房地产业等领域通过吸引外资的方式，加快本市改革发展的步伐，其中后者主要通过外商投资、北京市出地的方式，推动房地产开发的规模扩大，开发公司再次看到生存希望。在总公司的正确决策下，开发公司因势利导，积极谋求与境外公司进行优势互补联合开发。时年9月，开发公司与中国台湾洪景公司签订第一个合资开发项目意向书——建宏大厦（现"锦湖园公寓"）意向书；几个月后，再次与新加坡高岭股份有限公司签订合资建设腾达大厦意向书。房地产领域的招商引资，不仅从资金来源上解决了长期困扰房地产开发的难题，加快了城市开发的步伐；同时随着境外先进的房地产开发理念的引入，"楼盘"、"按揭"、"物业"等专业术语以及"××花园"、"××广场"等命名方法变得耳熟能详；房地产开发企业的管理也因此取得了大幅度的提升。由此，首都房地产业步入新的时期，建材开发公司在房地产业发展的新形势下"起死回生"。

今天的行为就是明天的历史。那些被历史铭记的人，经常是胆识和卓见的统一体

1995年，北京市工业系统进行了"优二兴三"的发展战略调整。"优二兴三"就是结合首都整体规划，对北京市工业系统进行结构调整，将生产重心由城区向郊区转移，在城市化相对集中的工业区发展新兴工业，通过地价级差效应发展服务于首都的第三产业，通过产业转移盘活资产，提高效益。

由于麾下制造业企业在城区不同地段多有分布，且占地面积大，建材工业总公司一度成为被很多人艳羡的"大地主"。为抢抓机遇，总公司果断提出"土地置换"支援总公司发展的战略主张，这再次将已更名为"北京建筑材料集团总公司房地产开发公司"的金隅嘉业推到台前。

1996年青塔东里小区建设现场

通过短短两三年的不懈努力，房地产开发取得的效益极大地推动了集团的调整改革。房地产收益不仅从资金上支持了集团工业的调整，促进了北京水泥厂等大型企业的建成和投产；而且随着开发规模的日益扩大，总公司逐步形成了新型建材制造、房地产开发和现代服务三大支柱，实力大大提高。据当年的一份统计资料显示，1995年北京建材工业总公司在全国建材企业排名中只名列第10位；而到1997年，得益于产业链之间的相互支撑，总公司在全国建材行业已名列前茅，并列入了全市工业系统先进行列。当年，市计委、经委对总公司的调整改革给予了充分的肯定和赞扬，一致认为"土地置换"是超前地抓住了改革的机遇。

1994年，金隅嘉业有关领导研究建苑小区建设方案

1998年7月3日，国务院发布《关于进一步深化住房制度改革加快住房建设的通知》。该文件明确指出，全国城镇从1998年下半年开始停止住房实物分配，全面实行住房分配货币化，同时建立和完善以经济适用住房为主的多层次城镇住房

供应体系。至此，房地产形势已渐趋明朗，北京市进一步加快了商品房的开发建设。此时，金隅嘉业5年前招聘的50多名大学生在经过了几年的开发实践之后也逐渐成熟，大家跃跃欲试，准备顺势大展宏图。

随着总公司在调整改革中的快速发展和房地产开发规模的日益扩大，对系统土地置换模式的新调整势在必行。总公司适时提出"五统一"原则，即统一规划、统一土地开发、统一对市政府承包、统一营销战略、统一产权管理。从此，在企业拆迁和土地开发问题上，总公司制定总体发展规划，统一部署，不但提高了自身的计划性，更重要的是为系统内土地的开发创造了有利条件。在政策鼓励、决策引导、规模开发等多种因素的共同作用下，开发公司步入高速增长期。2002年，北京金隅嘉业房地产开发公司开发经营创造了历史最好水平：年开复工面积达到117万平方米，年售房面积突破30万平方米，年销售收入第一次突破10亿元。

在改革开放大潮中激流勇进的同时，开发公司并不忘承担起作为国有企业的责任和义务。1999年，其承建的北京市第一个经济适用房项目——建东苑在朝阳区管庄破土动工；2000年，占地面积17公顷、投资数千万元的南湖公园免费向社会开放，随后，具有金隅特色的经适房项目先后上马，其中包括建欣苑、双惠小区、朝阳新城、晋元庄等。建设和谐社会、承担责任地产的理想，曾几何时已悄然镌刻在金隅嘉业的发展轨迹中。

机遇可以成为推动企业发展的无形之手。但作为企业，小赢靠机遇，大赢靠智慧

在计划经济向市场经济转轨的大背景下，金隅嘉业一次次快速突破旧体制、旧思维束缚的同时，却又不经意为下一次变革提供了新的契机和动力。

2004 年 4 月，国土资源部、国家监察部联合颁发《关于继续开展经营性土地使用权招标拍卖挂牌出让情况执法监察工作的通知》。《通知》规定，从 2004 年 8 月 31 日开始，土地使用权的获得不得再以协议出让方式进行，而是通过"招拍挂"并交纳相应土地出让金，俗称"8·31 大限"。

由于对土地"招拍挂"缺乏经验，金隅嘉业经历了最初的倾力准备却无功而返的失败。与市场的第一次"亲密接触"，让金隅嘉业意识到公司的组织结构、部门设置已不能适应市场竞争的需要。于是，一场声势浩大的部门结构调整给金隅嘉业员工们以扑面而来的改革气息。不久，战略投资、预算考核、质量技术、项目发展 4 个专业委员会应运而生，一级开发、规划设计、市场营销、客户服务等若干专业职能部门也相继成立。

在接下来的 2007 年，金隅嘉业旋即成为了土地市场上一颗耀眼的新星——

2 月 16 日，取得昌平科技园二毛地块住宅及配套项目的

金隅·凤麟洲是金隅嘉业进入高档楼盘建设的标志之一

开发权；

3 月 1 日，取得了双惠 G6 公建项目的开发权；

5 月 31 日，竞得杭州经济开发区下沙沿江地块；

7 月 19 日，获得清河小营两限房地块……

这一年，金隅嘉业共增加土地 67.96 公顷，增加地上规划建筑面积储备 211 万平方米，新开工面积同比增长 327%，利润增长 248%。

与此同时，金隅嘉业在产品结构上竭力探索与市场进行无缝对接，2004 年至 2005 年，金隅·山墅和金隅·凤麟洲相继拔地而起，形成东西呼应之势，成为金隅嘉业进入高档楼盘建设的标志。

为应对房地产开发竞争日益激烈的形势，金隅嘉业适时提出夯实基础、拓展外埠指导思想，并从两个方面进行了提升核心竞争力的努力：一是对接行业标杆企业，并邀请专业咨询公司进行流程梳理和管理模式创新。2007 年 7 月 16 日，金隅嘉业与北京万科的手紧紧地握在了一起，双方就昌平振兴路项目合作开发正式达成协议，金隅·万科城项目由此诞生。同时，在北大纵横和赛普咨询两个"外脑"的辅助下，全项目运营计划和"矩阵式"管控模式在金隅嘉业母体内应运而生。经金隅·美和园、金隅·丽景园等项目试点，新的管理理念已逐步深入人心，并在渐渐释放它的力量。二是提出"拓展外埠"战略，尝试"走出去"。2007 年 5 月，经过 33 轮的激烈争夺，金隅嘉业成功击败强劲对手，以 12.41 亿元竞得杭州下沙"航母"地块。此举一度在业界掀起不小的波澜，被视为金隅嘉业在集团领导下，结合自身发展战略，谨慎向外埠拓展的重要标志。接着，金隅嘉业携手杭州野风集团，共同组建金隅野风房地产开发有限公司，并操控 80% 的股权全面负责项目的运营管理。随后，一座由 13 幢沿江高层景观公寓、4 大排屋组团、星级酒店及生活体验式商业组成的观澜时代大型城市综合体规划浮出水面。目前，观澜时代已被广泛看好，将成为杭州下沙地区的地标性建筑。

在新的时代背景下，金隅嘉业不断总结21年来的历史积淀，并积极开拓创新，逐步深化对社会主义市场经济体制的理解。改革开放30年，房地产发展史充其量不过10多年，作为国有房地产开发企业，金隅嘉业的成长轨迹某种意义上折射出中国地产的探索过程。从以工业局的一个处室为基础谨慎"下海"，到形成"市场为源、细节为本、管理为魂、愿景为神"的理性经验，金隅嘉业像一艘航行在市场经济大潮中的大船，在经历了一次又一次的冲击后，重新起航总能发现新的进步，让人不得不产生峰回路转、否极泰来的感慨。"大势难违，小势可造"。对于一个有着深厚积淀和沉稳气质的房地产品牌而言，责任没有尽头，创新没有止境，金隅嘉业将贯彻董事长蒋卫平的要求，发挥金隅人"八个特别"的人文精神，认真做好两个结构调整，仔细研究涵盖高档商品房、普通商品房、保障性住房等产品的合理比例，建立科学的产品结构，做"有准备"的开发企业，迎难而上、开拓进取、励精图治、不断创新，为打造又一个黄金时期、崛起京城一隅、传颂改革开放佳（嘉）话、推动集团地产大业而努力奋斗！

刘昌盛

从1992年总公司成立，到1993年末，这是集团成立后第一个完整的结算年度，这一年公司营销收入完成31.52亿元，增44.5%；实现利税23278万元，比上年增59.6%；职工收入4200元/人年，涨20%，亏损企业由5家减为2家。总公司体制解放了多年没有发挥出来的生产力，改革取得了初步的成果，也初步回答了当年社会上各种关于政府机构改制成企业，成为"翻牌公司"的争论。

现代企业制度改革　北京建筑材料集团有限责任公司

集团组建之初，如何构建管理体系成为企业遇到的另外一个主要问题。当时通行的做法是对下属企业划分出核心层、紧密层、松散层，核心层的企业一律取消法人资格，实行"人、财、物、产、供、销"统一管理。集团领导班子经过讨论认为，部分集团所属企业规模小，不足以成为带动集团发展的龙头企业，如此划分定位不符合自身发展的实际情况。在深入研究论证的基础上，提出了"以产权联结为纽带，以多级法人分层管理为特征，以集团整体发展为目标"的母子公司管理体制，并在此体制内有效进行资产优化配置。多年实践证明，这种独具特色的管理构架，为处理好集权与分权、集团整体发展与企业局部发展、集中集团优势与发挥企业积极性等诸多理论与实践问题提供了健康的、强有力的体制保证。

在管理构架确立后，集团又进一步明确了总部与各子公司的分工和职责。总部的职责概括为"五统一"，即"统一规划、统一土地开发、统一管理国有资产、统一营销战略、统一对市政府承包和对下分包"；"五统一"以外的各项职责和权力，全部落实给各子公司。"五统一"使企业生产经营自主权得到了有效保护，促进了集团的整体发展。

1995 年，北京建材集团总公司被列为北京市实施现代企业制度试点单位。

要实现公司化发展，关键是干部如何管，必须改变传统的机关工作做法。自 1992 年建材总公司成立，集团逐步对各企业经营者实行了以承包各项经济指标、工作目标为主要内容的承包聘任制。经过不断总结完善，形成了较为规范的承包聘任体系，既有科学的、明确的指标体系，又有严格的考核制度，推动了干部人事制度的改革。

在这些科学的、明确的指标体系中包括了以下四个方面：一是经济指标，即以利润为中心，确定各单位的经济指标，包括利润指标、经营总收入、产品销售收入、保值增值率等；二是重点工作目标，即各单位在承包期内应该完成的产品调整、技术改造、招商引资及土地开发等重点工作；三是管理工作目标；四是政治工作目标。

1993年，北京建筑材料集团总公司决定，从1月1日起对各经济实体单位采取按岗位（职务）承包经济指标选聘人员的办法，把聘任岗位（职务）同经济指标结合起来。即：能完成岗位（职务）经济指标的就聘任（职务），完不成岗位（职务）经济指标的就不聘任（职务）。企业的经济效益、收入指标被放到企业管理的突出位置，以经济建设为中心的理念和制度逐步建立起来。

1996年11月26日，北京市人民政府下发《关于同意北京建材集团总公司建立现代企业制度的批复》，总公司改制为国有独资公司，名称为：北京建筑材料集团有限责任公司。由此，建材集团逐步确立了向自主经营、自负盈亏、自我发展、自我约束的法人实体和市场竞争主体的转变。

这时的北京建材集团连续3年位居全国500家大型企业行列。国家统计局按1995年营业额完成指标，对全国营业额超过9亿元人民币的197家大型企业排序，北京建材集团位居第51位。

2000年10月，在建材集团董事会成立后的新一轮承包聘任中，集团对46家子公司和4家企、事业单位厂长（经理）和机关行政部门正、副职，实行了董事会聘任制；对各单位党委（党总支）书记和机关党群部门正、副职实行任期目标责任制，实现了党管干部与董事会依法行使用人权的有机结合。

为了调动各企业经营者工作的积极性，集团实行厂长（经理）、党委书记的承包收入与经济指标挂钩。其承包收入由集团公司统一发放，责、权、利相结合，同奖同罚。这一改革措施，对集团上下产生了巨大的震动，部分企业的领导真正感到了压力，同时也激发了他们干好工作的积极性，增强了集团的凝聚力。

改革还规定，对未全面完成承包任务和重点工作目标的，扣减承包收入；对未完成承包任务的企业，首先给予党政主要领导干部黄牌警告；对连续未完成任务、企业经济效益不断下滑、自身素质不高的党政主要领导，就地免职，不搞易地做官。几年间，共有4家企业的11名党政主要领导被就地免职。此举在集团干部职工中引起强烈反响。

自2001年起，建材集团对企事业单位党政主要领导干部实行了年薪制，这一举措更大地调动各企业领导干部的积极性与创造性。

一系列的改革举措，将责任、绩效、权利、利益等规范运行，彻底改变了原有工业局的一切管理痕迹，建材集团大步骤地实现了现代企业管理与制度的改革。实践证明，具有集团特色的管控机制推动了企业的快速发展，使北京建材集团具备了面向新世纪、面向国际市场竞争的实力与制度。

1994年3月19日，中共北京建材集团总公司委员会召开第五次常委扩大会议，40多家企业的党委书记、厂长（经理）及机关处室负责人，学习研究了国务院颁发的《全民所有制工业企业转换经营机制条例》和市委、市政府的实施办法，并在落实企业自主权、科学民主决策等方面达成了共识。在这次会议上产生了集团总公司第一届管理委员会，对外称董事会。之后，中共北京市委批复了由36人组成的管理委员会。他们是：

张 毅	孙乐新	武大年	张秀荣	线增荣	胡中甲
张洪根	蒋卫平	张庆维	陈志达	邓介正	杨凤杰
李 惠	张宗兴	周维明	浦万生	刘承志	董金峰
李祯祥	沈鑫根	俞华兴	刘正时	朱义铎	徐峻极
王 信	苏金维	赵凤群	孙奎春	郑 孚	黄嘉志
杜振平	王建国	暴振兴	王孝群	刘德海	王 坦

6月22日，北京建材集团总公司召开首批厂长（经理）聘任签约大会，燕山水泥厂等8家企业的领导与总经理张毅签订了承包聘任合同。

10月22日，北京市政府21次常务会议决定，授权北京建材集团总公司对所属全资子公司和行政事业单位的国有资产及控股、参股的联营企业中属于北京建材集团的国有资产进行统一经营管理。

"三重一争"的提出

1993年11月下旬，总公司各部门正在筹备1994年的第一次工作会。这时的工作会通常安排在新年前12月的某一天。这一天下午，刚刚从企业调研回来的总经理张毅思考着，偌大的企业，几家分公司，水泥、木材、五金、墙体材料，还有刚刚兴起的房地产开发，虽说同属一个集团，可人们在不同的领域从事不同的工作，平时交流很少，作为一家依靠资源逐步整合、将来快速发展的企业来说，一种共同的意志、共同的品格和工作中的价值观是应该逐步趋同的，也就是说，总公司应该树立一种共同的价值标准，靠它凝聚起集团的企业和职工。一边思索，一边走过总公司办公室。办公室主任蒋卫平正在整理调研的材料。那时，通信没有现在这样发达，公司领导经常到企业调研，经常现场解决一些企业面临的紧迫问题。回来后，办公室的一项重要职责就是尽快将这些材料整理出来，为此，蒋卫平干脆在办公室支了一张床，加班太晚，也就别走了。

张毅对正在起草文件的蒋卫平说，我在想，今年的工作报告我们讲些什么，应该提出一些观点来，作为集团各个企业共同探讨和遵守的价值观。他又说，这些年，我们讲实事求是，就是要从实际出发，从总公司和企业的实际出发，解决我们企业面临的紧迫问题，这是根本的一条；作为企业我们还必须突出效益观念，解决不了吃饭和发展问题，做企业干什么？还有一些东西也是必须提倡的。我们要好好思索一下。

一个月后，总公司1994年第一次工作会召开，这次工作会上张毅讲话的标题是——《重实际 重创新 重效益 争一流》。这个"三重一争"理念一经提出，整整影响了金隅几代人，形成了金隅到今天依然恪守的企业精神。

商业地产悄悄起步

随着集团在房地产领域的初步成功，集团积累了大量的开发资源和资金实力。这一时期，集团并没有一味地走开发这一条路，而是将在开发中获得的资源、资金一方面反哺集团传统的建材制造业，这里面拥有大量的从业者，作为国企必须把吸纳这些人就业作为一项十分重要的社会责任；另一方面，从可持续发展的角度，集团把战略投资的方向紧紧盯在了刚刚兴起的商业地产领域。

从市府大楼的林荫道往北，就是北京的二环路，1990 年的亚运会前才刚刚贯通。在二环路的西南一隅，原本还有一大片的空场，一个用那时候最时髦的棕色铝

1997 年，当时还叫建材科贸综合楼的金隅大厦举行封顶仪式

合金建造的一排平房，是当时北京制药六厂的"龙华药膳"。药膳，对于刚刚解决了温饱问题的北京市民来说，多少有些"奢华"，生意远没有门庭若市的感觉。而这刚好是个时机，要想办法拥有它，如若在这里建设属于自己的大楼简直太好不过了。谁也没有料到，当时的这一举动对于今后的金隅意味着什么，至少没有了这里，还会不会叫"金隅"就是个问题了。

谈判的过程虽然艰苦，也算顺利。原先打算通过购买或者置换争取这块土地的所有权和使用权。几经磋商之后，采取在将来开发完成的大楼里给原土地方一定面积的补偿的办法。一个关于公司大楼的梦想就此

开始了。

一定要建设最为时尚和高档的写字楼，这在当时的集团决策层基本取得共识。但是，要获得最大收益，可不是件容易的事。按照当时的规定，这里建筑能建造的高度不可以超过9层。按照当时集团的要求，强调"成功意识"，不管如何，要想尽一切办法，增加大厦的高度，能增加一层就加一层。千方百计，攻坚克难。经过反复努力，还真又印证了当时人们常说的一句话，"没有金隅人干不成的事。"仅用两年时间，一座凝聚了集团力量的23层大厦就要建成了。

1997年，总公司成立了大厦运行团队，抽调一批机关干部、开发人员，还有从企业抽调的后勤、水暖、电工等技术人员组成管理队伍，自己管理自己的大厦。这成了今天北京金隅物业管理有限责任公司的前身。当时，集团领导给新班子布置的任务是：1998年春节团拜会在新建成的大厦召开，所有的老同志，部分公司领导到大厦吃饺子。

1998年的五一国际劳动节，金隅大厦正式运行。金隅大厦不但使总公司拥有了自己的办公场所，还为发展以商业地产为代表的城市服务业做出了有益的尝试，为金隅的商业地产运营培养了最初的管理者。这之后，一批批的干部和管理人员从金隅大厦走出来，集团又相继在中关村地区建设管理了腾达大厦，在上地建设管理了嘉华大厦，在CBD区域建设管理了大成国际，在亚奥地区成功建设管理了环球贸易中心，使金隅成为北京地区最大的物业持有者，旗下的商业地产在城市的发展中独领风骚，渐渐成为这个城市的名片。

为了管理好大厦，刚刚成立的金隅物业一面睁开眼睛向世界最好的物业学习，一面按照总公司打造最高服务标准的大厦的要求，边学习、边摸索，制定出在业内还不具备的行业规范和服务标准。

金隅大厦比较早地使用大理石做地面装饰，大理石石质软，按照当时的清洁技术和条件，只能采取打蜡的办法，可是一般的打蜡根本不管用，所以金隅大厦当时地面打蜡竟然有9层之多。多年后才靠更新的技术取而代之。

金隅大厦有一个堪称标志的物件，就是坐落于大厅的金隅时钟。外人看到大钟，对它的评价是：技术与艺术、经典与时尚的最完美结合。直至把大钟的形象作为金隅大厦甚至金隅的品牌形象。可是，为了维护大钟的完美运行，大厦的物业部门可谓是精心维护，丝毫不敢怠慢。大钟的运行和计时是靠贮存在内部液体的滴落和流动进行的，对液体的比重、流速的要求十分严格，而流速和一些机动部分，完全是靠精准的设计和完好的运行状态决定的。承载机械运动部分的是玻璃，所有的运行要求要经过严格计算，设计本身是十分完美的，可是如果运行或者维护不当，不管是运行不畅还是走时

坐落于金隅大厦大厅的金隅钟体现着技术与艺术、经典与时尚的结合

不准，都会严重影响钟的运行品质，同时影响大厦的管理形象。为此，从当时的金隅物业公司到今天的金隅时代分公司都把金隅钟的保养运营当做十分重要的事情，精心呵护，维护着金隅大厦的品牌形象。

1998 年 10 月 25 日《北京建材报》刊登了一篇征文，记录了金隅大厦初期的招租情况。

第一位客户

每天清晨，当班车驶下天宁寺桥时，几乎车上的每一个人都不约而同地把目光对准了徐徐映入眼帘的一幢现代化办公大楼：蔚蓝色的玻璃幕墙，银白色的铝幕墙，晨曦中显得格外挺拔壮观。此刻，大家禁不住由衷地赞叹：金隅，建材集团的丰

碑，建材人的骄傲！而我，则又多了一丝美好的回忆。

春节刚过，领导通知我去金隅大厦协助招租，当时心里真是忐忑不安。目前，北京的房地产市场普遍疲软，有许多幢写字楼空空如也，无人问津，况且我对此道又一窍不通。不过困难从来就难不倒建材人，我也被这种建材精神感染着。不熟悉不要紧，我就冒充客户到一些知名的写字楼摸底，现在回想起当时在中粮广场、丰联广场、富华大厦装腔作势的情形真是忍俊不禁。没有客户的日子里，心里忧虑极了。终于有一天，我迎来了我在金隅的第一位客户。

那是一个黄昏，一位日本客户到金隅看房。这是一个典型的日本人，身材不高，但炯炯的目光在暗示着他的精明，他说着一口流利的中国话。我陪着他把一层十三个房间仔仔细细、反反复复地看个遍，详尽地向他介绍大厦的特点：我们建材集团是国内最大的建材企业，许多产品在国内处于领先地位，金隅大厦就是建材集团的浓缩，是建材产品的展览馆。凡是我们产品没能达到国内一流标准的，我们就选用国外的优质建材，这就保证了大厦的高质量。接着回答日本人的提问，屋长、屋宽、房高、使用面积……我熟练地应答着这些早已背熟了的数据，日本人点点头。交谈中，我不失时机地把话题拓展开，我很亲切地向他介绍，我们集团同日本一些知名企业有着良好的合作关系，像TOTO、三井，金隅也选用了一些日本品牌产品，如东芝电梯、松下电源开关、TOTO洁具，日本人向我投以友好的目光。然后我又带他比较视觉效果，从低层升到高层。窗外，夕阳无限好，余霞散成绮。日本人在静静地望着窗外天边的晚霞。"您看，下边绿草茵茵，远处'楼殿参差倚斜阳'，从美学角度讲，这个房间的效果最好。"日本人再一次点点头。"从位置上讲，这个房间占据了金隅大厦的一角。生意经中有一句话很重要，金角银边草肚皮。现在您占据了金隅中的金角，物华天宝，人杰地灵，您的公司前途无量。"日本人大笑起来，眼中溢出完全的亲切，他拍拍我的肩："小伙子，就听你的了。"接下来我们便开始谈合同、签字。送走日本客人，已是繁星满天，万家灯火。

此后，这种过程周而复始地在不同客户身上重复着……

现在，我由于工作上的原因不在金隅招租办了，但金隅的经历告诉我，作为建材人，尤其是青年人，首先要热爱建材集团，这样才能关心集团，才能了解集团；其次，在实际工作中要充分发扬"重实际、重效益、重创新、争一流"的集团精神，千方百计争取成功，把自己的理论知识同实践充分结合起来，用我们的智慧和努力，为建材集团的发展壮大做出应有的贡献。

于永江

发展新型建材

说到投资建材，更有一番不平坦之路。当年，建材总公司在经历了一番谋划和反复论证后，看到了正在崛起的地产和写字楼需要大量中、高端洁具。因此决定，发展新型建材业，取代20多年的老产品，并将当时发展十分困难的"北陶"作为合作发展的突破口。

然而，当真的找到外方提出合作时，

1990年，北京陶瓷厂引进生产线开工典礼

人家持的是怀疑的态度。没有信心合作。没有办法，当时只得采取购买技术的办法，筹措资金 7051 万元，向国外的公司购买技术，购买关键设备。协调系统内建材机械厂、水泥机械厂、油毡厂、石膏板厂、混凝土一厂等十几个企业，自己研发、制造部分设备，一条年产 20 万套洁具的 BETO 生产线就这样上马了。开工的头一年，就完成生产能力的一半，生产了 10 万件新标准的洁具，受到了市场的欢迎。紧接着，外方看到了公司决心和运营能力，才开始与中方探讨合作之路。

在西三旗建材城建成的中日合资东陶（北京）公司生产线

1994 年 3 月 22 日，北京建材集团总公司与日本东陶机器株式会社（TOTO）、三井物产株式会社合资兴办的"北京东陶有限公司"合同签字仪式在日本北九州市举行。项目总投资 2900 万美元，注册资金 1500 万美元，外商投资额为 1050 万美元。这一项目对我国高档卫生陶瓷的生产及供应起到积极的作用。

1995 年 2 月 18 日，经过了前期的良好合作，彼此有了多方认同，再加上一个月填平偌大大坑的能力，让日本人觉得这是可以合作和信赖的伙伴后，中日合资东陶机器（北京）有限责任公司正式签署合同。

随后，东陶公司在刚刚兴起的西三旗建材城土地上破土动工了。

向市场学习

制造业靠技术和投入逐步发展起来，然而，要赢得市场还必须打破一系列旧的观念，向市场学习。1993 年 3 月 26 日，建材集团总公司科技工作会议召开。总公司总工程师张庆维作工作报告，这一年，总公司系统共完成重大科技和新产品开发成果 25 项，其中，投产 15 项，达到国际同类水平的 4 项，达到国内先进水平的 10 项。新产品产值 10263 万元，占工业总产值的 7.2%；实现利税 1555.5 万元，占利税总额的 16%。引人注目的是，这次大会上总公司颁布了《关于实行企业重大科技项目承包新产品创利奖励和对优秀科技人员重奖的办法》。会上，北京市劳动模范、建筑锁厂高级工程师王万愚，新型防火装备厂科技员冯仲各得奖金 1 万元。

"北水" 验收

1996 年 6 月 18 日，国家"八五"重点工程北京水泥厂通过建设工程竣工验收，固定资产投资 8 亿元人民币，建设工期为 26 个月，提前 9 个月竣工。

在项目验收这天，一位身材不高，热情、干练的女同志不时地与各方积极交流，安排工作，人们也尊敬地与她交流。熟悉的人都知道，在筹建北京水泥厂的过程中，身为北京市规划委总工程师的她，多次出面，协调各方面关系，为北京水泥厂顺利建设和投产做出了不小的努力。至今北京水泥厂人记得她在签到簿的签名，刚劲里透着帅气。她签到的名字是——刘永清。10 年后，人们才从国际交往的舞台上熟悉了这位让人尊敬的老大姐。

债转股的新尝试

然而，当"大水泥"真正上马，就已经面临着许许多多的困难。北京水泥厂基建时正好赶上小平"南方谈话"后的新一轮发展和投资热潮，那时钢材、水泥价格飞涨，突破有史以来的最高价格，造成建设成本增加；由于公司选址毗邻北京长城和十三陵风景区，地处城市的上风上水，环境保护问题就始终像一把利剑，悬在北京水泥厂的历任决策者面前。而强烈的生存考验和忧患意识，反而练就了北京水泥厂人坚定的责任意识和创新发展的理念。早在北京水泥厂建设之初，做最清洁的水泥企业就是北京水泥厂建设的目标。

企业要生存，就必须实现清洁化生产。为此，生产线均配备了高温布袋除尘系统，烟囱粉尘排放浓度被控制在 10 毫克/标准立方米以下，达到了国际先进水平；在做好收尘工作的同时，北京水泥厂在全国首家使用粉煤灰双掺新工艺，采用石景山电厂生产过程中产生的废渣、粉煤灰，代替传统水泥生产工艺中的黏土配料，这一工艺年均消化、利用粉煤灰超过 30 万吨，间接保护了宝贵的土地资源；公司开展燃煤锅炉的技术改造以实现水泥回转窑余热的资源化利用，纯低温余热发电站大幅减少二氧化碳和二氧化硫的排放量；实行污水处理后的中水回收，不仅实现了厂区内水资源 100% 的利用，而且不再向外排放污水，每年节约水资源 9 万吨，吨水泥综合耗水量降至 0.18 吨，处于国内同行业领先水平。

项目投产几年中，生产一直处于良好的发展状态，产品供不应求。其中的高标号低碱水泥曾广泛应用于北京西客站、首都机场、地铁复八线等重点工程。但由于北京水泥厂的建设时期正处于社会上大规模基建投资时期，所借银行贷款高达 5.09 亿元，累计的复利高达 12% ~ 13%，到 1998 年底本息总额已经达到 9.68 亿元。如此下去，每年还会以 1.2 亿元的速度增加利息。财务上的过重负担使生产、市场形势很好的企业，反而面临严重的经营困难，甚至背上了永远也还不完的债务负担。

1999 年 7 月，国务院提出，国有商业银行组建多种资产管理公司，作为投资主体实施债权转股权。一方面，盘活商业银行不良资产；另一方面，使实施债权转股权的国有大中型亏损企业相应减债增资，优化资产负债结构，实现扭亏为盈。这一行动，本来由国家经贸委、中国人民银行等牵头执行。按照国家经贸委和中国人民银行关于实施债权转股权的五项条件，这个第一家实施债转股的企业应该在央企里面产生。可是，在国家经贸委相关部门反复调研、视察之后，认为北京水泥厂在企业经营、管理方面的突出成果，可能会增加债转股成功的机会。所以，在历经一系列调研、寻访之后，认为属于地方国企的北京水泥厂更适合作为债转股试点企业。为此，时任国家经贸委主任盛华仁甚至亲自造访北京水泥厂。

1999 年 9 月 2 日，中国信达资产管理公司和北京水泥厂的母公司北京建材集团在北京金隅大厦举行了债转股签约仪式。时任国家经贸委主任盛华仁、副主任王万宾，北京市市长刘淇、副市长刘海燕，中国建设银行行长周小川，国家建材局副局长杨志元，中国信达资产管理公司总裁朱登山等出席了签约仪式。自此，北京水泥厂由国家经贸委推荐，经主要债权人中国信达资产管理公司独立评审，被确定为全国第一批债转股试点企业之一。

借此，北京水泥厂在集团参与下完成了资产评估、企业财务评价等，并就北京水泥厂债转股原则、转股金额、股权回购等问题达成一致意见，并确定了转股方案：将原长期借款 6.68 亿元转为信达资产管理公司在北京水泥厂中的股权；北京建材集团将通过上市回购等多种方式分期分批回购信达所持北京水泥厂的股权。

这一次债转股后，基本上解决了困扰北京水泥厂的债务问题。公司当年即实现盈利。

企业实施债权转股权试点的成功，还使当时任国务院副总理的吴邦国决定到北京水泥厂看一看。2000 年 6 月 14 日上午，已经是北京水泥厂办公室主任的郭凡，刚刚走进办公室，就接到电话通知：吴副总理要来看看。由于事先没有得到任何通知，上至北京市有关部门，下到集团领导都没有丝毫准备。郭凡马上通过电话向集团做了汇报。然后，布置公司接待部门做好准备。

事先没有准备，以致当吴副总理到达北京水泥厂以后，他竟然能够与同为江浙老乡的沈鑫根厂长聊了一个小时家常，并且合了影。随后，吴邦国副总理在北京市经委主任金升官，建材集团董事长、党委书记张毅陪同下来到北京水泥厂水泥生产线，来到窑炉和中控室一一视察。在听取汇报和参观现场后，这位同样来自国有企业、有着多年管理经验的吴邦国副总理说，北京水泥厂债权转股权后，生产经营、企业管理、环境保护等工作做得都很好。同时他还指出，水泥结构必须调整，小水泥要坚决关掉，大水泥要坚持发展。

北京水泥厂债转股的成功，促进了这一项目的推广。一批经营状况好，有盈利能力的企业也纷纷实施了债转股。2000年，由中国华融资产管理公司、中国东方资产管理公司和北京建材集团有限责任公司三方共同签订了"北京建材制品总厂（含彩板、岩棉厂）债权转股权协议书"。制品总厂减少负债 3.13 亿元，资产负债率由 77.3% 下降到 37.5%，当年实现盈利。

"金隅"出世

2000 年 12 月 26 日，经北京市人民政府批准，北京建材集团有限责任公司正式更名为北京金隅集团有限责任公司。金隅，出自当时集团的所在地——二环路西南，金品质一隅。

12 月 28 日，北京市燕山水泥厂响应市政府号召，将工厂内立窑生产线全部停产，为节能减排做出贡献。

2001 年 3 月 21 日至 22 日，对于已经成功改制将近 10 个年头的北京金隅集团来说意义非同寻常，中共北京金隅集团委员会第一次党员代表大会在干部研修中心隆重召开。北京市城建工委书记张凤朝、副书记刘凤歧、市委组织部组织处副处级调研员周秀惠、经干处副处级调研员张立强、

2001年3月21日，金隅集团第一次党代会召开

城建纪工委书记贡建平等到会祝贺。金隅集团125名党员代表参加了这次大会。大会严格按照党章要求的程序和规定，选举产生了中共北京金隅集团第一届委员会，选举委员会委员15名，纪委会委员9名。张毅同志主持召开了委员会第一次全体会议，选举产生了中共北京金隅集团有限责任公司第一届党委常委会（7人）：

王　东　王建国　张　毅　张秀荣　张洪根　陈志达　段建国

张毅任书记，陈志达、张秀荣为副书记。段建国任纪委书记。

2002年，是北京金隅集团有限责任公司企业化改革10周年。这一年，金隅集团共完成营业总收入60.5亿元，比公司成立时翻了一番多。

第二部分

金隅成长之路

- 从 2003 年到 2008 年，金隅提出了把公司发展成为国际化产业集团的"第二步"战略目标，确立了"三高一快两步走"战略，要公司"先做强，再做大"。这一时期，金隅紧紧抓住 2008 年奥运会这个难逢的历史机遇，赢得了公司历史上最快的发展阶段。公司试水资本市场，实现了资本条件下的扩张。2005 年，金隅股份宣告成立。

- 到 2007 年末，金隅集团资产总额达到 300 亿元，营业总收入 129 亿元，利润总额 8.7 亿元，营业收入等主要经济指标实现年均 20% 以上增长，比 2003 年翻了一番还多。

- 在企业文化上，金隅逐步形成了"信用、责任、尊重"的核心价值，形成了"共融、共享、共赢、共荣"的共同发展的理念，提出了在集团的整体发展中，逐步实现企业发展和个人的价值。

2001 年"7·13"

2001 年 7 月 13 日，发生了一件无论对于中国，对于北京，还是对于正在渴望发展、寻找机会的金隅来说都是足以改变历史的重大事件。

"7·13"，在莫斯科举行的国际奥委会第 112 次全体会议上，中国人民的老朋友、国际奥委会主席萨马兰奇先生宣布："获得第 29 届奥林匹克运动会举办权的城市是——北京。"

北京，一个正在崛起的东方大国的首都；北京，孕育和诞生金隅的地方；多少年，几代建材职工，为这个城市辛勤奋斗过，这个城市的一砖一瓦，每一座建筑，每一条道路，甚至每一个家庭无不留下过当年建材人的劳动印记。建材人为了这座城市的发展艰苦奋斗、埋头苦干、励精图治、渴望成功。应当说，没有人比建材人更渴望这个城市的发展，更渴望与这座发展的城市一起创造辉煌，成就梦想！

2002 年 12 月 25 日，北京金隅集团 2003 年第一次工作会上，集团发布了《金隅集团 2008 年奥运发展规划》。规划对金隅围绕 2008 年奥运会工作的指导思想、发展规划、发展目标、主要任务做出规划。

规划提出，首都迎奥运加快发展为公司带来了前所未有的发展机遇，金隅集团要进一步增强抢抓奥运机遇的自觉性、敏感性和紧迫性，认清新形势，明确新任务，充分发挥集团整体优势，大力发展适应奥运经济的现代制造业和现代服务业；同时，加快经济适用房建设，为城市危改拆迁和奥运工程建设拆迁提供搬迁用房，促进集团快速发展。

奥运发展规划目标

——到 2008 年集团营业总收入达到 90 亿元—100 亿元，实现集团工业、管理、效益现代化，确保集团整体经济持续快速健康发展。

　　——建成以五大核心业务（高标号水泥及发展处置城市工业固体废弃物的生态水泥、中高档卫生陶瓷、绿色环保型人造板及其深加工产品、中高档家具、环保型建筑涂料）和十个拳头产品为代表的集团现代工业体系，使五大核心业务的产品销售收入达到40亿元以上。

　　——建成以十大物业为代表的集团现代物业出租体系，其中：已建4项，新建6项，使集团物业出租总建筑面积达到50万平方米以上。

　　——建成以十大经济适用房项目为代表的集团房地产业，其中：新建7项，在建3项，5年内使经济适用房销售总面积达到350万平方米以上，为奥运会做贡献。

　　——完成以15户企业调整搬迁、19户企业归并、12户企业整厂改制为主的工业布局调整和企业结构调整，使企业结构

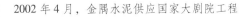

2002年4月，金隅水泥供应国家大剧院工程

进一步优化，使之符合奥运会环境治理的要求。

——完善以资产为纽带的母子公司体制；天坛股份公司和琉璃河水泥厂、北京水泥厂资产重组，实现 A 股上市。

——完成减债增资工作，使资产负债率由目前的 60% 降到 40% 以下。

规划还提出，到 2008 年，集团的主要经济指标：营业总收入达到 90 亿元—100 亿元，比 2001 年净增 32.9 亿元—42.9 亿元，平均年递增 7.3%；产品销售收入 60 亿元，比 2001 年净增 22.7 亿元，平均年递增 7.0%；工业实现利润 3.5 亿元，比 2001 年净增 1.5 亿元，平均年递增 8.6%；劳动生产率（人均增加值）10 万元/人年，比 2001 年净增 4.5 万元/人年，平均年递增 8.8%；人均年收入 3.0 万元/人年，比 2001 年净增 1.49 万元/人年，平均年递增 10.3%。

规划提出，奥运发展主要任务是：紧抓奥运商机，加快绿色、环保、高科技建材产品的发展，大力发展现代制造业（工业项目 18 项，商贸及其他项目 4 项）。

按照市政府提出的"新北京、新奥运"主题，紧紧围绕"绿色奥运、科技奥运、人文奥运"的理念，充分利用政府为企业搭建的奥运经济平台，大力发展，推广绿色、环保、高科技的建材产品，发展现代制造业；学习国外先进的管理理念和运作模式，树立全球竞争的意识，积极参与国际交流与竞争，不断提高集团的品牌知名度和市场占有率。

规划确定：将集中力量发展现代制造业的 18 项工业项目

其中：着力发展核心业务（即支柱产品）5 项，包括，发展高标号水泥和生态水泥；发展绿色环保型人造板及深加工产品；发展节水型高档卫生陶瓷；开发环保型、品牌化、规模化的中高档家具；发展环保型建筑涂料。

发展拳头产品 10 项，包括，矿棉吸声板；钢制散热器；

玻璃纤维；玻璃棉；商品混凝土；彩色钢板；加气混凝土；防水材料；新型不定型耐火材料；外墙外保温材料等。

发展高新技术、高附加值的新材料3项。重点商贸及其他项目4项。

为贯彻奥运行动规划，加强环境治理，完成污染扰民企业调整搬迁。

集团将积极贯彻市政府奥运行动规划，进一步加强环境治理，全面推行清洁生产，15户重点企业通过环保ISO14001环境管理体系认证；12种重点产品取得绿色标志认证；10户企业综合利用工业废弃物，成为环保综合利用企业。同时，在2005年以前完成污染扰民企业调整搬迁任务。

这包括，天坛家具公司北厂、西厂搬迁改造工程（迁至建材城）；北装东郊木材厂迁出工程；玻璃钢制品厂搬迁改造工程；建材水磨石厂整体改造工程；星牌公司岩棉分厂、彩板分厂迁出工程；门窗公司组角窗、中空玻璃等车间迁出工程；长城家具公司搬迁改造工程；加气砼厂搬迁改造工程；北奥公司搬迁改造工程。

规划提出：配合城市危改拆迁和基础设施建设，加快经济适用房建设和销售

到2008年，集团规划经济适用房项目10项，总建筑面积370万平方米以上。包括新建项目7项，建筑面积330万平方米。分别是：朝阳新城：建筑面积170万平方米；双惠小区：建筑面积60万平方米；西三旗建材城小区：建筑面积30万平方米；北奥小区：建筑面积16万平方米；北加住宅区：建筑面积30万平方米；长城小区（含木工机械）：建筑面积8万平方米；天坛北厂北区：建筑面积20万平方米。在建项目3项：建筑面积44万平方米。分别是，建欣苑小区（含苗圃和锅炉房区域），新增建筑面积20万平方米；建东苑小区，新增建筑

面积 4.3 万平方米；晋元庄小区，新增建筑面积 20 万平方米。

规划明确：大力发展适应奥运经济要求的以房地产开发业和租赁业为主的现代服务业

到 2008 年，集团规划大物业项目 10 项，包括：新建项目 6 项：建筑面积 100 万平方米，出租建筑面积 40 万平方米；分别是：①金隅世纪城（今环球贸易中心）：建筑面积 50 万平方米；②望京之星：建筑面积 8 万平方米；③金隅科技创业中心：建筑面积 15.0 万平方米；④南湖公寓：建筑面积 13 万平方米；⑤天坛北厂南区销售研发中心：建筑面积 11 万平方米；⑥南湖公园温泉洗浴中心：建筑面积 1 万平方米。已建项目 4 项：建筑面积（含扩建）30 万平方米，出租建筑面积 15 万平方米；包括：金隅大厦、锦湖园公寓、腾达大厦、建苑宾馆。

大物业 10 项总建筑面积 130 万平方米，其中：出租总面积达到 50 万平方米以上，年出租房收入 5 亿元—7 亿元，净增 4 亿元—5 亿元。

住宅商品房项目 8 项：其中：新建 2 项，即五金科研小区，畅椿园温泉高尚住宅区及畅椿园温泉度假中心；在建 6 项。包括：花家地小区、双花园小区、青塔东里小区、金福苑小区、宝华家园、幸福家园等。总建筑面积 90 万平方米。

规划特别提出：集团应利用奥运机遇、树立竞争意识、创知名品牌、抢占奥运市场

借奥运经济平台，树立全球竞争意识，实施集团品牌战略。集团要统一筹划，整合集团营销资源，加大集团品牌宣传力度，提升集团的品牌知名度和产品的市场竞争力。对集团现有的国际品牌，要不断开发新产品，注入新活力，提升名牌的含金量；对已有的国内知名品牌，要赶超国际同行业先进水平，积极参与国际市场竞争，争创国际名牌；要把集团的核心产品、拳头产品都发展成为国际或国内知名品牌。在奥运市场

运作中，充分展示集团实力，大力宣传集团品牌，提高集团及企业产品的知名度。

积极抢占奥运工程建设市场。通过北京市经委工业奥运行动办公室，加强与奥组委、奥运项目业主、施工单位、房地产开发商的联系，定期组织召开各种形式的集团产品推介会，扩大集团产品的影响。在攻关奥运工程项目中，要充分发挥集团的整体实力，要组织企业做好市场分析和竞争对手分析，

金隅旗下家具公司承接国家大剧院歌剧院排椅工程，显示了公司的制造水平和工业实力

积极参与奥运工程项目投标工作，力争取得家具、卫生陶瓷、人造板、涂料等产品奥运工程（项目）的专项供应权。

集团完成第一次新老交替

2003 年 6 月 5 日，金隅集团召开全系统党员领导干部大会，大会由时任集团总经理陈志达主持，时任集团党委副书记张秀荣宣读了市委、市政府对金隅集团董事长、党委书记职务变动的决定。传达了北京市副市长刘敬民以及市委组织部、市委城建工委等领导 5 月 30 日在金隅大厦召开的集团领导班子会议上的讲话。

"市委决定，王东同志任中共北京金隅集团有限责任公司委员会书记，免去张毅同志中共北京金隅集团有限责任公司委员会书记职务。

"市委建议，王东同志任北京金隅集团有限责任公司董事长，免去

王东讲话

张毅同志北京金隅集团有限责任公司董事长职务。待市人民政府正式发出通知后再对外公布。"

至此，金隅集团领导班子顺利实现了新老交替。

金隅文化传承

就在此后召开的金隅集团 2003 年第二次工作会上，新任董事长王东提出，要继续"以'三个代表'重要思想统领我们的各项工作，继续坚持'五统一'原则，继续发扬'三重一争'的集团精神，紧抓机遇，奋勇拼搏，以特别振奋的精神，真干、实干、快干，一定能全面、提前、超额完成全年工作任务。"

这段讲话带了一个好头，金隅的历届领导班子都把继承和传承金隅已有文化和战略目标作为新一届领导班子深化发展、戮力前进的基石，传承和发扬着，始终不渝。

也是在这次的讲话中，王东还特别对金隅的领导干部提出了："提高素质，力求人品、官德、党性的统一。"

2003 年，北京金隅集团有限责任公司完成营业总收入 66.06 亿元，工业产品销售收入 39.7 亿元，利润总额 3.07 亿元。

"三高一快两步走"

还是这一年 12 月底，金隅集团召开 2004 年第一次工作会，在这次大会上，王东代表刚刚上任的领导班子讲话，题目是《深入学习贯彻"三个代表"重要思想和十六届三中全会精神，高标准规划集团，高水平建设集团，高质量经营集团，加快向世界一流企业集团迈进的步伐》。

报告说："过去的十几年，我们顺利完成了由建材工业局向产业集团的市场化转型，接下来要再用 10 年左右时间，把金隅发展成为国际化集团，实现'第二步'战略目标。因此，我们要借北京奥运之势，充分利用奥运平台，进一步扩大集团产品与服务的影响力和辐射作用，着力提升集团形象，加快向国际化迈进。"金隅未来实施"三高一快两步走"的战略布局初步形成。

历史性的机遇

应当说，奥运会为金隅的成长提供了历史性的机遇，奥运战略的提出，为金隅集团赢得了历史上最快、最好的发展。

就在 2003 年，第一批奥运工程和一大批城市基础设施相继开工。这为建材企业提供了广阔的市场商机，金隅集团为此专门成立了奥运工程专项小组，协调各部门、企业为奥运提供优质、环保的新型建材。这时，金隅集团各企业也纷纷研究奥运会给予企业的发展机遇，研究营销策略与企业发展，参与奥运会激烈的市场竞争。北京水泥厂曾预计在当年 3 月份，供应的第一个高峰就会到来，届时水泥需求量可能创历史新高，自产熟料生产水泥能量有限，为此在年初就开始大批量购进水泥熟料，2 月份即以相对较低的价格与鼎鑫水泥公司签订了 18 万吨的熟料供应合同，为发挥水泥磨能优势，为销售部门开拓市场、争抢奥运商机

金隅的高标号水泥在奥运会工程中占比达到90%以上

打下了基础。

2006年8月，奥运工程建设进入内部装饰材料选材阶段。作为行业内首获"中国名牌"称号的星牌矿棉装饰吸声板制造企业，星牌公司当仁不让地进入奥运工程选材目录，公司销售部抓住工程建设指挥部召开奥运工程产品推介会的时机，在金隅集团统一调度下，与国内外矿棉板知名品牌展开竞争。

星牌公司销售部经理付连仲带人精心准备了宣讲资料，自己担任主讲人。在产品推介过程中他声情并茂地把产品、服务、奥运梦想联系在一起讲出来，征服了推介会嘉宾。而后，设计、建设部门的每一个提问，他都给出了精准的回答，甚至吊装过程中的小小细节，他都一一演示。靠着专业、敬业、自信，星牌矿棉装饰吸声板赢得了更高的支持率，星牌产品在与众多国内外大品牌吊装产品竞争中脱颖而出，获得了鸟巢、水立方、曲射中心、首都机场3号航站楼等14个奥运重点工程及配套项目的供货合同，合同总量超过15.5万平方米，成为奥运同类产品的最大供应商。

这一年，随着奥运建设工程的逐步展开，众多建材企业都相继打响了抢拼奥运商机之战。金隅人更是凭着对奥运天然的向往和热忱，让最好的产品进入奥运场馆。能服务北京奥运，那是一件多么值得骄傲和自豪的事情啊！

中国名牌产品"星牌"矿棉板大量应用于奥运会场馆工程建设

奥运场馆的签约并不是那么一帆风顺。2006年下半年，奥运场馆的攻关工作到了关键阶段。那时，隶属"北陶"世纪京中源陶瓷配套有限公司工程部经理李甫园千方百计，从东陶公司那里争取到了价格支持政策，同时借助金隅集团与奥运会场馆建设总承包方之一的北京城建集团建立的战略合作关系，使奥运场馆项目跟进有了初步进展。

国家体育场由瑞士赫尔佐格和德梅龙事务所及中国建筑设计研究院组成的联合体承担设计。在卫生洁具选型工作中，李甫园与赫尔佐格设计事务所在中国的办事处保持着密切联系，积极配合设计师的选型工作。为了使设计师更加了解TOTO卫生洁具并尽可能多地选取使用，李甫园不厌其烦地讲解、介绍，组织有关人员到展厅参观实物效果。公司每次调整产品型号时，他都向设计和建设单位提供新的样品。他还给了设计师们一个承诺，随叫随到。一个电话，立即给现场送去样品或材料。在洁具选型中，有一款型号为W712的挂墙面盆，美观大方，款式新颖，是现代感极强的方形造型。但是面盆自重大，对安装墙体承重要求很高，而奥运场馆的墙体是轻钢龙骨隔断墙，若直接安装这款面盆一定会造成墙体变形、产品固定困难等问题。接近成功的面盆选型，遇到了拦路虎。为了解决难题，李甫园想方设法联系了清华美院，在他们的研究和协助下，通过在轻钢龙骨隔断墙增加钢梁，增加了墙体的强度，解决了安装问题。金隅人的这种认真、较劲、负责的工作态度深深感动了奥运场馆设计师。也正是这种一丝不苟的精神，帮助李甫园们赢得了奥运场馆攻坚工作一个又一个的突破。

奥运场馆之一的水立方是北京奥运会标志性场馆，为了确保拿下水立方的供货合同，李甫园认真研究攻关方向，在工程跟进中，除了在价格上与竞争对手博弈之外，也不失时机地做好各项售前服务工作。在配合施工队确定施工方案时，总包方要求与设计人员一起进行技术交底，对施工工艺、安装尺寸等进行核对、确认。有时候个别型号调整，需要先得到东陶公司市场开发部门的核准后，才能提供给施工队，以确保洁具的安装质量。这样的工作往往要反复很多次。调整后的方案带回公司修改、更新、打印、装订、签章，再送回施工队。这样不辞辛苦、周到耐心的售前服务给总包方留下了深刻的印象。

接下来的一段时间，几个奥运场馆供货合同相继签订了，分别是鸟巢、水立方、自行车馆、网球中心、海体奥运训练馆。奥运会增强了李甫园和同伴们对自己产品的信心，也有了为奥运奉献一切的自豪感。

经过努力，金隅20多种新型建材产品广泛应用于奥运场馆和重大奥运工程建设。其中金隅高标号水泥在奥运工程中的份额占到90%以上。奥运工程不仅仅提高了集团新型建材产品的市场美誉度和占有率，更重要的是通过奥运工程的攻关工作，强化了集团新型建材制造企业的品牌意识、整体意识，提高了集团新型建材制造企业整体作战、协同攻关的能力，为产业整合打下了基础。

到2007年末，金隅中期发展规划实现"双过半"，集团资产总额达到300亿元，净资产额近100亿元；营业收入等主要经济指标实现20%以上增长，利润同比增长高达65.7%，比2003年翻了一番还多，提前两年完成了集团《2008年奥运发展规划》目标。

环境的挑战

进入 21 世纪，人类面临社会、经济、环境等诸多问题，可持续发展已成为人类的必然选择。

早在 1995 年 10 月 30 日，第八届全国人民代表大会常务委员会第十六次会议通过了《中华人民共和国固体废物污染环境防治法》，1996 年 4 月 1 日施行。之后又经重新修订、通过，于 2005 年 4 月 1 日起实施。

修订后的《中华人民共和国固体废物污染环境防治法》中提出：固体废物，是指在生产、生活和其他活动中产生的丧失原有利用价值或者虽未丧失利用价值但被抛弃或者放弃的固态、半固态和置于容器中的气态的物品、物质以及法律、行政法规规定纳入固体废物管理的物品、物质。

人类发展到今天，随着人们对自然界的认识及改造发展，人类需求的多样化、高质化，生产高效率、分工细化、工业产品多样化，无数个生产环节排出无数种废渣，加之人类的消费和使用也产生出许多废物，这些庞杂的废物组成了一个"废渣大家族"，它的种类繁多，性质各异。其中一部分废弃物由于具有毒性、腐蚀性、传染性、反应性、浸出毒性、易燃性、易爆性等独特性质，易对环境和人体带来危害，须加以特殊管理，因此被列入《国家危险废物名录》。我国 1998 年 7 月 1 日实施的《国家危险废物名录》中规定了 47 类危险废物。另外还有大量的一般工业废弃物，像矿山业产生的废石、尾矿、金属、废木、砖瓦、水泥、砂石等，冶金中产生的矿渣、模具、边角料、陶瓷、橡胶、塑料、烟尘、绝缘材料等，以及金属填料、陶瓷、沥青、化学药剂、瓦、灰、石、陶瓷、塑料、油脂、化学药物、一般非危险废物等。

目前，一些工业化国家年平均固体废物排出量以 2%～3% 的速度增长。统计表明，全世界每年产生的工业固体废物量达 24.4 亿吨（包括危险废物 3.4 亿吨）。

在城市生活垃圾方面，随着工业化国家的都市化发展和居民的消费水平提高，城市生活垃圾增长率也十分迅速，发达、发展中国家增长速度分别为 3.2%～4.5% 和 2%～4.5%。

美国 1970 年—1978 年受经济萧条影响，垃圾的增长量不大，仅为 2%，但随着经济复苏，增长率很快上升至 4%，在"9·11 事件"前达到 5%；欧洲国家的垃圾平均增长率为 3%，德国为 4%，瑞典为 2%；韩国近几年经济发展较快，垃圾增长率达 11%。以全球情况而论，年产垃圾总量在 100 亿吨以上，其中美国占 1/3，日本近 10 年垃圾产量翻了一番，英国城市垃圾排出量近 15 年增加了 1 倍。

我国在改革开放的新形势下，国民经济、迅速得到发展居民生活水平得以快速提高。据统计，我国每年所产工业固体废物量已达 6 亿吨，其中危险废物约占 5% 以上。这些废物除约 40% 回收利用外，大都仅作简单的堆置处理或是任意丢弃。

另外，城市生活垃圾排出量增长也十分迅速。目前我国城市垃圾年产量已达 1.5 亿吨左右，而且正以每年约 8% 的速度增长。由于各项处理设施严重不足，这些城市垃圾约有一半未经任何处理，采用裸露堆填的粗放弃置，占用城市周边土地面积达 6 万公顷，导致约有 2/3 的城市处于垃圾包围之中，既污染水质、土壤、大气，还将传播疾病，严重影响城市环境质量和可持续发展。

世界上普遍认为，固体废物特别是有害固体废物，处理处置不当，能通过不同途径危害人体健康。固体废物露天存放或置于处置场，其中的有害成分可通过环境介质——大气、土壤、地表或地下水等间接传至人体，对人体健康造成极大的危害。

1930 年—1953 年，美国胡克化学工业公司在纽约州尼亚加拉瀑布附近的 Love canal 废河谷填埋了 2800 多吨桶装有害废物，1953 年填平覆土，在上面兴建了学校和住宅。1978 年大雨和融化的雪水造成有害废物外溢，而后就陆续发现该地区井水变臭，婴儿畸形，居民身患怪异疾病，大气中有害物质浓度超标 500 多倍，测出有毒物质 82 种，致癌物质 11 种，其中包括剧毒的 TCDD。

人们还认识到，固体废物污染与废水、废气污染有着本质的不同，废水、废气进入环境后可以在环境当中经物理、化学、生物等途径稀释、降解，并且有着明确的环境容量。而固体废物进入环境后，不易被其环境体所接受，其稀释、降解往往是个难以控制的复杂而长期的过程。

在经历了许多事故与教训之后，人们越来越意识到对固体废物实行源头控制的重要性。

我国固体废物污染控制工作，在 20 世纪 80 年代中期提出了"减量化，资源化，无害化"。作为控制固体废物污染的技术政策，并确定今后较长一段时间内以"无害化"为主。进入新世纪，我国固体废物处理利用的发展趋势逐渐从"无害化"走向"资源化"。

北京水泥厂作为全国第一个利用水泥回转窑焚烧工业有害废弃物的企业，2003 年 3 月 28 日的《北京建材报》做了报道。

北京水泥厂污泥处置项目

"北水"利用水泥回转窑焚烧工业有害废弃物
推动企业可持续发展

北京水泥厂是全国第一个选定厂址后先环保评估、后立项的国家大中型基建项目，因此该企业领导班子比其他水泥企业更加重视环境保护工作。1998年，针对社会上大量工业有害废弃物没有得到很好处理，严重污染环境的现实，经过大量社会调查，特别是了解发达国家的成功经验后，北京水泥厂开始研究探索水泥回转窑的特性，认识到在掌握必要的技术和实施严格管理后，可以对工业固态有害废弃物进行无害化处理。在创造社会效益、为首都环境治理做贡献的同时，为企业创造良好的经济效益。1999年初，企业成立红树林环保公司，在全国水泥行业中率先提出：在不影响该厂产品质量及周边大气环境，不造成二次污染，不影响职工身体健康的前提下，对现有生产工艺线进行必要的技术改造和新建预处理、仓储设备设施后，对工业有害废弃物进行无害化处理。

该项目自提出以来，他们遇到了种种困难，但企业领导班子坚持既定方针，向全厂干部职工反复宣传该项目的环保意义和社会意义，同时经过大量艰苦工作，冲破观念上、体制上的重重束缚，使项目得以立项，并取得市政府的资金支持。

项目立项后，企业领导班子结合北京地区环保现状及企业生产工艺实际，成立了强有力的组织与实施机构，多次召开研讨会，提出明确的工作思路，制定严密的工作计划，在固废处理工作发展的各个关键阶段，制定正确的决策和有力的工作措施，推动固废处理工作沿着正确的轨道发展。

为把该项目做大、做强，并与水泥生产工艺相协调，该公司成立总经理主抓的固废处理领导小组，把固废处理纳入生产系统统一管理，同时大力开展技术改造和技术攻关活动，组织专业技术人员，在固废处理的实践中不断摸索、总结，积累了大量实验数据，完成了"利用水泥回转窑处理焚烧有毒有害工业废弃物"的多项论证。在固废领导小组的统一部署下，他们利用现有工艺条件进行水泥回转窑试烧危险废弃物，通过反复的化验、测试及理论研究，得出不同种类、不同形态化学成分的危险废弃物，在不同的投料位置、投料方式下的焚烧机理，以及对窑系统气氛和热力分布的影响。4 年来，"巴塞尔公约"所列出的 47 类危险废弃物中有 36 类危险废弃物都在该厂焚烧处理过，从而为水泥回转窑焚烧处理工业有毒有害废弃物提供了可靠的理论和实践依据。

自 2002 年焚烧处理工业废弃物纳入生产统一管理，在总经理沈鑫根的亲自指挥和决策下，该厂各专业技术人员自行设计、自排工艺，部分工程自行施工，于 2002 年 9 月 25 日建成了一条具有中国特色的全面完备、实用简洁的工业废弃物预处理生产线，其中包括土建、机械、自动化、空气净化、工艺管道等 11 个专业，划分成分拣预处理车间、成型车间、强酸废水预处理车间及入窑输送 4 个部分，目前已大部分投入运行。该项目完成后，液态废弃物采用泵送从窑头喷入方式，可由中央控制室实现自动化处理，固态与半固态废弃物可实现机械化预处理、机械化入窑，由中央控制室调节入窑量，机械化焚烧量可达 95%。国庆节前夕，国务院参事室、国家环保总局、北京环保局的领导专家视察后给予的评价是，不比外国的差！

2002 年 10 月 14 日，在市环保局的组织下，在该厂召开了利用水泥回转窑焚烧含重金属危险废弃物专家论证会，通过了专家论证，标志着该厂利用水泥回转窑处理含重金属工业废弃物跨出实质性的一大步，为今后扩大焚烧处理有毒有害废弃物并进一步取得政府支持提供了保障，也为企业可持续发展奠定了坚实的基础，更为水泥行业由利废企业向绿色、环保企业转变创造了条件。北京水泥厂经过 4 年艰苦探索，总结、提高、完善，现已迈出成功的第一步，自 2000 年起 3 年共处理工业废弃物近 6500 吨，创造了良好的社会效益、环保效益，更为企业实现可持续发展创造了优越条件。

金隅红树林公司处置污染物

2004 年 4 月，北京地铁 5 号线宋家庄站工地，正在挖掘的工人被一股刺鼻的味道熏倒。这一事故引起了政府部门与社会各界对污染场地治理的高度重视。随后，北京市决定对宋家庄工地的污染土壤进行修复治理，将重金属污染和有机物污染严重的土壤进行高温焚烧处理。承担这一任务的就是诞生于北京水泥厂的金隅红树林公司。

从此，金隅红树林开始了污染土壤无害化修复之路。之后的北京化工三厂、八达岭高速焦油车事故污染土壤、北京红狮涂料厂、地铁 10 号线、北京染料厂、宋家庄交通枢纽、中国动漫城……金隅环保通过对一个又一个污染土壤项目的成功治理，凭借着成熟的技术和强烈的社会责任感，完成了北京市 90% 以上的污染土壤治理修复。截至 2011 年已完成的污染土壤治理量达 50 多万吨。

"北水"环保示范线上马

随着首都城市规模的扩张和北京市产业结构的调整，城市对于工业废弃物的处置要求越来越高，而传统的处置废弃物的主要方法是填埋和焚烧，填埋浪费土地资源，容易造成地下水污染。焚烧投资大、成本高，炉内温度低，易产生黑烟、恶臭，甚至会有二噁英排放，且焚烧后残渣难以处理，容易造成二次环境污染。

北京水泥厂从 1999 年 5 开始进行焚烧处置工业固体废弃物实验，

2000 年 1 月获《北京市危险废物经营许可证》，取得对 40 类每年 3000 吨危险废物的焚烧经营权。2002 年厂内建成工业固体废弃物分类存储的专用仓库、预处理车间和自动给料系统等。

2004 年，北京金隅集团依托北京水泥厂在危险废弃物处理方面的经验和市场发展的需要，自主投资建设了处理城市废弃物示范工程项目。这项工程争取到国家高新技术产业化、高新技术和先进适用技术改造传统产业、优化重点产品和技术结构"双高一优"项目，是国内首条拥有自主知识产权的专业处置城市工业废弃物示范线。项目对原有废弃物预处理

2005 年 10 月，北京水泥厂红树林环保示范线投入使用

系统进行改扩建，并建设一条新的焚烧线，以解决原有废弃物处理系统存在的问题。

这一项目的实施不仅具有显著的环保效益和社会效益，而且对实施中国 21 世纪工业可持续发展战略，改善首都环境，把北京建设成国内政治、经济、文化和国际交往中心将具有深远意义。

项目很快得到了国家有关部门的认可。一年后，即 2005 年 10 月，项目投入使用，总投资 3.1 亿元人民币。

根据设计要求，这一项目每年处置城市废弃物的能力为 10 万吨，日处理能力 300 吨，年产水泥熟料 60 万吨。处置的城市废弃物主要为三大类：液态，工业有毒有害废液 5 万吨/年，占处理总量的 50%；固

态，燕化公司废白土和北京市城市固体废弃物 3 万吨/年，占处理总量的 30%；半固态，工业污泥和其他可利用半固态废弃物 2 万吨/年，占处理总量的 20%。

为解决废气中的氮氧化物的排放问题，北京水泥厂与天津水泥设计研究院联合开发了低氮氧化物燃烧器、MFC—DD 分级燃烧的分解炉、过程参数控制及选择性非催化还原的废气脱硫技术。

这一依托水泥窑协同处置城市工业废弃物的方法，在使用有害物作为替代原燃料时，空气中的有害物排放量不会增加，不造成新的污染，对空气质量无影响，对水泥产品亦无任何影响，焚烧后的废弃物不留任何后遗症，不存在焚烧残渣的二次处理和周转污染，是实现废弃物处理和资源化利用的一种新工艺，是废弃物处理的发展方向，可以真正实现"减量化、资源化、无害化"。项目的建成投产，真正实现了经济效益、社会效益、生态效益的和谐统一。

水泥率先实现"先做强、再做大"

实施"三高一快两步走"战略，集团提出了"先做强、再做大"，逐步推进集团的事业部管理体制和职能。

2005 年，全国水泥行业坐上了"过山车"，经历了从未有过的低谷。集团旗下的水泥企业接连出现了水泥产销量上升、应收账款同时上升、水泥售价下降的"两升一降"局面，加上水泥生产所用原燃料价格纷纷上涨，不仅没有实现增产、增利的预期目标，生存与发展的压力却与日俱增，运营困难。

然而，所有的困难对于有所准备和励志改革的企业来说，都是良机。靠智慧，还有审时度势。这一年，金隅决策层果断决定，将集团 3 家水泥企业的优势资源进行重组。2005 年 11 月 29 日，金隅集团水泥事业部成立，姜德义被任命为首任水泥事业部部长。同日，北京金隅股份有限公司水泥分公司成立——"金隅水泥"宣告问世。

水泥公司整合了集团原有水泥资源，形成了统一市场、统一营销战略、统一品牌、统一区域经营、统一区域性管理职能的经营模式。这一举措提高了金隅水泥在区域市场中的规模优势，展示了集团通过整合资源实现水泥产业做大做强的决心和实力。一时间，在北京乃至全国水泥业产生了强烈反响。在整合资源的原则指导下，金隅集合了旗下的水泥制造和销售资源，形成了统一的市场竞争力，金隅水泥在北京的市场占有率达到90%。成为北京建筑市场和重点工程的主要水泥提供商，并在北京奥运会场馆建设中屡屡中标。

"走出去"发展的第一步

在此条件下，如何将北京市的优势向周边地区辐射？这一方面要靠扩大的产能增强自己在北京市场的绝对话语权；另一方面，金隅已经把

太行华信国有股权转让签约仪式

目标着眼于后奥运时代的商机和市场布局，公司将目光投向了远在河北省南端的邯郸"邯泥"建材有限公司。

"邯泥"的前身是筹建于 1958 年的河北省邯郸水泥厂。作为当时的 241 项国家重点工程之一被列入"二五"规划，是我国自行设计施工的第一座现代化大型水泥厂，也是当时亚洲最大的水泥厂。从那时起，半个世纪以来，公司生产的"太行山"牌特种水泥满足了国家大型重点工程的需要，创造过属于自己的辉煌。并且，2000 年，在上海证交所上市。

然而，进入新世纪，随着装备和管理理念的老化，历史负担的沉重，公司盲目扩张，以至于单枪匹马的市场竞争，使老迈的"邯泥"建材步入困境。2003 年到 2006 年，连续每年亏损在 3000 多万元。

当时，也有一些企业看到过"邯泥"的价值，打算收购。金隅只是其中的几个竞争者之一。对于如何收购，收购之后如何发展，以及企业今后的融合，"邯泥"的主管部门和当地政府也进行了一番比较、摸底。应当说，是坚持科学化发展水泥产业的共同愿景将双方连接到了一起。

2006 年 9 月 16 日，北京金隅集团、河北太行华信建材有限责任公司国有股权转让签约仪式在金隅凤山温泉度假村举行。金隅集团与邯郸市国资委签订收购河北太行华信建材有限责任公司 50.84% 股权的合同，此次收购使金隅间接持有了上市公司太行水泥 41.17% 股权，成为公司第一大股东。

这一历史性的转让，为金隅和"邯泥"的发展带来了重大转折。

然而，对于收购"邯泥"的举动以及"邯泥"今后的发展，也是意味深长的。金隅用 2.7 亿元收购了"邯泥"建材的股权，并拿出 5000 万元解决"邯泥"的现金需求，以及安置部分人员，之后并未向收购后的"邯泥"派出一兵一卒。

2007 年，整合后的公司根据集团整体的发展理念提出了"坚持一切以经济效益为中心"的指导思想，并按照长远规划、分阶段实施的原则，制定出了企业发展第一个"三年规划"，即：2007 年稳定打基础；2008 年调整求发展；2009 年发展步入良性循环轨道。

3 年之后，已经改名为金隅太行的"邯泥"给了大家一个圆满的答案：2007 年扭亏，当年盈利 200 万元；2008 年实现利润 1500 万元；2009 年利润达到 5000 万元，实现了"一年一大步，三年大变样"。

说起这一成功，和这一历程一起走过、现今邯郸金隅太行水泥有限公司董事长李怀江说："这一切，靠的是凝聚力的企业文化。"在金隅太行偌大的建筑物上如今写着："境界引领发展，文化创造未来。"李怀江说，这就是邯郸金隅太行近 5 年实现跨越发展的根基。

金隅太行人把它形容为——凤凰涅槃。

凤凰涅槃铸辉煌

邯郸金隅太行水泥有限责任公司坐落在晋、冀、鲁、豫 4 省交界中心的邯郸市峰峰矿区境内。走进企业，首先映入眼帘的是蓝白相间整洁漂亮的厂房；企业环境优美典雅，使人感受到的是企业积极向上、活力四射的深厚文化底蕴，很难想象 5 年前这个老国企的模样。

5 年前，邯郸金隅太行还是一个年亏损 3000 万元的包袱企业，自 2007 年加盟金隅集团后，在集团党委和董事会的正确领导下，在公司董事长李怀江和全体干部职工的共同努力下，经过 5 年的发展，终于给了大家一个圆满的答案：现在占地 39 万平方米的邯郸金隅太行，春漫太行山，风景旧曾谙。还是太行山脚下的那个老国企，还是滏阳河畔的那个老太行，5 年的时间里为什么会发生如此大的改变？5 年的时间里他们演绎了怎么样的"沧海桑田"？

太行水泥——集团"走出去"的第一站

邯郸金隅太行水泥有限责任公司的前身，是一家以上市公司为主体的大型国有水泥企业，已经走过了50多年的风雨历程，经历过辉煌，也有过低谷。2004年—2006年，由于冗员多、包袱重、企业办社会等原因，企业每年亏损均在3000万元左右，一度成为邯郸市政府的一大包袱。

邯郸金隅太行体育馆

"一个企业的发展是漫长的过程，但往往紧要处只有几步。我们往往是不知不觉地站到历史的关键点，而在许久之后才会发现那是多么重要的一个转折点。"

2006年，北京金隅集团与邯郸市国资委签订收购太行华信50.84%股权协议，成了这个"转折点"。

这一次的加盟可以说是邯郸金隅太行的一次历史性的重要转折，也是金隅的一次重要转折。2011年，金隅股份克服当时宏观调控、房地产企业上市受限及资本市场低迷等不利影响，采取首次公开发行A股同时换股吸收合并太行水泥的创新方式，成功回归A股，并因换股吸收合并方案设计独具创新，执行过程高效规范，切实保护交易双方及股东利益，荣获上海证交所颁发的"典型并购重组案例奖"。金隅股份成功实现两地上市，登陆国内、国际资本市场，进一步提升了国有资本的证券化水平、流通能力。

金隅太行

2007年，时任邯郸市市长的赵国岭在金隅收购太行时曾经说过："检验改制能否成功，关键是看太行能否扭亏脱困。"

　　当时的太行，无论从硬实力还是软实力上，与现在相比相差得太远了。从硬实力上，当时的邯郸金隅太行只有2000吨/日和2500吨/日两条生产线和两个分别年产8万吨、15万吨的水泥粉磨站，水泥产量200万吨。走进老厂区，满眼是建筑，到处是仓库。

　　新一届领导班子向集团和全体干部职工郑重做出承诺"亏损无出路，亏损不是理，盈利才是硬道理；太行一定要扭亏，也一定能够扭亏"。企业经过几年的发展，交出了一个完美的答卷。2007年，当年扭亏，并实现盈利200万元；2008年实现利润1500万元；2009年实现利润3000万元；2010年实现利润3200万元；2011年利润达到1.23亿元；2012年利润目标是1.8亿元。在着力企业经济效益的同时，公司用先进的金隅文化凝聚起广大干部职工的心；用先进的人才理念激活起广大干部职工干事创业的激情；用宏伟的目标点燃了广大干部职工的希望。

建好企业文化基地

　　加盟集团之初，有很多老职工并不理解，老国企和上市公司的骄傲和尊严让他们心有不甘。金隅到底有什么好？老职工对太行的深情，让他们对收购不理解、不认同。再加上内退职工、家属工等一系列的历史遗留问题，让一个在风雨中飘摇的老国企更加不稳。如何才能站稳脚跟？如何才能让企业起死回生？李怀江也感觉到了压力。

　　一位著名的企业家说过，"世界上一切资源都可能枯竭，只有一种资源可以生生不息，那就是文化"。

　　企业要发展，必须从文化认同上入手，干部职工才能齐心协力，目标一致。此时的企业发展必须要遵循稳中求进的原则，既要"稳"，也要"进"。没有"稳"，"进"就失去了基础和条件；没有"进"，"稳"也会失去动力和方向。要想稳就得让干部职工的心拧成一股绳，要想进就得让干部职工一起干事业。只有让广大干部职工认识金隅、了解金隅，让干部职工明白加盟金隅是最明智、最正确的选择，人心才能齐。

于是，公司利用各种宣传牌、标识、内部网站、《邯郸金隅太行报》等多种途径，对集团先进的企业文化理念的宣传逐渐多起来。公司领导通过召开干部职工大会，在会议中将金隅的核心价值观、金隅精神、"八个特别"人文精神等先进的文化理念传输给干部职工，并通过干部和骨干力量，让他们做金隅的宣传员，让金隅文化深入每名职工的内心。

"特别能吃苦，特别能奉献，特别有激情，特别能实干……"成为了邯郸金隅太行每名职工自我要求的标准和起点，人人开始为"我是邯郸金隅太行人"感到骄傲和自豪。在这样的大环境里，时任邯郸金隅太行党群工作部部长姚福平组织职工孙荣庆、吴峰生等人编词、谱曲，在一遍遍的修改中，一首反映职工心声的《爱岗敬业歌》诞生了，并迅速得到广大干部职工的喜爱和传唱，成为了邯郸金隅太行的"厂歌"。在集团"凝聚人心，筑和谐金隅"职工演唱比赛中获得合唱第一名。它那震撼人心的声音，让《爱岗敬业歌》不仅在邯郸金隅太行传唱，也在兄弟单位企业纷纷学习和传唱，因为它唱出了所有金隅人的心声。

在邯郸金隅太行的业务楼上，"境界引领发展，文化创造未来"几个大字格外醒目，这就是邯郸金隅太行近5年实现跨越发展的根基，是他们具有特色的企业文化最好的诠释和展现。

做强建材基地

高质量经营企业、创造一流工作业绩是邯郸金隅太行领导班子自我加压的起点定位，也是作为一名"特别能实干、特别有追求"的金隅人的不懈追求和目标。

身为邯郸金隅太行一把手的李怀江，反复思考着，怎样才能不辜负集团领导和广大干部职工的期望？答案只有一个，把眼界放宽，绝对不能做一个只做眼前事、只看眼前利的干部。从走上这个领导岗位那天起，他就带领班子成员开始了对企业整个发展大局的谋划和思考。在

邯郸金隅太行水泥

2007年的全体中层干部大会上，他提出"坚持一切以经济效益为中心"，制定了企业发展的一个"三年规划"：2007年稳定打基础；2008年调整求发展；2009年发展步入良性循环轨道。邯郸金隅太行从此开始了大踏步的发展之路。

3年中，"以水泥为主体，循环经济和劳动经济为两翼"的"一体两翼"发展战略，"抢占高端、联动中端、辐射低端"的"三环"营销战略，"从严、从细、从紧、从俭、从快、从新"的经营方针，"坚持市场促发展，技术进步促效益，循环经济促环保，环境建设促效率"的工作思路，"环境就是生产力"等一个个先进的理念，让一个老国企又焕发了青春和活力。

就说"环境就是生产力"这个理念，公司强调用环境改变人，用环境约束人，用环境促进人。于是开始了环境整治的大潮。当时公司面临的压力是巨大的，许多职工不理解，甚至埋怨。有的职工说："这么浪费，还能用的房子拆了，瞎折

腾。"有的职工说："有钱整这些表面文章，还不如给职工发工资奖金。"各种不理解、不支持的声音扑面而来。之前，公司的人均办公室面积高达48平方米，拆除8万平方米的废旧厂房后，每年房产税减少近70万元；节省的水电费、暖气费百余万元；拆除各单位小库房后，收缴的积压私藏物资价值千万元，大大减少了材料配件浪费。这场声势浩大的"金隅春天"环境整治工程，帮助干部职工摒弃了旧思想，突破了固有思维定势。这场以全面实现面貌大改观、环境大改善、效率大提高、效益大增长为目标的工程建设热潮，让邯郸金隅太行取得了实实在在的成效。

5万平方米绿化面积、1万余棵新增植树、2万平方米硬化道路，使邯郸金隅太行面貌焕然一新，这个拥有50多年历史的老国企又展现出了新的勃勃生机。

很多闻讯回来的退休老领导、老职工都不敢相信自己的眼睛。感叹说：如果不是每年来企业看一看，真的认不出来这就是以前的老太行了，看来当初加盟金隅这个选择是正确的。就连河北省建材协会会长葛旭东再次来到企业时都感叹说："没有想到太行会发生这么大的变化，这哪是水泥厂呀，完全就是一个鸟语花香的现代化大观园呀！"

不满足、不停步、不懈怠。邯郸金隅太行快速地迈出了打造金隅冀南建材基地宏伟蓝图的步伐。

2010年1月，公司积极促成金隅集团与邯郸市政府签订"战略合作协议"。

2010年4月，公司积极促成了金隅集团对涉县宙石水泥的战略收购。

2010年9月，公司与邯郸钢铁集团、普阳钢铁等大型企业签订了长期战略合作协议，稳定了供货商和采购价格，同时为将来实施的矿渣粉项目储备资源。

2010年10月，一条4500吨/日水泥熟料生产线建成投产，企业产能实现翻番。

2010年12月，成安年产100万吨水泥粉磨站建成投产，为邯郸金隅太行进军邯郸东部区域市场，实施"走出去"战略添上了重要的一笔。

2011年1月，为建设300万吨高细矿渣粉项目，与邯郸县签订"战略合作协议"。

2011年10月，成安京宏搅拌站和馆陶金隅搅拌站两个年产30万立方米混凝土搅拌站竣工投产，后续搅拌站的收购，开启了邯郸金隅太行商混发展的新纪元。

2010年的春天，邯郸金隅太行的掌舵人李怀江就已经在中国地图上圈圈点点、勾勾画画，光地图就换了好几张，终于一个依托集团"大十字"发展战略和"地震波"式发展模式，邯郸金隅区域化"十二五"发展规划展现在人们面前。

按照构想，邯郸金隅太行要成为地方经济的一棵参天大树，撑起地方建材工业发展的大旗，大力开发水泥上下游产品，以内涵性增长和外延性扩张并举，重点发展水泥、混凝土、高细矿渣粉、砂石骨料、干混砂浆、活性石灰、物流为一体的循环经济产业链，实现企业的多元化发展。

到2015年末，邯郸金隅太行搅拌站总站数将达到30个—40个，商混年产能600万立方米—800万立方米，区域市场占有率60%～70%，在邯郸市东部形成"月牙形"的商混发展模式。邯郸金隅太行还以自身为"震心"，制定了以分别覆盖80公里、120公里、200公里的"三环"式发展战略。

到"十二五"末，邯郸金隅太行将实现年销售收入50亿元；年利税将达到10亿元，实现水泥年产量1000万吨，商品混凝土年产量800万立方米，超细磨矿渣粉年产量300万吨，砂石骨料达到120万吨，安置就业人数3500人，处置工业废弃物达到 1000 万吨，形成一个有实力、有规模、高效益的"金隅冀南建材基地"。

邯郸金隅太行正如一轮旭日冉冉升起，光耀太行山水。与时俱进、开拓创新的邯郸金隅太行人，走出了一条内涵发展与外延发展并重的成功发展之路。现在，他们又站在新的起点上，勾画出"十二五"发展规划蓝图，决心在集团党委和董事会的正确领导下，抓住机遇，迎接挑战，将通过实施延伸"大十字"水泥发展战略和以邯郸区域为震心的新一轮"地震波"式的发展，来实现科学、高效、绿色、人文的金隅集团冀南建材基地这一宏伟目标。

田世虹

"鼎鑫"故事

2007 年新年过后的一天，鼎鑫水泥的青工小周终于迎来了自己大喜的日子。家中高朋满座，一片喜气洋洋。婚礼进行中，正在上班的工友打来电话，给新人送上祝福的同时，还带来了一道"阴云"：鼎鑫又被"卖"给了新的东家！

他已经记不清楚这是鼎鑫第几次被"卖"了，只记得每次被卖总会有几个月开不出工资。2005 年，刚刚工作不久的他，就赶上了企业被转卖，连续 3 个月没有拿到一分钱。转眼到了工作后的第一个中秋节，本该回家带一点东西看望父母亲戚的，却早已囊中空空。无奈之下，只好向同学借了 300 元钱，提着领导"赞助"的一盒月饼，带着满腹的辛酸踏上了探亲的旅途。

工厂被转卖，倒霉的总是职工。渐渐地，当转卖成为一种"习惯"，阵痛也就成了固定的条件反射。原本是大喜的日子，一脸喜气的新郎官，此刻是无论如何也快乐不起来了。婚礼还在进行中，为了不影响新娘和亲朋好友的情绪，郁闷的新郎官还要无奈地装出一副笑脸迎来送往。

强作欢颜地休完半个月的婚假，小周怀着忐忑的心情回到工厂，却意外地领到了当月的工资！这突如其来的惊喜，让他都有点不太相信眼前的现实。慢慢地，他发现工厂正在悄然发生着一系列的变化，这不由让他对新来的"东家"北京金隅刮目相看。

以前厂里的事没人"着急"，设备坏了没人管。领导在办公室遥控，现场看不到技术人员，周末更是"法定"的休息时间，哪怕是停窑怠工，也要等到周一再做处理。现在一切都变了。技术人员就在一线，现场问

鼎鑫水泥雄姿

题现场解决；哪里有问题，哪里就会有领导的身影；今天能做的，决不允许拖到明天。没人知道哪天才是领导休息的日子，因为他们的工作时间始终都是"5＋2"、"白加黑"。

鼎鑫本是河北中南部地区单企规模最大的现代化水泥企业，但几任"东家"没有一个是真正的内行。历史上，曾经连续4个月连起码的生产计划都没有，混乱程度可想而知。因为管理水平低下，设备故障频频，带病运行。一流装备制造出

三流的产品，质量不过关，无法争取到高端客户。金隅的到来，也带来了行业内的顶尖专家，大部分带病运转的设备被一一修复，设备运转率从70%大幅度提高到90%以上，经济效益也大幅攀升。

不仅如此，岗位休息室、单身宿舍、职工浴室、熟料库、水泥库等卫生条件较差的地方相继被粉刷得焕然一新，厂区的一隅，变成了小小的花园；夏天到来的时候，一线岗位休息室里全部装上空调；食堂的饭菜增加了补贴，质量提高了，价格却降低了，远离厂区的矿山上，工友们也终于吃上了可口的饭菜。

工厂的变化，小周和工友们看在眼里，喜上心头。更让工友们感动的是，因为企业效益不好而被拖欠多年的"五险一金"也一一补缴，彻底解除了大家的后顾之忧。不仅如此，公司在当地媒体上刊登大幅广告，请以前离职的职工回厂补办养老保险手续，这可让所有职工大呼"没见过"。

以前企业像商品，被卖来卖去，谁都不关心；现在大家拿企业当成自家的孩子，精心呵护。点滴的小事，汇成情感的洪流，涣散的人心在金隅的旗帜下凝聚在了一起。

以前的企业管理混乱、效率低下，职工收入低，团队是一盘散沙。甚至有人把企业当成了唐僧肉，一度盗窃成风，上百吨的水泥罐车居然都能被偷运出厂。车间的墙上，写着一副"对联"：你也偷、他也偷、我也偷；你也拿、他也拿、我也拿。横批：不偷白不偷！偷窃是公开的。现在，强烈的归属感使大家把鼎鑫当成了自己的家，曾经泛滥的盗窃事件也随之绝迹。

鼎鑫变了。2007年，公司的主要生产经营指标六创新高，其中利润总额5000余万元，职工收入比2006年大幅增长36%，2008年上半年再度增长14.3%；2008年，公司继续保持快速发展的好势头，1月—6月完成全年计划的55%。金隅集团强大的经济实力、先进的管理经验和技术优势，把鼎鑫推进了良性发展的快车道。

回忆起一年多来的变化，小周觉得自己干劲足了，干活有激情了；以前是要我工作，现在是我要工作；对金隅的感受就是：感慨、感动、感恩！

曾经郁闷的新郎官，如今小日子过得和和美美，笑意写在脸上，幸福漾在心头。

《中国建材》记者侯伟华　赵春立

刊登在《中国建材》杂志的这篇故事，来自集团在2008年组织的"凝聚力建设百里行"。

2007年3月23日，鼎鑫公司控股股东中成股份与金隅集团实施股权交割。金隅集团以控股77.7%成为鹿泉鼎鑫水泥有限公司大股东。

当时，集团派出时任琉璃河水泥公司副经理的刘文彦任河北鹿泉东方鼎鑫水泥有限公司经理，已经60岁、年届退休的北京水泥厂党委书记郑宝文担任党委书记。

刘文彦等人一到任，就让当时的鼎鑫职工领略了金隅人的不同。刘文彦这时对公司提出两个"必须"：不管发生任何情况，必须在每月的20日前下发职工工资；只要发生设备事故，必须查清原因，责任到人。这是金隅领导人的作风，还是在作秀？职工起初还是有些疑惑。直到曾经有几个月，公司因为发放工资拖延了电费和原材料的付款，

刘文彦（左二）与鼎鑫公司现任领导成员

这让职工颇感意外。而后，当下至普通职工上至总经理，真的被一一追究责任的时候，鼎鑫人佩服了这些人，真是干事的人。

还让鼎鑫人信服的是刘文彦一到鼎鑫就一头扎进基层，一方面深入了解情况，接连召集技术、生产、设备部等部门人员会议，多方面听取意见和建议；一方面就企业的任务、指标听取各方面意见。从这时起，职工们就熟悉了这位天天在现场的领导，熟悉了那个穿着工作服、劳保鞋、戴安全帽的身影。一次水泥磨大修，刘文彦径直走到水泥磨前，二话没说，低头猫腰钻进了磨里，那加了套管的18英寸大扳子在他手里娴熟自如地飞舞，参加检修的职工们都看呆了！

刚刚接管鼎鑫时，企业运转需要1亿元的周转资金，而鼎鑫账面上只有200万元，职工工资要发，原材料、备品备件要采购……由于连年亏损加上信用不良，鼎鑫公司资产负债率已超越红线，两家银行先后在银监会发出不良风险提示。

为了筹到钱，刘文彦每天奔波于各大银行之间，磨破了嘴、跑断了腿，还有不信任的冷言冷语。最后还是靠着"拧"和"实在"终于争取到了第一笔银行贷款。这以后，曾经"自以为是"、"信用不良"的旧鼎鑫形象在政府和有关部门心目中逐渐改观，银行信用也从不良提示升为3A级信用单位，从被迫还贷到集中授信，金隅的经营理念和经营作风深得认同。

股权收购的前一年，鼎鑫的窑运转率不足73%，水泥磨时开时停，设备事故频有发生，一流的设备难以实现一流的生产。这一状况让公司领导班子彻夜难眠。刘文彦带领所有生产技术人员对两个分公司设备进行全面体检，一一找出症结，制定检修方案。通过两次大规模设备定检，窑系统运转率达到90%以上，日产熟料突破1.1万吨。

公司采取有保有压、灵活的供应管理策略，打击哄抬价格、垄断资源扰乱供应等手段，降低采购成本。在激烈的市场环境中，靠质量、信誉、实力，一一打开市场，日最高出库曾达到1.85万吨，月出库47.78万吨。

这一年，鼎鑫公司实现了当年收购、当年盈利的低成本扩张。全年完成产品销售400万吨，相当于增加了一条日产2500吨的生产线；全年实现销售收入7亿元；实现利润5000万元以上；主要经济指标实现30%以上的增长。

在股权交接时，鼎鑫的原任领导曾经感叹："鼎鑫公司干部、员工结构这样特殊，有北京的、山西的、四川的、鹿泉本地的……这是管理的一大难题啊。"当时的党委书记郑宝文深深地记住了这句话。在鼎鑫公司第一次中层干部会上，他告诉干部们：我们鼎鑫有1000多名干部员工，不管你姓什么、叫什么，从今以后，我们拥有一个共同的名字——金隅鼎鑫人。

有了共同的名字，也不是一切的问题就都解决了。过去，鼎鑫曾经历过两次大的企业改制和股权变动。第一次是2002年，鼎鑫由石家庄东方热电公司和鹿泉市政府共同经营，分别持股45%和40%，股东双方各派4名高管人员，有人还身兼政府职务。由于股东之间利

兄弟姐妹一条心，山上石头化黄金

益诉求不同，造成经营管理思想不统一、步调不一致，员工也明显地划出帮派。这不仅使企业管理无序、经营反应迟钝，更严重的是造成了职工思想的混乱。2004年底，中成股份控股鼎鑫，这是中成股份第一次在境内投资实业。由于对当地员工缺少信任，新公司从企业高管、中层正职到财务、销售等重要岗位员工，都是由股东选派中成公司人员。又由于缺少水泥和相关专业素养和管理经验，中成又从山西聘任了部分有水泥工作经验的高管和技术人员。这些干部"空降"来到鼎鑫，使鼎鑫形成三种文化，甚至连作息时间都各不相同：中成人周一至周五按时上下班，行政管理以中成文化为主导；生产管理以山西文化唱主角；一

线职工全部为鹿泉人，实行"三班倒"。北京中成、山西和当地三种文化相互碰撞和交织，企业形不成凝聚力、向心力和号召力，极大地挫伤了员工的工作积极性，职工与企业离心离德，没人把企业当成自己的事业、未来，因此，观望、怠工、投机，甚至偷盗盛行。

金隅人的风格是，"喊破嗓子不如做出样子"。上到经理、书记，下到技术管理部门，所有来自金隅的干部都有着深入一线的习惯，所有人不讲身份、不搞特权，以身作则、恪尽职守。加班加点更是家常便饭，一年下来，大部分高管休息时间超不过10天，行动感染了职工。

在文化融合和人才的选拔任用上，公司传承集团"大"人才观理念，用事业留人、用情感留人、用待遇留人。大力培养起用了当地干部，使一批高度认同金隅企业文化，有理想抱负，技术好、业务精、善管理的员工走上了管理岗位。宽广的人才晋升渠道，强烈的事业心，还有金隅人一贯恪守的"信用，责任，尊重"使原本鼎鑫的职工看到了希望、感受到了从未有过的归属感和团队凝聚力。

同时，公司为员工创造各种学习机会、营造学习氛围，除了形式多样的内部培训，还安排职工参加行业组织的各类培训、职称评定。企业谋发展，人人争上游。

金隅集团组织的歌咏比赛、运动会、拓展培训等也让员工逐步地与集团形成共同的价值取向，自觉将自身成长与企业、与金隅的发展结合起来，大大激发了员工在金隅这个平台上实现人生价值的

金隅鼎鑫承担了因质量问题破产的三鹿奶粉的处置任务

热情。

仅仅用了不到 5 年，鼎鑫已经成为金隅旗下盈利能力最强的企业，水泥产能达到集团产能的 1/4，2011 年利润达到 5.8 亿元。

北京金隅股份有限公司设立

在取得资本扩张的初步成功之后，人们开始看到了金隅继续做大、做强的希望。

金隅曾经长期位居于北京市水泥、建材行业老大，到 2008 年前，奥运会不仅给了金隅前所未有的机会，许多企业也看到了北京巨大的市场，以及市场背后作为首都的特殊影响力。各种投资资本、实业纷纷抢滩北京市场，与金隅共舞。金隅，机遇与挑战并存。

就在集团成立的 1992 年，党的十四届三中全会通过的《关于建立社会主义市场经济体制若干问题的决定》，第一次引入了"出资者所有权与企业法人财产权"分离的理念。十五届四中全会进一步明确，股

2005 年 12 月 25 日，北京金隅股份有限公司成立，张人为、翟鸿祥为公司揭牌

份制是公有制的有效实现形式，这一观念的提出，拓展了国有企业改革的新路径。实现产权多元化，打造大型产业集团，在集团层面进行股份制改造，逐渐成为金隅集团进一步探索和深化改革的目标。

适时，北京市也提出，加快国有大型企业股份制改造，建立现代企业制度，完善公司治理结构，推动投资主体多元化，使国有资本有进有退，合理流动。

2005年12月25日，由北京金隅集团有限责任公司作为主要发起人，以生产经营性资产出资，持有60.84%的股权，中国非金属材料总公司（现已变更为中国中材股份有限公司）、香港合生集团、北方开发集团、天津建材集团4家战略投资者，以现金出资，分别持有13.31%、11.41%、7.6%和6.84%的股权，五方采取发起设立方式，共同设立北京金隅股份有限公司，其注册资本金为18亿元。金隅通过引入战略投资者，实现了优势互补、资源共享、强强联合，进一步强化了核心产业链，提升了核心竞争力。以此为契机，公司有能力加快实施"三高一快两步走"的战略目标。

寻找金隅优势

回首金隅的成功，有两种"基因"在金隅人内心挥之不去，并且深入金隅人的性情之中。这就是："强烈的忧患意识和只争朝夕求发展的紧迫感。"

社会上普遍认为，金隅的发展依赖于集团拥有的大量的土地资源。可是，金隅人自己知道，他们从来没有抱着这些资源睡过一天的安稳觉。

2006年，北京市刚刚实施土地资源公开有偿转让，俗称"招、拍、挂"。信心满满的金隅人面对原本就属于自己，紧邻亚奥区域的16公顷土地，曾经有过无数的梦想，可就是"这一次"，让金隅人眼看着自己的土地"不翼而飞"。本来的庆功酒放在那里，喝还是不喝？谁又能喝得下去？是金隅嘉业人把它当成一次成长的壮行酒！不让失利再来。

这时的金隅水泥，通过对内、对外产能和资源的有效整合，以及营销、品牌的统一运作，高标号水泥在北京市场的占有率达到90％，影响力显著提升。并上榜国家重点支持的12家大型水泥企业（集团）名单。而国家重点支持的这12家大型水泥企业（集团）或多或少都有外资的影子。同一时期，中国建材集团整合了徐州海螺，中材科工入主天山股份，安徽海螺集团并购湖南雪峰集团，全国上下、大江南北进一步加剧了同行业的整合、

金隅鼎鑫公司现代化的中央控制室

竞争，国有企业重组并购力度不断加大，步伐不断加快。北京，不可能再坐视、观望。

长期以来，水泥作为资源依赖型企业，对于土地、资金、原材料、设备等有形资源有着天生的依赖。随着计划经济向市场经济、工业经济向知识经济的转变，企业之间的竞争越来越体现为核心能力、核心资源的竞争。所谓资源已不再局限于有形资源（自然资源或直接资源），而且还包括无形资源、间接资源和潜在资源。金隅在实施了太行、鼎鑫等水泥企业并购之后，积累了一定的传统的和创新的资源优势，特别是在企业文化、品牌、战略管理、核心技术、资本运营等方面，获得了经验。这是现代企业扩张、制胜的关键，是企业的核心竞争力所在，也是名副其实的核心资源，其作用也更为重要。

扩大集团实力

人们说，天道酬勤。即将在北京召开的奥运会对于金隅来说，千载难逢。金隅股份公司成立，又使这一机会变得如虎添翼。

这时，金隅旗下一部分转型企业的经营状况得到明显改善，已由过去依赖集团支持转变到为集团整体发展做出贡献；集团核心业务、拳头产品对市场的控制力和影响力进一步增强，金隅20多种产品打入奥运工程和国家重点建设项目，10多种产品应用于战略合作伙伴的有关项目。

股份公司的资本运营能力进一步增强。企业历年拖欠银行及资产管理公司的历史债务已经基本清理，或者正在清理完毕；经过努力，金隅通过成功发行企业债券，优化了集团的负债结构，减轻包袱，轻装上阵，而且为重点建设项目和"走出去"项目提供了有力的资金保障。

2006年11月29日，北京市国资委在金隅大厦召开了北京金隅集团与北京建材经贸集团合并重组会议。市国资委决定，北京金隅集团有限责任公司与北京建筑材料经贸集团总公司实施重组。重组后，金隅集团对北京建筑材料经贸集团总公司行使出资人职责，北京建筑材料经贸集团总公司保留独立法人地位并改制为一人有限责任公司。这一重组为金隅的产业发展注入了新的活力，进一步完善了金隅的核心产业链。

2007年，市国资委负责人分别宣布了《关于由北京金隅集团有限责任公司对北京市大成房地产开发总公司实施托管的通知》、《关于调整北京市大成房地产开发总公司企业负责人管理和党的隶属关系的通知》。两个同样在市场经济大潮中诞生的公司，也在国企的整合中走到一起。

再加上原有的集团上下，经过了十几年艰辛探索，走整体发展的道路，已经成为全体金隅人的共识，企业间业已建立了牢固的信赖关系，简单、轻松、和谐的工作氛围更加浓厚。这时的金隅，期待扬帆远航。

沉着应对奥运大考

2008 年，对于北京金隅来说，是个特别的时期。一方面，借助奥运会机遇，金隅获得了难得的发展机遇；另一方面，对于北京奥运会越来越严重的环境压力，金隅也必须面临一次考验，承担重要责任。

奥运会之前，国家环保局、北京市政府有关领导开始频频来到金隅集团、北京水泥厂检查调研。

这是 2007 年金隅集团大事记记录的考察日程：

3 月 10 日　北京市副市长吉林在市环保局、发改委、市政管委、财政局等委办局领导的陪同下来到金隅集团北京水泥厂调研，专题听取金隅集团开展循环经济，实现集团可持续发展的工作情况汇报。

4 月 13 日　国家发改委副主任解振华在环资司副司长周长益、循环经济处处长马荣、北京市环保局局长史捍民等人的陪同下，来到北京水泥厂调研集团循环经济工作开展情况。解振华一行参观了环保示范线和中控室。

5 月 12 日　北京市委书记刘淇，市委副书记、市长王岐山就北京市节能减排工作深入北京水泥厂等企业进行调查研究，并在北京水泥厂召开了市节能减排工作座谈会。市领导察看了北京水泥厂利用水泥窑纯低温余热发电项目的运行情况。

5 月 25 日　全国人大常委会执法检查组到金隅集团北京水泥厂实地检查北京市危险废物处置情况。

6 月 21 日　中华环境保护基金会理事长曲格平，全国人大环资委委员王涛等一行，在市环保局局长史捍民等陪同下到集团北京水泥厂参观指导工作。

一连串的视察、检查和调研，显示了有关方面对于北京市环境问题的重视，还有对于如何妥善处置奥运会期间环境问题的担忧。

早在1998年，北京水泥厂领导到日本水泥企业考察，看到当时日本企业通过处置废旧轮胎，一方面处置了城市废弃物，一方面为水泥窑提供必要的热值，十分感兴趣。回来之后，就安排有关人员寻找资料，进行相关调研。

1999年，北京水泥厂提出协同处置城市废弃物的目标，更在集团上下产生了不小的震动。人们担心，这么好的企业，难道要把垃圾拉进去？有人对北京水泥厂的发展思路画了一个大大的问号。

然而，置身于倡导"绿色生产、绿色消费"的城市，北京水泥厂领导班子早就听到过"可持续发展"这个词。也就是说，在几年后的某一天，不能保证可持续发展的企业将会被淘汰！北京水泥厂特殊的地理位置，培养了北京水泥厂人天生的忧患意识；北京水泥厂建设历经磨难，也锻炼了北京水泥厂人强烈的生存意识和社会责任感。不发展循环经济就可能很快被淘汰，而同样，把北京水泥厂作为城市废弃物的处置基地，可能给北京水泥厂带来新的发展机会。远见决定未来！

2008年北京奥运会期间，北京市要求以天安门为中心，方圆三百里内的排污产业全部停产，而唯独北京水泥厂和红树林公司正常运行。因为它还担负着处置危险废弃物的工作，被北京市环保局指定为处置城市工业废弃物的定点企业和突发环境事件应急大队的成员。为此，北京水泥厂人克服了各种困难，出色完成了奥运会期间北京工业企业产生的1000多吨废弃物的安全处置任务。并因此获得"北京奥运会残奥会环境质量保障特别贡献奖"。

这一年7月2日，"第四届中华宝钢环境奖"在北京人民大会堂小礼堂举行了隆重的颁奖典礼，北京水泥厂获得"中华宝钢环境奖——企业环保奖"。

而在另一条战线，金隅集团奥运工程专项小组，历时近4年，在奥运工程建设用材料竞标中，将集团22个企业的26种节能、环保产品打入以"鸟巢"、"水立方"等在内的42个奥运会及其配套工程。产品总价值达 13 亿元之多，成为进入奥运场馆建设的建材产品品种最多、价值最大的生产企业。

当年，历经艰辛建立起来的北京水泥厂，把自己最好的高标号水泥，浇筑在了"鸟巢"、"水立方"等一个又一个奥运会场馆。

付秋涛领取"中华环保奖"

奉献不仅在场馆

北京奥运会前后，金隅不仅在场馆建设上获得了一枚金牌，在之前的场馆运行、在奥运志愿者行动中，金隅人也都当仁不让，勇夺金牌。

奥运会前，金隅积极赞助了奥运田径测试赛——"好运北京"的

蒋卫平与金隅奥运志愿者

比赛。这一赛事为奥运场馆调试，为检验奥运团队运行都起到了十分重要的作用。奥运会期间，金隅的志愿者在奥组委、在志愿服务的各个岗位，也都发挥了十分重要的作用，争取赛场外的金牌。

这是一位奥运会驾驶员志愿者的记述：

"你很棒，金隅集团也很棒"
金隅水泥公司　杨平

奥运会，对中国人民来说是一次机会，是一次展示自己5000余年历史与文化的机会。世界给我一个机会，我还世界一个惊喜。这是一届完美的运动会，是一次全世界人民的大团结，大融合。当我志愿成为一名志愿者的时候，我就定下一个目标，即使我不能成为红花，也甘作一片绿叶。

加拿大奥委会秘书长这样评价我：你是我见到的最负责任的，也是最棒的驾驶员

第一次见到秘书长是在北京饭店门口，这时我足足等候他已经两个小时了。他上车时只是看了我一眼，便告诉奥运秘书（翻译）去加拿大之家。奥运秘书事前通知我，开车去加拿大之家的路上经常堵车，需要40分钟。由于开通了奥运车道，20分钟，车稳稳地停靠在加拿大之家。这时，秘书长第一次冲我笑了一下。

第二次见到秘书长是在23：00。回到北京饭店后，秘书长很亲切地对我说："你很棒，晚安！"这是他跟我说的第一句话。奥运秘书（翻译）也告诉我，秘书长很满意。

第二天，还是在北京饭店，秘书长和我主动打了招呼。这一天，秘书长总是在不停地工作，穿梭于各个比赛场馆和新闻中心，似乎忘记了作息时间和吃饭问题。再次从加拿大之家出

来的时候，他带上来两位客人。24：00 送秘书长到北京饭店后，他要求我将两位客人送到家，便匆忙走下车。这时的我，已然显出疲惫，但我仍然用不流利的英语问二位客人的住处，弄清楚他们一个在农展桥，一个在金融街。待我分别将客人送到家，已经是凌晨2点。北京的大街，灯火阑珊，孤身的我走在街上，真想躺在地上睡一觉。

前几个比赛日，加拿大代表团没有一块奖牌入账，秘书长更是焦急。8月13日是我的白班，按规定，应该在16：00下班。17：30，我还在国家体育馆外等候秘书长。突然他返回到车上，焦急地让我赶到农大，在车上只重复一个单词："fast"（快）。我明白了，他是要看有加拿大运动员参加的摔跤决赛。15分钟，车稳稳地停靠在贵宾入口。我随后也进了场馆，这时，加拿大华裔运动员黄嘉露拿到了女子48公斤级自由式摔跤金牌。我异常兴奋，想方设法赶到贵宾室，在第一时间向他表示祝贺，秘书长和我紧紧拥抱。这一天，我比正常下班晚了4个小时。

8月14日，秘书长上车后第一句话说：亲爱的平，我请你在加拿大之家吃饭。这一刻，我有一种欣喜，也有一种莫名的感动。

你很棒，金隅集团也很棒

在四车队，我们金隅的服务人员只是一部分。我知道自己是金隅人，代表的是金隅整个集体，所以我要更加努力工作，为金隅争光。上白班时，我5点从良乡走，6：30到场站，20：00才回到家，上中班时，我13：00从家走，次日早上2：00到家，我和所有的金隅志愿者都按时到岗，工作多晚也毫无怨言。那时候，我们都记得，我们是志愿者，我们也记得，我们是金隅人。

记得那天，秘书长惊叹气势宏伟的奥运场馆的时候，我告诉秘书长，奥运场馆建设用的90％的水泥是金隅集团提供的，金隅集团在奥运场馆建设过程中作出了巨大贡献。我就是金隅的一名员工，我为我的祖国骄傲，也为金隅集团而自豪。秘书长很认真地询问了金隅集团的情况后说："你很棒，金隅集团也很棒。"在临别的赠言中，他这样祝福：祝你的事业（金隅）蒸蒸日上，祝你的祖国繁荣昌盛。

8月18日早上6：30，我赶到交通场站，队里交给每人一张2008奥运志愿祝福函，收集各个国家的奥委会主席、秘书长的祝福语。这一天，加拿大秘书长要到中国香港去。我6：50从饭店门口接到秘书长，直奔机场。我将祝福函交给秘书长，秘书长很认真地写了起来。这一路，我用了20分钟赶到机场，秘书长也在车上写了20分钟。他将祝福函双手递给我，我一看，前面用英语祝福北京奥运志愿者，后面认真地用中文写了"好运北京"。

8：00我将祝福函交回队里，队领导高兴地大声说："第一个，是金隅交的。"

您在为奥运服务，您辛苦了

虽然志愿工作很辛苦，可每当在场馆外，我听到雄壮的国歌声，它告诉我，中国又得到了一块金牌。此刻，我感受到了骄傲和自豪，我愉快地享受这份辛苦。

有一次，我工作了11个小时后拖着疲惫的身躯往家赶，在公交车上，我倚靠着座椅，一声十分幼稚的声音在我耳边响起："叔叔，您坐这。"一个小孩从座位上站起来，当我确认他是在为我让座时，我紧紧地按住小孩，不让他起来。小孩还一个劲地说："叔叔您在为奥运会服务，您辛苦了"。此刻，我真的感觉不到累。

发扬奥运精神，为企业做贡献

能够代表金隅集团为奥运会志愿服务，是我一生中最大的荣耀，我将永远铭记。通过为奥运会志愿服务，我感受到了祖国的伟大，感受到了作为中国人的自豪，感受到了作为金隅人的激情与昂扬，这一系列的感受都将激励着我，为集团和企业更高、更快、更强的发展贡献力量。

就在2008年金隅集团第一次工作会上，时任集团董事长王东针对迅速整合的集团同志提出了"共融、共享、共赢、共荣"的发展理念。他说，"共融"就是认同和融合，"共享"就是支持和协同，"共赢"就是共同发展与提升，"共荣"就是尊重和成就。之后，这逐步成为了金隅集团共同遵守的发展理念。

第三部分

实现跨越式发展之路

● 2008 年之后的几年，金隅真正实现了跨越式的发展。

● 历经几代金隅人竭力打造，金隅在国内、国外两个资本市场成功上市；实现了战略扩张；并且"一路披荆斩棘，成功实现企业化、集团化、股份化、证券化等一系列战略转型，在国企改革发展中始终勇立潮头"。到 2011 年底，北京金隅的营业收入达到 326 亿元，再次实现翻番。

● 金隅在学习实践科学发展观教育中提出了"结构更加优化、效益更加显著、发展更加和谐"的金隅发展主题。提出了促进金隅与金隅人共同发展，建设"和谐金隅"的未来发展方向。

● 金隅人所特有的"八个特别"的人文精神成为一代金隅人的共同价值观，金隅以一脉相承而又与时俱进的优秀企业文化凝聚全系统干部职工精诚团结，和谐奋进。

赞　皇

2008 年 1 月 22 日，正在北京水泥厂开生产调度会的赵雍，手机一次次地震动着，来电显示的是时任北京水泥厂经理付秋涛。老赵拿起手机走出会议室。

电话那头付秋涛告诉赵雍，给集团石常委打个电话。"什么时候？"赵雍问。"就现在。"电话打过去了，那一头集团主管组织工作的石喜军有些热情洋溢地问："有个赞皇项目听说过吗？""没有。"老赵是个不会拐弯抹角也不会顺着别人思绪找话茬儿的人。石喜军也就直给了：集团正在筹划一个水泥建设项目，这是集团第一个"走出去"的建设项目，集团党委考虑了三个人选，你是第一个，心里有个准备。

接过电话，会也就散了。赵雍还没来得及弄明白那个水泥厂在哪儿，电话又来了。是集团人力资源部安兴华，事情很简单，要赵雍明天上午到集团去一趟。

第二天上午，赵雍来到集团，怎么回事，心里也有了个大概。因此，就直奔事先说好的会议室。会议室里不仅有集团党委副书记段建国、石喜军，还有时任集团总经理蒋卫平。同时在座的还有唐高，老赵认识，不认识的那位女同志，说叫郭书芬。

集团领导介绍了一些情况，同时宣布：成立赞皇金隅水泥有限公司。赵雍任经理，唐高任书记，郭书芬任副书记兼纪委书记、工会主席。

唐高、郭书芬之前都来自鼎鑫。北京没有落脚的地方，3 个人一起来到北京水泥厂。一路上，赵雍才第一次了解到赞皇的一些情况，最熟悉情况的唐高前期介入了一些，了解一些基本情况，也和当地有所接触。3 个人在北京水泥厂做了分工：唐高，了解情况，先负责与政府和相关部门沟通、跑办手续。郭书芬，负责内部事物，着手建立制度、培训、组织建设。赵雍，工程组织、协调指挥。当时，公司连财务总监都没有来得及配备，三个老总就自己上岗了。

至今，赵雍也不明白，集团为什么选择了自己。而回顾自己的历程，赵雍说，表面上咱是干水泥的，其实，这辈子净跟工程打交道了。

曾经在琉璃河水泥厂工作十年的赵雍，有一段时间离开集团。当时，燕化、首钢在门头沟打算利用工业废渣筹建水泥厂，赵雍被从琉璃河水泥厂借过来，之后，看是个人才，人家就留下了。

水泥厂后来没有建

赵雍、唐高、郭书芬在赞皇金隅

成，赵雍被留在了燕化建筑工程公司质检中心，在那里学习和积累了工业和民用建筑的知识，担任过项目经理，那会儿叫施工员，还在那儿入了党。不知道如果不是北京水泥厂建厂，如果不是当初一起在琉璃河水泥厂工作过的沈鑫根厂长千方百计把他叫回来，如果不是当时在北京水泥厂当人事处长的孟铁山背着赵雍直接给燕化发了商调函……赵雍会不会有今天，会不会有那日后响亮的"赵唐精神"？

反正当赵雍、唐高、郭书芬到了赞皇，想去看看那个所谓的半拉子工程都没见到。那是因为工程建在山中的一条泄洪沟里，一人多高的野草和树杈遍布工地，又刚刚下过了一场雪。

先找人吧。分工负责组织的郭书芬很快把人找齐了，她告诉赵雍，除了那些躺着的设备外，能听你指挥的一共有6个人，这7个人包括咱们仨，原先的股权代表许思广、高树，还有两个看门的师傅，得倒班，分着来。另外，归咱们管的还有5条狗。

"好，那就先看看工地。"赵雍急于见到工地是什么样。

工地上，南、北、西三面坐落着依山势而建设的院墙，东部正面全部设置了铁丝网，进门的地方是一幢岗楼。

建设中的赞皇金隅

生产线上，3个窑墩子，土建完了，窑体分成四五截放在道路上。生料磨压在乱草丛中……

就在赵雍到达赞皇的那一天，当晚，时任金隅股份副总裁的姜德义也到了。

姜德义一方面来看看赵雍他们安顿的情况，一方面还告诉赵雍：1月10日，河北省省长郭庚茂会见了董事长王东，金隅与河北省石家庄市人民政府签订了战略框架协议书，金隅集团将利用自身产业优势，参与石家庄地区的建材产业结构调整，发展循环经济及现代服务业。赞皇是排头兵。公司明确要求，2008年6月底出熟料。同时，姜德义要求赵雍他们抓紧三件事：一、一星期内，按照工程的现有水平，提出资金计划，到投产为止；二、确定人员编制和招募、培训计划；三、拿出一个到6月底倒排的施工组织计划，哪天点火，哪天联动、单机调试、打点、安装送电，每个时间点必须清清楚楚。

任务下达了，赵雍他们睡意全无。赞皇的原建设单位留下的资料只装了大约3个水泥袋，施工组织图纸几乎为零。原设计单位是山东一家企业为了保障企业内部自我运转而成立的水泥设计所，经验不足。先天不足加上施工组织混乱，让原投资方彻底放弃了做下去的想法。也让后来介入的金隅人实实在在地接手了一个烂摊子。

承担施工和安装的单位拿不到钱走人了。塔架分解炉与窑体联结处中心线相差 120 毫米……窑尾塔架与窑体接不上茬……问题是，没有施工图，监理也不负责任。更要命的是，原建设单位设计完毕解散，一些施工单位连个合同也没有，一切都"扎着"。时隔一年多，要复工，对方说，干可以，价，重新谈。

刚刚成立的单位，人手紧缺是最大的不足。赵雍要和新接手的设计单位天津水泥设计院谈设计，要跑工地，谈判这事儿，也得自己来。赵雍说，原有施工单位由于业主中途停建，连个谈判的回旋余地都没有。终于，经过两天一夜的连续作战，谈判取得进展：原执行价格不变，大型机械进场费重新支付后进场。

事后，赵雍说起当年赞皇的成功，还是与当地政府的支持分不开。赞皇地处河北与山西交界地区，翻过赞皇的山梁就是著名的山西省昔阳县，因为大寨而名扬天下，同时出名的还有一个"穷"字。赞皇也不例外。赵雍他们刚去时，县里连长途直拨电话都没有。饮用水、方便面

赞皇公司第二条生产线正在建设中

也几乎买不到。当地人说，2005 年之前，这里没有卖拖鞋的；2007 年之前，没有卖内衣的。县政府一样穷，县里规定：冬天 8：30；夏天 10：00，县城路灯一律熄灯。

因为没钱，赞皇公司的食堂只有两口锅，一个烧主食，一个做菜。刚到的时候，第一次夜里加班，郭书芬好容易煮了锅面，发现没有碗盛。

就是这样，赞皇县上到县委、县政府班子，下到普通百姓，全都把希望寄托在满山的石灰石上。时任县委书记的吴世茂也是名牌大学的毕业生，担任县长时就把发展水泥作为赞皇经济发展的大计。因此，当金隅来到赞皇，赞皇仿佛是张开双臂拥抱金隅。

金隅人也实在是不负众望，赵雍他们带着集团嘱托，带着"没有金隅人干不成的事儿"的信念，住进了只花 3 万元建成的 20 间临时房，吃、住、办公都在这里，开始了土建和设备安装的冲刺阶段。就是在这一时期，赵雍养成了半夜两点发短信布置工作的习惯。

一切都在紧张而有序的进行中，5 月初，来自四川江油的施工队正在进行生料磨的安装。5 月 12 日，正在紧张指挥施工的赵雍意外地接到爱人打来的电话，原想不接电话的他，鬼使神差地接了。电话那边，爱人问："知道地震了吗？知道哪里地震了吗？四川。"听到"四川"二字，遇事一贯镇静的赵雍毛了！工地上，窑前正紧张安装的可都是四川人啊。这时，工人们也听到了信儿，往家的电话也已经不通了。

赵雍想到的是赶快安抚这些四川的安装工人。他马上安排人买了几百斤牛肉和鸡蛋慰问来自四川的安装公司职工，并通过集资、捐款，安抚职工。就这样，三天之内还是走了 50 多人。

工程不等人。赶紧从北京组织队伍，几天时间，合作公司 50 名职工到位了，可是设备呢？电气控制柜还在四川绵阳。得找人，找设备厂商，还得想办法运出来。问题是，人家都在抗震救灾啊！赵雍说："那一宿能把你逼得跳楼。"没办法，不是跳楼的时候。赵雍组织大家想办法。走旱路还是走水路？赵雍甚至找到正指挥抗震救灾的昌平沙河机场的老朋友探听口信。人家也真实在，说你老赵敢跟救灾物资争飞机?! 可究竟谁能帮助咱们？几经周折，困难再一次在金隅人面前低下了头。

6月23日，赞皇一号窑点火。这一天距离赵雍他们3人到集团接受任务，整整5个月。"那一天，在一号窑平台上点火的同时，我给老天点了一炷香。"赵雍说。

也是在赵雍他们到达赞皇不久，2008年腊月二十六日，时任集团总经理蒋卫平来到赞皇。在听取了赞皇领导班子的工作汇报后，蒋卫平说，给你加一任务：我们是北京来的企业，从北京来，就要按照北京的环保标准，杜绝无组织排放，将电收尘改为袋收尘，赞皇将来也要成为石家庄的城市净化器。

赵雍记得，当时县里实在找不到一个像样的会议室，一同接待集团和县里四套班子的领导一起听汇报。就临时在县里一个叫"大清花"的餐厅，先听汇报，然后便餐。汇报中蒋卫平肯定了赞皇金隅艰苦奋斗的精神，肯定赞皇金隅人"特别能吃苦，特别……"一连说了五个特

赞皇金隅日产2500吨熟料生产线投产仪式

别，"我都记下了，那是我第一次听到董事长讲到这几个特别，所以，后来听到金隅人的'八个特别'人文精神，我感到特别亲切"。之后，赵雍又特意讲起赞皇的艰苦。他说，那一天，我们在"大清花"，十几个人点了人家最好的菜，然后吃饺子，你猜花多少钱？170 元。

6 月 29 日，赞皇金隅第一批熟料即将下线，姜德义下午要来。

前一天晚上 10：00 多了，县委书记吴世茂找到赵雍，问：什么时候搞庆典？赵雍说，那重要吗？吴书记说，老兄啊，你真不懂政治。"七一"啦，献礼的好时候啊！你当我面给集团领导打电话。说县委要求的，没得选择。三天，庆典准备就绪。10：30 赵雍拨通了这时已经就任金隅集团党委书记、董事长蒋卫平的电话，报告了赞皇点火的情况，说明想在"七一"举行点火仪式。那边，蒋卫平董事长也十分振奋。他告诉赵雍，做好准备，搞好绿化，集团常委全部到场。

学习"赵唐精神"

人们不止一次听到蒋卫平董事长时常引用那句话，"丈夫无所耻，所耻在无成。"赞皇金隅人干成了第一个"走出去"的建设项目，不仅自己干成了，还带动金隅京、津、冀"大十字"战略成功布局。集团先后又在曲阳、涿鹿、涉县、张家口等完成了一系列水泥产业布局，并向西进入山西，建立了岚县金隅水泥、左权金隅水泥；向南扩展到河南。向东建立了黄骅港年产 200 万吨水泥的粉磨站。大大扩张了金隅水泥版图，提升了金隅在环渤海区域的话语权。

不仅水泥干成了，这一天下午，赞皇金隅水泥办公室王霞接到赞皇县委办公室的电话，要求到县里取一份文件。这是一份大红字头的文件，那文件的标题让王霞不禁一震：《中共赞皇县委办公室、赞皇县人民政府办公室关于深入学习金隅集团赞皇生产基地"赵唐精神"的通知》。通知上说："北京金隅集团赞皇大水泥生产基地是我县矿产开发的龙头，是县域经济发展的支柱，也是赞皇长远发展的重要合作伙伴。

在基地建设过程中，以赵雍、唐高两位同志为代表的金隅人以企业和事业为家，以效率和质量为本，克难攻坚，拼搏进取，扎实践行'两个务必'重要思想，把金隅集团富有特色的企业文化实践成为了具有强烈凝聚力和感染力的'赵唐精神'，确保了项目的顺利完工、顺利投产。'赵唐精神'的实质，是一种艰苦奋斗、以企为家、廉洁高效、精诚合作的创业精神，它不仅是金隅人良好工作作风的真实写照，也是赞皇人民加快发展的宝贵精神财富。""县委、县政府号召，全县各级各部门要结合'双创双树'主题实践活动，从各自工作实际出发，深入学习'赵唐精神'，将'赵唐精神'体现在工作的各个环节、各个角落，落实到具体人、具体事，为加快实现'三年大变样'注入新的强大动力。"

金隅集团党委随后转发了这一文件，并热情赞颂了赞皇金隅大水泥项目和以赵雍、唐高为代表的赞皇金隅水泥公司全体干部职工，克服艰难险阻，不怕吃苦受累，持续激情奉献，精诚团结协作，高起点谋划、高目标追求、高标准定位、高质量建设、高速度推进，确保了项目如期顺利完工投产。称赞他们的先进事迹集中体现了金隅文化的核心价值理念，是金隅人"八个特别"精神的真实写照。

"八个特别"金隅人文精神

2008 年 7 月 18 日，金隅集团的第二次工作会在秀美宜人的八达岭温泉度假村召开，就任集团党委书记、董事长不久的蒋卫平——这位在北京建材奋斗了近 30 年的金隅人充满感情地对大家讲了一段话："我在日常工作和思考中总结了金隅人文精神的'八个特别'，即：特别能吃苦、特别能奉献、特别有激情、特别有思路、特别能融合、特别有追求、特别能理解、特别能实干。这是集团之所以能够持续发展的核心竞争力之所在。"

之后，他又利用为《金隅之魂》一书作序，亲自做了解读。应当说，这"八个特别"既是对一代代金隅人精神财富的总结，也是对新一代金隅人的崇高要求。

以特别之为　立特别之位
——"八个特别"金隅人文精神诠释

人才是金隅第一资源，成就事业发展是金隅文化核心。如果说科学精神强调人对于现实物质世界的把握，则人文精神始终强调人朝着开放的方向发展，并为此进行无穷的探索。北京建材半个多世纪的发展史，是一部金隅人始终艰苦奋斗、紧跟时代步伐的波澜壮阔的发展史。每一次栉风沐雨后的增长、每一次披荆斩棘后的跨越，乃至每一丝成功的喜悦、每一缕收获的阳光，无不凝聚和渗透着金隅人与生俱来而又与时俱进的"八个特别"的人文精神。风正一帆悬，也正是"八个特别"的人文精神，造就了一支在关键时刻拉得出、冲得上、顶得住、打得赢的人才队伍，从而开创了金隅持续稳健、又好又快发展的大好局面。

特别能吃苦的金隅人，正如浸染鏖战风霜雨雪的奋斗而怒放出明艳的鲜花，曾背负"苦、脏、累、穷、远"的历史标签，历经"砖、瓦、灰、砂、石"的艰苦岁月，蹚过三十年摸着石头改革开放的历史大河，勇于吃苦、敢于吃苦、甘于吃苦，缔结了"水泥及预拌混凝土—新型建材制造—房地产开发—物业投资与管理"这一独特核心产业链，可谓艰难困苦，玉汝于成。跨入新的历史时期，面对新的历史征程，金隅人仍将持续享受精神压力、享受吃苦付出、享受苦心钻研、享受心力交瘁的奋斗过程，从而在"苦其心志，劳其筋骨，饿其体肤，空乏其身，行拂乱其所为"的历练和磨砺中，"动心忍性，增益其所不能"，为开创金隅百年基业的"大任"而不懈奋斗。

特别能奉献的金隅人，为了明天更加辉煌的金隅，耐得住寂寞、守得住淡定、经得起风浪，常怀忧金隅之心，恪尽兴金隅之责。能够经受名与利的诱惑而不求回报，乐于经受苦与累的磨砺而忠诚付出，甘于经受舍与得的检验而淡泊无私。正是一代又一代扎根各自平凡岗位而默默奉献的金隅人，以滴水不止可汇江河之坚韧、滴水清莹可映光辉之不争，喜看稻菽千重浪，遍地英雄下夕烟。

特别有激情的金隅人，始终以蓬勃朝气、昂扬锐气、浩然正气，以对生活的热爱、工作的执着、事业的忠诚，面对机遇、敢于争先，面对艰险、敢于探索，面对落后、敢于奋起，面对竞争、敢于创新。挫折面前无怨无悔、不弃不馁，挑战面前拔剑扬眉、无惧无畏。乘风破浪，一往无前。

特别有思路的金隅人，为人循矩度，一日三省而见精神；做事守章程，三思后行而知权变。站在每一个历史节点，紧握时代脉搏，勇立潮头，谋定而动；面对每一次严峻挑战，抢抓难得机遇，独辟蹊径，顺势而为；战略布局把握宏观之势，短兵相接不让寸土之失。此谓仁者不忧、智者不惑、勇者不惧。

特别能融合的金隅人，以泰山不辞土壤之豪迈、江河不择细流之博大，面对性格差异彼此包容、主动调适，面对能力差异取长补短、各尽其能，面对分工差异忠诚履职、团结协作，面对认识差异直言纳言，能求同存异，使殊途同归。

特别有追求的金隅人，面对鲜花和掌声，不居功自傲。面对成功和辉煌，不浅尝辄止。始终心存壮志、豪情满怀，为追求事业理想和实现金隅宏伟目标只争朝夕、锲而不舍、矢志成功。

特别能理解的金隅人，面对前进中的挑战，求其然和所以然；面对发展中的难题，求解决之道而力行之；面对跨越中的变革，欣然接受更顺势而为。通于一而万事毕。

特别能实干的金隅人，崇尚实干精神，倡导实干作风，奉行实干文化。以求真务实之胆魄，打破陈规陋习的羁绊、冲破思维定势的樊篱，以笃定干事之作风，深入实际摸实情、实事求是出实招、真抓实干求实效，对锁定的目标，一以贯之、一鼓作气、一干到底。

历史是过去的今天，今天是未来的历史。在全体金隅人加快实施以"三个翻番带动一个翻番"为核心的"十二五"规划，从而为实现打造一流国际化公众公司这一宏伟目标而不懈奋斗的新征程中，"八个特别"仍将是支撑金隅人不断实现新跨越、不断取得新辉煌的动力源泉和精神力量。

让历史见证！

蒋卫平

2010 年 7 月 1 日

科学发展的新主题

2007 年 10 月 15 日至 21 日，中国共产党第十七次全国代表大会在北京举行。在这次大会上，胡锦涛总书记在《高举中国特色社会主义伟大旗帜　为夺取全面建设小康社会新胜利而奋斗》的报告中提出，科学发展观第一要义是发展，核心是以人为本，基本要求是全面协调可持续性，根本方法是统筹兼顾，指明了进一步推动中国经济改革与发展的思路和战略，明确了科学发展观是指导经济社会发展的根本指导思想。这标志着中国共产党对于社会主义建设规律、社会发展规律、共产党执政规律的认识达到了新的高度。

2008 年 9 月 19 日，全党深入学习实践科学发展观活动动员大会暨省部级主要领导干部专题研讨班开班式在中共中央党校举行。这标志着全党范围的一场自上而下开展的深入学习实践科学发展观活动全面启动。

这一时期的金隅也正处在新发展的重要阶段。一方面，集团已经确定绕道 H 股，率先在香港资本市场实现融资，集团为此成立了专门专注于上市工作的办公室，对内称"08 项目办公室"，目标就是在 2008 年，实现在国际资本市场登陆；另一方面，集团已经意识到受环境和资源双重挤压，金隅必须尽快并且大踏步地实施"走出去"战略，为此，集团确定了水泥"大十字"发展布局，已经挺进河北省多处区域。

在此情况下，如何布局金隅下一步发展方向，确定面向未来的"十二五"战略，变得尤为紧迫和重要。

这一时期，金隅集团也在系统内全面开展了"学习实践科学发展观活动"。

按照中共北京市委的总体部署和要求，作为北京市第二批开展学习实践活动单位，北京金隅集团深入学习实践科学发展观活动自 2009 年 3 月 12 日正式启动，8 月 18 日基本结束，共历时 5 个多月。在市委、市国资委党委的正确领导下，在市委第 13 指导检查组的精心指导下，集团紧紧围绕"结构更加优化、效益更加显著、发展更加和谐"的活动主题，坚持突出企业特点、突出实践特色，经过 68 家基层单位党组织及全体党员干部的共同努力，圆满完成了学习实践活动三个阶段的各项任务，实现了"领导干部受教育、科学发展上水平、职工群众得实惠"的总体目标。学习实践科学发展观活动，对于统一干部职工的思想，推动集团已经确立的发展目标，产生了十分重要的影响。通过学习，集团党委在活动中提出的"结构更加优化、效益更加显著、发展更加和谐"活动主题深入人心，成为金隅企业实现又好又快发展，走好金隅特色科学发展之路的共同目标。通过学习交流，集团上下进一步解放思想、转变观念，以科学发展的理念积极应对发展道路上出现的新情况，努力解决思想、观念中不适宜、不符合科学发展的突出问题，为实现集团又好又快发展奠定了思想基础。

结合集团学习实践科学发展观活动，各级领导干部强化调研，有针对性地提出了一系列围绕着科学发展、班子建设、党建创新、企业文化建设等方面的新观念、新做法。

在此基础上，金隅下一步发展的"十二五"规划出台了。

从琉璃河水泥厂文化园望去，"琉水"是那么的清澈、明亮

"十二五"发展规划

《北京金隅集团有限责任公司"十二五"发展规划纲要》提出：

"十二五"期间，公司发展思路和发展目标是：

以科学发展观为统领，把握发展规律、创新发展理念、转变发展方式、破解发展难题，勇于开拓进取，坚持走"整体、集约、循环、创新、和谐"的金隅特色科学发展之路。通过深化改革和机制创新，对标先进，提高资源配置和市场掌控能力，形成未来竞争领先优势；充分发挥国际直接融资平台功能，多渠道有效利用各种融资方式，通过资本运作，实现效益最大化；巩固已有优势，加大结构调整，通过融资平台、外延扩展和资源整合相结合，着力发展新型建材业、房地产开发及物业经营管理两大主业；按照循环经济、都市产业的发展要求，坚持低碳经济发展模式，推进住宅产业化建设；通过科技创新提升核心竞争力和盈利能力，实现"三个翻番带动一个翻番"的发展目标。

通过内部整合、对外拓展、做强主业、坚持创新等手段，使金隅逐步发展成为一流的国际化公众公司，到2015年实现"三个翻番带动一个翻番"，即：

资产总额翻一番，达到1000亿元以上；

营业总收入翻一番，达到500亿元以上；

利润总额翻一番，达到50亿元以上；

在实现上述"三个翻番"目标的前提下，带动集团员工人均年收入在原有基础上翻一番。

这"三个翻番带动一个翻番"目标宏伟，方向明确，体现了金隅与金隅人共同发展的理念，很快成为凝聚金隅上下共同的发展理念和目标。

"走出去"发展

十多年前，金隅靠引进国外先进技术，合资、合作，掌握了先进的技术和管理经验，实现了发展。而今，作为地处首都的国有大型企业集团，如何结合企业实际，一方面实现自身更快、更好的发展；另一方面重新调整布局，寻找更优质的资源，探索"走出去"发展，成为摆在金隅决策者面前一个严肃的课题。

围绕集团"三高一快两步走"战略目标，以集团2005年—2010年中期发展规划，金隅在2005年第一次工作会确定了"走出去"发展战略。即：坚持"立足北京、面向全国、走向世界"的发展思路，通过整合资源，逐步完善总部经济格局，在不断转变经济发展方式和做活做强做大集团产业的同时，加快向全国性公司乃至跨国公司转变。

实施"走出去"战略既是集团努力适应并积极参与全国范围内资源再分配的迫切需要，也是集团积极应对北京地区资源相对稀缺和市场容量相对饱和的有效策略，是超前谋划、未雨绸缪的现实选择。

这一时期，集团根据水泥行业需要靠近资源、靠近市场的特点，初步确定了率先在河北"突围"。集团分别在河北曲阳、涿鹿，确定了投资项目。与以前收购现有或者在建水泥厂不同，集团这次在优先确定资源的前提下，决定项目上马。

唐高、庄振国接到任命的第2天就来到了一片荒芜的野北村

2008年10月9日，在曲阳野北村荒芜的山脊上，瑟瑟的秋风中伫立着两个身影，时而凝神环顾、若有所思，时而交头低语、四面指点，他们就是集团刚刚任命的曲阳金隅水泥公司经理唐高、党委书记庄振国。唐高从热火朝天的赞皇来到曲阳，还是绵延的太行山，还是他熟悉的生产线，不同的是，这里只有山，没有半拉子工程，连路也没有。

2人前一天接到集团任命便快速处理好手头的工作，立即赶赴现场。望着层层叠叠的山梁、纵横交错的沟壑，想着一年多以后矗立在这里的将是一条现代化水泥生产线，他们的心潮难以平静。面对众多显而易见的困难和更多尚深藏未露的挑战，他们无惧无畏，日夜苦苦思索的就是如何又快又好地建成曲阳项目、让金隅文化照亮这块老区。

从接受任务的那一刻开始，2人已经开始在心中描绘曲阳金隅的宏伟蓝图。搭建组织机构、招兵买马、组织人员到位，公司成立的第一天，就按集团"高标准、高质量、高水平、高效率、高效益、低成本"的"五高一低"方针开始了项目规划。按建设一条先进水泥熟料生产线的要求进行项目设计方案的选定，按高质高速要求遴选实力雄厚信誉高的建设、安装单位，高性价比组织设备招标，各项工作马不停蹄而有条不紊地——展开。

曲阳项目能够快速高质地推进，得益于金隅确定的"走出去"的正确决策，这里是集团实施"走出去"战略后，第一个完全由公司自己投资、建设和管理的水泥项目。是在确定了战略资源之后，根据"大十字"战略布局确定的建设项目，这里位于保定、石家庄两座城市之间，与集团现有的鼎鑫公司、保定太行和益形成互动。

曲阳金隅是一块地一块地炸出来的

　　集团任命的两位班子成员一位是刚刚谱写"赵唐精神"传奇的经理唐高，唐高有着 25 年水泥行业建设经验，有很强的领导驾驭能力。建设前期，唐高把很大精力投入到各项手续的办理完善上，遇到难办的关卡他总是冲在前头，因为他知道，集团有一条底线：要求企业合法运营。除了在项目建设上运筹帷幄，人们说，作为山西人的他，在设备招标中更显现出了"晋商"的睿智与精明，使公司不仅引进了先进的设备，如辊压机、循环板式提升机采用奥蒙德产品，电机采用世界排名第三位的东元电机；而且比预计招标资金节约了 2000 多万元。他还会适时掌握钢材市场行情，指导钢材采购工作，极好地控制了建设成本。党委书记庄振国从事管理和党委工作多年，外表沉稳，内心特别有激情，且大局观强，注重言传身教，善于从细微之处发现问题。他在凝心聚力、构建和谐方面思路新、点子多。在矿山资源的勘察分析、进厂道路的铺设等工作上，庄振国不辞劳苦，在寒风凛冽的冬日登上矿山勘察、在雨后泥泞的道路上巡视，夜以继日地奔波着。

　　还有那些来自不同地域、不同单位新老金隅人，是干事、创业的共同目标，是实现"走出去"发展的共同愿景把金隅人聚合在一起。

　　何以论英雄，事业领其先。困难大，金隅人决心更大。曲阳项目建在山上，土建工程地质结构复杂、项目建设困难，每挖一个基坑，每平整一寸场地，都需要实施爆破。建设中，他们遇到了数十年罕见的大雪，又经受住了长达两个月的雨季施工考验，与市县及周边乡镇建立了良好的友谊和合作关系，营造了和谐的建设环境，创造了奇迹，彰显了金隅水泥板块精品工程的风采。

　　在项目点火仪式上，曲阳县县长朱子强谈到曲阳金隅公司广大建设者经过艰苦奋斗，顽强拼搏，创造了河北省 6 个同类项目的速度第一、质量第一和效率第一；金隅股份总裁姜德义则指出曲阳金隅水泥项目一定能成为金隅"走出去"发展战略的典范和样板。

　　几乎是与此同时，西北重镇，桑干河畔，佛头山下，在距昔日开创中华 5000 年文明的三祖圣地——黄帝城十余里的张家口市涿鹿县大斜阳东，在平均海拔 1180 米的土山坡上，一座日产 4000 吨水泥熟料的现代化水泥生产线正在以气势恢宏的形象拔地而起，这是金隅集团实施"走出去"发展战略在冀北门户全新建设的水泥项目——涿鹿金隅水泥公司日产4000 吨水泥熟料技改项目配套 12MW纯低温余热发电系统。项目自 2009 年 4月 1 日正式破土动工到 2010 年 5 月 18 日正式点火投产，在狂

京西重镇、桑干河畔、佛头山下，只有悲壮，没有浪漫

风暴雪导致 46 天不能施工的恶劣气候条件下，在投资预算压缩了 1/6的资金压力下，在工期一再提前的时间压力下，涿鹿金隅人战天斗地，激情奉献，把不可能变为可能，向集团交了一份满意的答卷，向人们诠释了金隅工程、金隅速度、金隅精神的真正内涵！

2010 年 5 月 21 日《北京金隅报》有这样一篇报道：

　　有一句俗话是"白天不懂夜的黑"，恶劣的气候环境是对涿鹿工程建设的最大考验。这里的天气就像孩子的脸说变就变，刚才还是艳阳高照，突然就能乌云密布，狂风大作，雨雪交加，寒风彻骨。开工以来摄氏零下 10 摄氏度以下的天气就有 143 天，温度最低达到零下 30 摄氏度。冬天的夜晚，工棚冰冷彻骨，穿着毛衣毛裤睡觉，上面盖两床被子外加军大衣，还会一次次被冻醒。

　　然而对金隅人来说，恶劣的自然条件考验的不仅是他们的身体和心理的承受能力，更让人百爪挠心的是雨雪交加的天气

对工期的影响。赵启刚经理的一首小诗《雨烦》是这种心情的真实写照："两日阴雨眉头紧，六人郁闷整三斤。天公偏喜秋雨绵，英雄无泪也沾襟"。可老天似乎是有意考验金隅人，这一年多的时间，有46天因风、雨、雪频频肆虐而被迫停止施工。

当地属于湿陷性黏土，地耐力较差，雨水不往下渗，一下雨，满地泥泞，运货、施工的车辆根本无法前行，而天一放晴，不仅尘土飞扬，而且车轮碾过的泥棱坚硬如铁，需要铲车铲平才能正常作业，严重影响施工的速度。当地风大，五级以上大风司空见惯，甚至八九级大风也不罕见。曾经有两个夜晚，工人住宿的活动板房被大风掀翻。2009年11月还遇到两次三十年一遇的大雪，影响工期10天之久。今年春节过后，本想趁着春暖花开的好季节大干一场，偏偏气候反常，不仅遇到了前所未有的"倒春寒"，还下了12场雪、3场雨，就在半个多月前的4月26日，暴雪再次横扫工地。富磊安装公司李良杰经理曾经辗转祖国南北，亲自安装过18条水泥生产线，面对这样的天气也只有感叹："天降大任于斯人，必将苦其心志，劳其筋骨！"因为同样的活，在这里至少要用两到三倍的时间和精力才能完成。

在涿鹿水泥公司最流行的一句话是"一万年太久，只争朝夕"。天气不能控制，但人可以调整。为了抢时间，涿鹿班子成员精心筹划、精心组织，以立体施工、交叉施工、昼夜施工来合理安排时间。白天风大，安装就改在深夜风小的时候；下雨，就披着雨衣、塑料布干，卡车、重型运输车陷进泥泞里动弹不了，就用人推、用车拉；屋外不能施工就先干室内的。离点火试车预计时间还有10多天，富磊安装公司表示自己的人手不够，不可能按期完工。赵启刚经理果断地说："你缺20人，我们200号人全上！"于是，项目部的所有成员包括各级领导亲自上阵，碗口粗、七八百米长、几吨重的电缆、皮带就在金隅人手中不分日夜地传送着。

公司党委书记许明有些遗憾地说："如果不是气候条件过于恶劣，点火试车完全可能提前到'五一'。"涿鹿县副县长李建龙每一次来到施工现场，看到一个个意想不到的变化，都忍不住惊叹："这真是金隅速度，惊天地泣鬼神啊！"

在工地上，总能看到一群头戴白色安全帽、

涿鹿水泥生产线在安装中

身穿银灰工作服的人们忙碌的身影。这些涿鹿金隅人年龄不一，身材不等，口音不同，黝黑的脸上略显疲惫，但他们的眼神总是流露出一种创业者的激情和自豪。正是这种激情和自豪让涿鹿水泥的全体员工真正践行了集团党委书记、董事长蒋卫平所说的"享受精神压力、享受吃苦付出、享受苦心钻研、享受心力交瘁的奋斗过程"。

杨雪飞

根据国家发改委《关于加快水泥工业结构调整的若干意见》，到2010年水泥产量前10位企业的生产规模要达到3000万吨以上，生产集中度提高到30%。随着北京奥运工程建设、天津滨海新区建设、河北曹妃甸工业区开发和南水北调、西气东输以及基础设施等大工程的实施，京津冀地区经济的发展和重大工程的建设使该地区的水泥市场需求旺盛，增长迅速，高于全国平均水平。水泥产品作为集团制造业的核心与支柱之一，果断抓住发展机遇，保持并发展集团在水泥及相关产品业务的竞争优势和盈利能力。通过这一系列的收购、建设、整合，金隅大大巩固了在环渤海经济带的市场优势地位，成为环渤海地区京津冀经济圈最大的水泥产品供应商。

2007年11月，金隅集团与大厂回族自治县签署了《大厂金隅现代制造业基地建设合作协议》。基地规划总占地1047亩，重点发展新型建材产品。按照金隅集团中期发展规划，集团将逐步将集团内具有国内领先、国际一流水平的现代制造业项目陆续入园。其中金隅集团与美国USG公司共同投资6500万美元的矿棉吸声板合资项目已经在园区开工建设。

"走出去"的工业园

4年前，这里还是一片寂静的庄稼地。如今一座座现代化的厂房，配套设施齐全的服务管理中心，整洁漂亮的员工宿舍，清一色的白色建筑以及那耀眼的蓝色天际线，告诉人们：这里是金隅"走出去"发展的第一座工业园——大厂金隅新型建材有限公司。那一幢幢巍然屹立的厂房，那一条条"纳废吐新"的生产线，如一曲曲凝固的乐章，演绎着金隅人艰苦创业、跨越发展的豪迈，谱写着金隅人特别的激情与奉献。

大厂金隅工业园是金隅集团新型建材制造业板块实施"园区化"发展道路和"走出去"发展战略、实现集约化生产和集群式发展目标的又一个尝试。

与十几年前金隅建设第一个西三旗工业园区不同，进入新世纪的集团新型建材制造业已经成为金隅集团传统优势产业和核心产业之一。如何在 10 余年快步发展的基础上，继续做强、做大金隅的新型建材制造业，是集团决策者一直十分关注的课题，而首都土地成本、环保成本、资源成本的不断上升，已成为制约金隅制造业发展的瓶颈。金隅决策层早就未雨绸缪，提出了主动出击，积极"走出去"的发展战略。这时的工业园区，已不再是为了招商引资，而是金隅人为实现自我发展，实现升级而进行的一次"破壳"。

"走出去"发展的大厂工业园

　　经过反复调研，实地考察，专家论证，金隅的决策者最终将目光聚焦到了河北省大厂工业园区。这个园区为省级工业园区，规划面积 10 平方公里，位于环渤海经济圈中心地带，地处北京六环路与规划中的大外环之间，具有明显的区位优势。园区内，交通网络密布，已经具备了"七通一平"的建设条件，投资环境良好。金隅最终选择了大厂，将用这里 1047 亩规划用地，打造成金隅集团新型建材制造业大发展的主要基地之一。

　　"一张白纸，能够描绘出最新最美的图画"。离开了繁华的都市，投身大厂金隅工业园建设工地。然而，当时映入大厂金隅新型建材有限公司新任领导眼帘的，只有空旷田地里的几间彩钢板房，隆冬季节，西北风刺骨的冷，路面上的晶亮结冰，考验驾车者的技术和神经。施工现场的工棚内，室内外温度一样。

公司经理蒋杭军曾这样感慨当初创业时的情景："一纸任命，两个人，三间空棚子。"没有豪言壮语，只有脚踏实地地奋力前行。

常言说，知难不难，越是艰苦的条件越能激发金隅人的斗志。金隅向来不缺乏特别有激情、敢于迎难而上的员工。短时间，集团系统内8家在京企业12名干部职工听从集团的召唤，克服自身困难，奔赴大厂来了。他们很快熟悉了新的工作岗位，并马上与河北省有关业务部门和地方政府部门建立了联系，担当起了大厂金隅工业园开发建设管理的重任。

时任公司党委书记张向良说："金隅人的激情是一种挚爱，一种对集团事业的挚爱；金隅人的激情是一份渴望，一份对集团发展的渴望；金隅人的激情是一股力量，一股实现梦想的力量。"

大厂金隅工业园建设初期，最难最重的工作是办理园区各个项目土地使用权证。项目的审批部门多，程序复杂，土地指标竞争异常激烈。每一个项目都要多次跑市里，50公里外的廊坊，奔300公里外的省会石家庄跑各种手续。任务紧急的时候，甚至要前一天的半夜到达，赶在第二天清早去堵有关部门的负责人。车厢成了公司许多员工的旅舍，座椅一倒就成了卧铺，饿了有方便面，渴了有矿泉水。长期的在外面跑各种手续，每一次都要克服常人难以想象的困难。

为了尽快取得入园项目的备案批复，2008年的大年三十，园区的同志冒着严寒盯在河北省发改委门口，也正是这种执着的精神感动了河北省发改委的经办人员，破例在当天就出具了批复。

2008年3月16日，也是集团紧急筹备上市材料的日子，集团紧急通知必须在几日内拿到三个项目的环评批复，园区的同志又是二话不说连夜出发，在次日凌晨4点赶到石家庄，准备材料、复印、装订，经过一系列紧张工作，一大早就把材料报送到了河北省环保局。与此同时，又分工负责，马不停蹄。有的跑评估中心，有的跑审批中心，按常规要40天才能完成的批复，仅用两天时间就圆满完成了。

大厂金隅的项目投资额度大、合同多、账目细，财务部经理柴彦丽是经理，也是干事，一人要承担好几个人的活儿，但她总能把每一项工作完成得干净利索、规范细致。在金隅股份即将上市的关键时期，财务部门除了做好繁重的业务工作，还要把集团"08项目办"安排的紧急工作做得细致、准确、完整。那时，细心的人会发现，她发出邮件的时间经常是夜里一两点钟。

"既然来到大厂金隅，就知身上责任重大。"朱华亮受集团委派任大厂金隅财务总监，一方面他要认真贯彻执行集团公司资金管理等各项制度和规定；另一方面他要积极推进重大项目的建设快速、节约，发挥财务总监的作用。在他的直接领导下，金隅工业园在成本控制方面取得了突出的成绩。园区建设完成，朱华亮又离别妻子和女儿"千里跃进"太行山了。

大厂金隅工业园是制造业园区化发展的新探索，没有样式可寻。从园区规划、开发建设、管理模式，到员工吃、喝，大厂金隅人经历了一个个不断探索创新的过程。如今，一个崭新的金隅工业园管理模式初步形成，这是金隅人文精神的又一次汇聚、结晶。

集群式发展、集约化布局，让大厂金隅工业园走上了"整体、集约、循环、创新、和谐"的金隅特色科学发展之路。发展循环经济和低碳产业，逐步形成新型建材墙体及保温材料体系、装饰装修材料体系、家具木业等体系的制造基地，为新型建材制造业产品体系整合和进一步的发展提供了广阔的空间。

园区建设中，公司党委坚持科学发展观，围绕园区中心工作提出了"以成果促程序"的前期工作原则，制定了"建设精品工程"现场管理目标，规范了项目成本费用控制流程，按照"精简、高效"的原则设立管理机构和部门，按照"共性统管，个性分管"的原则落实园区管理责任，配备了完善的生产生活设施及服务，使首批入园项目顺利投产见效，取得了大厂金隅园区集群化管理的初步成果。

自2007年开始规划建设以来，组织完成了15万平方米现代化工业厂房及附属设施建设，装备了3条新型建材生产线，初步形成了矿棉吸

声板、建筑涂料、防火涂料、地坪漆等装饰、装修材料生产基地；成为高档玻璃棉、岩棉等墙体保温材料生产基地；成为高档木门窗等家具木业生产基地。

大厂金海燕玻璃棉生产线

区内金隅集团与美国 USG 集团共同投资新建的星牌优时吉公司，拥有目前亚洲最大规模的矿棉板生产线，矿棉板年产量可达 2500 万平方米。

金海燕玻璃棉公司在大厂规划建设年产 5 万吨高档玻璃棉生产线。其中一期 1.5 万吨生产线建成投产后，取得了较好的效益。这条生产线采用国际最先进的玻璃棉生产工艺及设备，是目前国内技术最先进、性能最稳定、自动化程度最高的生产线。

金隅涂料公司在大厂金隅现代工业园得到了新的发展，公司新建成的一条年产 5 万吨现代化涂料生产线，使公司技术装备水平居于华北地区涂料行业的首位。

2012 年，年产 20 万平方米的爱乐屋门窗项目和年产 3.5 万吨的岩棉项目正在组织实施。

到目前为止，金隅现代工业园内所有已建项目、在建项目已经全部取得了土地证及相关合法手续，拟建项目也取得了部分土地证。

大厂工业园在保留了金隅开发西三旗建材工业园时创立的整体规划、整体开发发展模式的基础上，创新了服务管理模式。大厂金隅现代工业园以金隅独有的管控模式、建设方式、体制机制打造了新型建材跨越发展的新平台。大厂金隅现代工业园由园区管理服务公司和入园生产企业组成，管理服务公司主要负责组织实施园区发展规划，负责园区基础设施建设，开展园区社会化服务和区域性管理；生产企业主要负责研究、开发、生产各类新型建筑材料及产品的销售及售后有关技术服务。

在管控模式上，集团确立了以产权联结为纽带，以多级法人分层管理为特征，以集团整体发展为目标的母子公司管理体制。在大厂金隅现代工业园项目的建设期，项目投资由集团提供；在项目成长期，集团为企业制定了扶持政策；在项目成熟期，企业以租金和利润的形式回报集团。

位于大厂工业园区的星牌 USG 是亚洲最大的矿棉吸声板生产基地

在建设方式上，集团公司新型建材管理部、战略发展部负责项目论证与协调，财务资金部负责项目资金运作。集团北京建都设计研究院有限责任公司负责规划、设计，北京市建筑装饰设计工程公司负责施工总承包。园区管理服务公司负责开发建设和管理服务。入园企业负责各自项目设备安装和生产经营。

在园区管理体制上，大厂金隅现代工业园接受集团和地方政府双重领导。园区按照精简、高效的原则设立机构，按照共性统管、个性分管的原则落实园区管理责任，实现资源共享、规模效应。

大厂金隅工业园生产设施新、生产工艺新、管理模式新，结合实际提出了建设"学习型园区"、"创新型园区"、"和谐型园区"的发展目标，入园企业不断追求内部发展与外部环境的新和谐，探索新型建材科学发展的新途径。

通过园区化管理，新型建材制造业在集团自有技术创新及完善的管理架构的强力支撑下得到全面升级。许多企业解决了制约发展的空间问题，顺利搬迁至设施完善的现代工业园，同时原有土地纳入新规划，获得增值。同时解决了制约企业发展的技术问题，引进了世界一流的新技术、新设备。矿棉、玻璃棉等综合利用工业废弃物，使园区成为环保综合利用企业。

大厂金隅现代工业园区吸引了一批配套服务企业，形成相关产业集聚，加速了地区产业结构升级，拉动了区域经济总量快速增长，促进了大厂这个少数民族自治县经济社会又好又快的发展。

事业心与人格

我曾多次讲过：将个人的发展融于集团的发展，做成几件推动集团发展的值得总结回忆的事，既是人生的乐事，也是集团的幸事。工作有价值，人生就有意义。

这是金隅集团董事长蒋卫平多次告诫金隅干部和同事的话。

2010年3月12日刊印的第982期《北京金隅报》，刊登了金海燕公司宣传部长李丽伟的一篇文章《此生只恋玻璃棉》并配发了编者的话《一个党员就是一面旗帜》：

2010年2月14日，金隅金海燕玻璃棉有限公司优秀共产党员刘植树同志因病医治无效，不幸去世，享年60岁。

刘植树从北京市玻璃钢制品厂一名普通的电工成长为公司高级管理人员，他对我国的玻璃棉事业倾注了无限的爱，正是这份高度的责任心，使他克服了重重困难，刻苦钻研技术，最终成为玻璃棉行业的专家。20多年默默的奉献，直到住院那天还在坚持工作。

多少年，他用自己的一言一行，一生一世，诠释着新时期共产党员的崇高品格。在生命的最后时刻，他仍惦记着公司的事业，对公司的发展提出建议，期待着公司的强大。

刘植树离开了我们，但是他的工作风范、敬业精神、道德风貌和顽强意志永远是金隅人学习的楷模、榜样！

此生只恋玻璃棉——追忆刘植树

说起刘植树，认识他的人都不由得竖起大拇指由衷赞叹。

刚工作时，刘植树是金隅集团北京市玻璃钢制品厂一名普通的电工，由于肯钻研，他很快成为了一名实力派的技术人员。1986年，北京市玻璃钢制品厂引进玻璃棉生产线，刘植树作为主要技术人员被派往日本学习生产线安装调试技术。他刻苦钻研，熟练掌握了技术要领。回国后，他全身心投入到北京市玻璃钢制品厂生产线的安装、调试工作中，引进的生产线建成后一次试车成功。接下来的10年间，刘植树一门心思地扑在了生产线的管理中。

北京市玻璃钢制品厂与法国合资，成立了北京圣戈班依索维尔玻璃棉有限公司，法方占59%的股份。合资条例规定，合资后，北京市玻璃钢制品厂不能再使用"海燕"这个品牌。合资公司成立后，刘植树和100多名技术人员，被派往合资公司工作。在合资公司的10年，刘植树担任销售部经理。其间，他不断向外国专家学习技术，大胆进行技术创新，开创了玻璃棉市场应用新领域。此外，公司还上马了玻璃棉复合贴面和防伪烫字机，大大提高了玻璃棉产品的附加值。在他的组织领导下，公司产品的销售价格比一般生产厂家每吨高了1000余元，并且保持了淡季不淡、产销两旺的好势头。

20多年如一日，刘植树就这样痴情地守候着一条生产线。法国专家巴然戏称，那条玻璃棉生产线就如同刘植树的孩子。刘植树自己也说："我一天看不到生产线心里就难受。"

一

在合资公司的10年，刘植树创下了多个公司之最：他是在同一条生产线上待的时间最长的人，国内最先接触玻璃棉生产技术并对该项技术研究得最深入，在该领域水平最高的人之一。为了提升自己的技术水平，他经常向外国专家学习。他不懂外语，但是会用图纸和老外交流。用刘植树的话说："通过图纸，我们什么都能交流。"

刘植树的勤奋好学让合资公司的老外都很感动，他们当面夸奖刘植树："你是一个了不起的人。"公司领导高兴地说："厂里玻璃棉生产线综合效益比刚引进时提升了40%，技术上孜孜以求的刘植树可谓功不可没。"

二

中法合资企业合同终止时，中外双方曾一度爆发激烈的人才战。作为技术专家的刘植树自然是双方争抢的焦点，面对法方优惠的条件待遇，心系企业、根在祖国的他毅然拒绝了外方的聘请，带头留在了企业，并团结和带领员工们一起投入紧张的玻璃棉生产线的搬迁工作中。按照集团的要求，北京市玻璃钢制品厂要在合资公司解散后，将原合资公司的玻璃棉生产线搬迁到通州区。

玻璃棉生产线搬迁的工程复杂，时间紧迫。只有实现快速搬迁，新公司才能打出新品牌，抢占市

刘植树生前担任建设总指挥的金隅金海燕玻璃棉生产线

场。刘植树带领大伙儿，与设计院紧密配合，及时沟通信息，边设计、边施工，为玻璃棉生产设备的搬迁赢得了宝贵时间。在搬迁过程中，刘植树充分调动技术人员的积极性，注重发挥

他们的聪明才智。他们每天工作14个小时以上，有时还通宵达旦。当时，正值高温季节，刘植树每天都是一身汗，还常常忘记了吃饭的时间。在大家的努力下，搬迁只用100天就完成了。在整个过程中，刘植树以公司大局为重，吃苦耐劳、勇挑重担，坚决支持公司的决定，时刻表现出一个老共产党员的模范作用。在他的精心组织下，400多台套设备安装一次到位，一次试车成功，创造了"百日会战"奇迹。

2009年，玻璃棉新线在大厂工业园进行设备安装调试，刘植树任前线总指挥。自3月启动设备安装工程以来，他带领全体员工呕心沥血，夜以继日地奋战在第一线。在困难面前，始终保持了金隅人昂扬向上的精神状态，践行了金隅人"八个特别"的人文精神，又一次谱写了公司发展史上可歌可泣的壮丽篇章。在刚刚结束的金隅2010年一次工作会上，大厂玻璃棉生产线被评为2009年金隅集团科技进步奖。

三

刘植树是玻璃棉行业的一面旗帜。身为公司高级管理人员，他的文化程度并不高，但是，他对玻璃棉事业倾注了无限的爱，正是这份高度的责任心，使他克服了重重困难，刻苦钻研技术，最终成为玻璃棉行业的权威。20多年默默的奉献，直到住院的当天还在坚持工作。一年365天，他每天都深入到生产一线。对他来说，几乎就没有节假日。几十年全身心投入，刘植树对生产线了如指掌。无论是设备检修，还是日常工作中哪个环节出了问题，都能在现场看到他的身影。他总是和工人一起同甘共苦，直到处理完问题、生产线恢复正常后才离开。他用自己的一言一行，诠释着新时期共产党员的崇高品格。

2010年2月14日，刘植树同志因病医治无效，不幸去世，享年60岁。在病重期间，他仍惦记着公司的事业，对公司的发展提出建议，期待着公司的发展壮大。刘植树虽然离开了我们，但是他的革命风范、敬业精神、道德风貌、顽强意志永远是金隅人学习的楷模、学习的榜样！我们为有这样的好干部而骄傲、自豪！

老战友，一路走好。

李丽伟

照例，3月15日一早，集团领导会看到这一期的报纸。可是，谁也没有想到，3月16日上午，集团党委书记、董事长蒋卫平，党委副书记、副董事长段建国，常务副总经理王建国等就来到刘植树同志的家中，慰问这位刚刚因病去世的集团"十佳共产党员"刘植树同志的家属，送去了集团领导的关怀与问候。

蒋卫平董事长动情地对刘植树的家人说：读完刘植树同志的事迹报道我心潮起伏。他是我们全系统奋战在不同岗位上的各级领导干部的优秀代表，他爱厂如家、勤恳敬业、不计名利、默默奉献的精神是金隅人世代传承的文化精髓。失去这样一位好同志我们都深感痛心！对他本人我并不太熟悉，但敬佩之情由心而生。金隅的事业之所以能不断发展壮大，就是因为有许多像刘植树同志那样在各条战线各个岗位上拼搏奉献的金隅人支撑前行！世间凡事皆有得失，刘植树同志虽然离开了我们，但他的付出赢得了大家的钦佩和赞誉，他给后人留下了宝贵的精神财富。我本人要向他学习，金隅各级领导干部要向他学习，金隅全体员工都要向他学习。学习和发扬他的精神品质与干事境界，在各自的工作岗位上展现出金隅人独特的精神风貌，创造出不平凡的业绩，为实现以"三个翻番带动一个翻番"为核心的新一轮中期发展规划，为金隅事业更加恢宏的发展目标永远奋斗！

这一天，中共北京金隅集团委员会发出《关于向刘植树同志学习的倡议书》。号召全体金隅干部职工以刘植树同志为榜样，努力向刘植树同志学习。学习他求真务实、艰苦奋斗、勇敢担当的坚强党性；学习他吃苦耐劳、潜心钻研、勤恳敬业的崇高品质；学习他爱厂如家、忠于事业、无私奉献的博大情怀。各级党组织要积极引导、广泛宣传刘植树同志的先进事迹，把向刘植树同志学习与开展"四强党组织、四好班子、四优共产党员"创争活动结合起来，与深入践行"干事文化"、"八个特别"人文精神结合起来，从而不断将企业发展与金隅事业推向新的高峰！

同时，集团各单位也纷纷举办活动，学习宣传刘植树的感人事迹，联系个人和企业实际，开展了一次宣传金隅企业文化，弘扬金隅人"八个特别"人文精神的主题教育活动。经过一个多月的学习，4月23日《北京金隅报》刊登了署名本报评论员的文章《合力铸造金隅人的精神家园》。

合力铸造金隅人的精神家园
本报评论员

自《北京金隅报》第982期发表金海燕玻璃棉有限公司李丽伟同志的回忆文章《此生只恋玻璃棉》，回忆大厂金隅金海燕玻璃棉有限公司优秀共产党员、好干部刘植树同志的先进事迹以来，金隅集团党委，金海燕资产经营有限责任公司党委连续发出关于开展向刘植树同志学习的倡议书和决定，号召金隅全体党员、全体干部和金隅职工学习，缅怀这位为金隅和金隅玻璃棉事业奋斗了一生的好党员、好干部。

从一篇篇刘植树同志的同事、战友、部下和合作伙伴的回忆中，我们看到了一个金隅人无私奉献的一生。

在他的同事眼中，刘植树同志对企业倾注了一生的爱。身为公司高级管理人员，他每天都深入到生产一线，几十年全身心投入，对生产线了如指掌。无论是设备检修，还是日常工作中哪个环节出了问题，都能在现场看到他的身影。他总是和工人一起同甘共苦。他用自己的一言一行，诠释着新时期共产党员和党员干部的崇高品格。他是把企业和员工的利益看得高于一切的共产党员。

在他的同事眼中，刘植树同志总是把责任看得高于一切。大厂生产线磨合运营初期，也是刘植树刚刚确定了病情，正在积极治疗的初期。北京下了这年的头一场大雪。大厂工厂的电线被压断了，炉子有被废掉的危险，情况十分紧急。刘植树听到情况不顾自己的身体立即奔赴50里以外的厂区。一路上，大雪纷飞，刘植树趴在方向盘上，强撑着开车。刘植树就是这样，在困难面前、在工作面前他永远是责任在先，事业在先。他是一个身先士卒、勇挑重担的好干部。

在他的同事眼中，刘植树同志总是把企业的利益看得高于一切。中外合资企业合同终止时，双方曾爆发激烈的人才战。作为技术专家的刘植树是中外双方争抢的焦点，面对外方优厚的条件、待遇，心里有企业、心里有职工的刘植树毅然带头留在了自己的企业，并团结和带领职工们一起投入到建设玻璃棉生产线中，奠定了"金海燕"在玻璃棉领域的"金"字招牌。他是一个把集团和集体的事业看得高于一切的带头人。

金隅的干部应该学习他。在金隅企业41年，从20世纪70年代艰苦创业到20世纪80年代技术引进、技术革新，从20世纪90年代的勇闯市场再到新时期的跨越式发展，刘植树的岗位随着企业的发展而调整，可是他仍然像当技术工人时那样关心熟悉自己的生产线，像培养自己的徒弟那样，关心培养青年职工。他积极鼓励青年人，放手让他们工作，帮助指导青年人，让他们迅速成长。工作中他树立了榜样，困难来时他身先士卒，节假日他让给别人，生活中他与职工一样简单、朴素。他为企业的发展奋斗、献身，直到生命的最后时刻！

金隅的青年职工应该学习他。刚工作时，刘植树只是一名普通的电工。由于肯钻研，他很快成为了一名技术人员。北京市玻璃钢制品厂引进玻璃棉生产线，刘植树作为技术人员被派往日本学习生产线安装调试技术。回国后，他全身心投入到生产线的安装、调试工作中，成为生产线的专家。接下来的 10 年间，刘植树一门心思地扑在了生产管理中。他不断向外国专家学习，大胆进行技术创新，开创了玻璃棉市场应用多个领域。在合资公司 10 年，他是在同一条生产线上待的时间最长的人。也正是这种扎扎实实的作风和高度的责任心，使他克服了重重困难，刻苦钻研技术，成为国内最先接触玻璃棉生产技术并对该项技术研究得最深入，在该领域水平最高的人，最终成为玻璃棉行业的权威。

我们学习刘植树同志，就是要学习他，做一个任劳任怨、勇挑重担、殚精竭虑的带头人；

我们学习刘植树同志，就是要学习他，做一心一意为企业、一心一意为工作、一心一意为他人的好党员；

我们学习刘植树同志，就是要学习他，做一个把毕生精力和热情都贡献给金隅发展和建设事业的好干部；

我们学习刘植树同志，就是要学习他，做一个想干事、能干事、会干事、干成事，新时代的金隅人。

通过宣传、学习刘植树同志的事迹，总结、回忆他的职业风范、敬业精神、崇高品质和顽强意志，我们看到了一个凝聚了金隅人"八个特别"人文精神的时代楷模，刘植树永远是金隅人学习的模范。他的人品、党性、官德永远是金隅巨大的精神财富！

在金隅发展的历程中还有许许多多像刘植树这样的人，他们在我们身边默默地奉献着，为金隅集团和企业的发展，为金隅人的精神家园精心铸造着。

我们学习、宣传刘植树同志的先进事迹，还要发掘我们身边那些像刘植树同志那样为集团的发展刻苦钻研、敢于创新的人；积极谋事、勇挑重担的人；扎实工作、努力奋进的人。我们要以学习刘植树同志的先进事迹为动力，继续发扬"八个特别"的金隅人文精神，努力在推动金隅事业跨越式发展，实现"三个翻番带动一个翻番"的宏伟目标中扎实进取，奋斗不止！

"08 项目办"的故事

自 2007 年 9 月金隅"08 项目办"团队成立，经过了奋力拼搏的 22 个月，克服了国际金融危机、全球股市震荡、新股发行停滞等重重困难，2009 年 7 月 29 日，金隅股份终于以全球发行 10.73 亿股（含超额配股权）、融资总额 68.46 亿港币、国际配售部分超额认购达 235 倍、香港公开发售部分超额认购达 775 倍、冻结资金逾 4660 亿港币、香港历史上第二大冻资新股的骄人业绩在香港联交所主板正式挂牌上市，并创下"九个第一"。

一起走过的日子
——"08 项目办"财务组组长陈志成日记

2009—02—05

同志们都进入了冲刺状态！下班后，齐刷刷地加班，其情其景，真令人感动！工作有一些进展，但问题还是不少。已经好几天没有见到女儿了，实在是没有时间去看她。每天的心情就是如此，感动着，愧疚着，最终趋于平淡。当夜已静，独自走在回家的路上，被冬日的冷风吹着，一日所有的或忧或怒，或兴奋或凄凉的心境，统统随风而去，感到心灵孤寂，感叹逝者如斯！京城的夜空难觅星斗，但我知道，属于我的那两

"08项目办"成员合影

颗——我的母亲、父亲，一直在遥远的夜空静静地审视着我，叮嘱我在平淡中保持善良而坚毅的真性情。

2009—02—10

集团上下莫不承受着巨大压力，已经做出并将继续做出着巨大牺牲。谋事在人，成事在天！责任二字，促我忘我，促我无求，唯有工作复工作，一天天，一日日，独守着那份执着，呵护着那份希冀，如沙漠中水尽粮绝的行者，只想着前方就是绿洲。

2009—02—27

2月份还剩下1天了。这是谁把2月份的天数规定得如此之少？为什么不把最少天数的月份放在下半年，比如12月份？不得已，今天开了专题会，倒排的时间表是严苛的，没有余地。感谢我的战友们，辛勤工作，无怨无悔；感谢企业的同志们，任劳任怨，坚忍不拔。这是一次特殊的锤炼，他们都会百炼成钢。

2009—06—22

批文终于拿到了！公司上下都沉浸在无限的喜悦之中。副总及锋一早醒来，似有预感，6点到达香山，信步登上香炉峰。下得山来，便接到了祝贺的电话，成了！我们创造了历史。2008年金融危机以来第一只H股，即将登陆港岛，掀起北京波澜。往事不堪回首，不觉百味杂陈。小叶也没有笑，他似有泪光在闪动。他与我有一样的心境，但男儿有泪不轻弹！付出太多了，愧疚太多了，两年的日日夜夜，完全对不住亲人。不能想，一抔黄土，天各一方，亲情何能忘？电话中，人们也在向我祝贺，好像我中了大彩，或者女儿中了状元。一切终将过去，荣誉亦会斑驳，唯盼我们的"08项目"能够早日花开香江、永艳香江。

2009—07—21 23：53

昨夜抵达波士顿，今日该城时有小雨，窗外望去，薄雾烟笼，别有风味。路演已进入第八天，市场反响之热烈，完全超乎想象。国际机构认购已近50倍，散户认购预计超过300倍，香港四大富豪悉数认购，国际十大主权基金热捧，更有消息称，金隅有望进入港市冻结资金前五。路演团队，气氛活跃；几位领导，谈笑风生。只有副总及锋似有隐忧，他说，大幕即将落下。我说，到时您给我们鞠个躬，我们给点儿掌声。掌声给赵总，给"08项目办"的各位战友，给所有为"08项目"付出过、奋斗过并将继续为金隅更加美好的明天而奋斗和付出的人，掌声也送给自己，是对自己的鼓励和慰藉。掌声中，一定伴着泪水……

圆梦之路
——"08项目办"成员心语

22个月的艰辛努力，换来金隅几代人的上市梦圆。虽然不到两年的时间，在金隅创立百年老店的漫漫征程中只是弹指一挥间，但是作为身处其中的人，却对那种艰辛和漫长另有一种理解和感受。忘不了2007年12月底，大家在两天之内跑遍了所有区县工商局，硬磕北京市编办，终于赶在12月31日前完成股份和集团资产重组的所有手续；忘不了2008年春天，中国证监会不明朗的态度就像当时的那场倒春寒，仿佛冻住了所有人的心，而那天晚上在大家翘首期待中赵总带来中国证监会终于原则同意我们赴港上市的好消息时，大家振臂高呼、群情振奋的壮志和豪情；还忘不了2008年和2009年两次在香港印刷商那里修改招股书，夜里一两点钟办公室里还热火朝天的干劲和激情。这两年的工作经历是我们每一个人不可多得的财富，在这里我们更加懂得了团结、信心和坚持。

洪　炜

"金成"二字的意思是，金隅上市项目必定成功。这个名字是在项目开始之初的会议上由副总赵及锋和项目成员、中介一起拟定，后经董事长蒋卫平首肯确定下来的。我想，从名称的含义上反映出的是我们金隅人对领导经研究下达的任务始终是抱着"排除万难，一定要夺取胜利"的态度去完成。这就是金隅文化中所说的执行力。在项目进行过程中，各个中介在会上也反复称赞过我们公司与其他公司相比具有一大优势就是执行力强。有了这样一种态度，为了推进上市工作，不论遇到什么样的困难，各位领导始终想的就是怎么去克服它，而不是绕过问题前进。也正是因为如此，我们的项目才能取得今天这么一个出乎大家意料的特别成功的结果。

潘德森

我们的各级企业，在完成日常工作的同时，按时保质保量地填报着，完善着各种各样的报表。"08项目办"财务组的专用邮箱，经常会收到企业凌晨发来的报表，3G的邮箱几度因当日流量超过上限而不能下载。大家无怨无悔地加班加点，坚定不移地努力着，只为心中那个不变的信念。

蒋　毓

记得一次周五，安永发来审计后的调整分录，我们要根据他们给的调整分录过渡到企业的 PBC 表中，以便我们做合并及分析用，在过渡建贸新科的调整分录时发现分录有一些问题，这时企业已经下班了，几经周折联系到新科的李梅，李梅同志正在去往郑州的火车上，我把情况向她说明后，她马上说："不要着急，我下火车到酒店就联系你。"下火车后，李梅同志到酒店向酒店借了一部电脑，立刻联系我将表格及分录发给她，我们找到安永负责同志及时将问题解决了，这时已经是夜里1点多了，她的责任心令我非常感动……

郑　迎

"08 财务算法"

忘不了多少个通宵达旦在办公室工作，忘不了术后仅3天就又与"战友们"继续奋斗，忘不了大家群策群力创造"08财务算法"的经历。破解关联往来对账这个工作手工粘贴剪切，存在工作量大、效率低、错误率高的问题。我们利用偶然得来的抓数工具将企业的基础数据链接到关联往来对账表里，这节省了我们一张张表打开、粘贴的工作，同时也解决了企业数据更新的问题。然后就是对表里的数据进行"捏对"。如何利用我们手里的资源来完成这个对账呢？同事杨镜冰计算机比较好，我把他请来一起商量，加上办公室的蒋毓和倪芮，大家七嘴八舌地说着。我当时的想法是如何将两个代码组合起来，使其能够排序，这样就能解决我们的问题了。大的思路是有了，那就是如何组合代码了，大家马上想到乘法，几秒钟之后奇迹出现了，用了十几个人花一个半月的时间才能解决的问题，我们瞬间解决了，我非常兴奋。给这种算法起个名字吧，

144

我们就叫它"08 财务算法"。后来我利用录制宏，将"08 财务算法"的整个过程录制到了一个宏命令中，通过一两分钟的计算就能够轻松完成一次对账。

吴光辉

招股书外的"风险因素"

2008 年 5 月 12 日，这是一个全国人民都会永远记住的日子。这一天，四川汶川发生了里氏 8.0 级地震，当天北京的高层建筑也有较明显震感。当时，我们正在金隅大厦 22 层的一间会议室翻译英文版招股书 Risk Factor（风险因素）章节，每个人的精神都高度集中，紧盯着眼前的招股书。地震发生时，有一位同事说："怎么觉得有点头晕啊？""没事，我也头晕，可能是英文看多了，大脑抗议呢。"然后，大家都没有再去考虑原因，只当是因为那段时间工作紧张、身体疲倦造成的，所以又迅速投入到了工作中。直到发现我们所处的楼层各房间都已经"人去楼空"时，直到透过窗子看到涌向街心公园避难的人群时，直到看见自己的手机上亲友发来的问候短信时，我们才意识到原来刚才地震了！现在想想还真是有些后怕，然而，当时的我们在简短的感慨几句之后，就又重新投入到了工作中，继续与"风险因素"较量。正所谓"专心致志译文字，地动山摇浑不知。上上下下一条心，只为金隅能上市"。

沈　赫

Please Remember This Name：BBMG！

2009 年 7 月 13 日，12 时 30 分。中国香港四季酒店二层宴会厅。再过 15 分钟，香港投资者午餐会将在这里举行。在金隅股份 H 股上市的最后冲刺阶段，这标志着公司全球路演的正式开始。

12 时 45 分，随着记者们的一阵骚动，闪光灯频闪，以董事长蒋卫平为首的公司领导从 VIP 休息室走了出来，经由记者

145

简短拍照后，徐徐步入会场。面对众多的投资者，领导们侃侃而谈，应答自如。站在旁边作为工作人员的我，上午便来到会场，此时早已饥肠辘辘，站得腰酸难忍，只能假装蹲下系鞋带，借以休息片刻。

午餐会进行了一个半小时左右。最后主持人总结发言，用了一句话作为结束语："Please Remember This Name：BBMG！"

我想，每一个金隅人都可以向北京、向香港、向全中国乃至全世界大声地说："Please Remember This Name：BBMG！"

孙 亮

2009 年 7 月 29 日　中国香港

这是一个永远载入金隅发展史册的重要日子，是一个让全体金隅人无比自豪和骄傲的日子：这一天上午 10 时整，蒋卫平董事长在香港联合证券交易所大厅正式宣布：金隅股份上市。历经 2 年的艰苦鏖战，金隅股份终于成为香港资本市场的 H 股上市公司，从而完成了从产品市场向资本市场的历史性跨越。

然而，这一天的到来曾让金隅人期待得太久，这一天的到来也让全体金隅人付出了太多的艰辛和努力。整整 3 代人，始终如一，坚定目标，艰苦卓绝。

就在这一天，在金隅股份为庆祝上市成功举办的酒会上，历经北京建材 30 年风云变幻、艰苦历程的金隅股份董事局主席蒋卫平深情地留下了这样一段话："今夜无眠，共享荣耀。感谢几代金隅人竭力造就辉煌上市时刻！在金隅股票开盘暴涨的一刻，我想到的是老一辈金隅人在砖、瓦、灰、砂、石厂中忙碌的身影，我想到的是一代代金隅人挂满汗水的朴实笑脸，正是一代代金隅人的不懈奋斗，成就了金隅今天共同的光荣与梦想！"

146

"大庇天下寒士俱欢颜"

从二十几位员工、200多吨钢材开始创业，金隅房地产开发产业与城市一起成长，如今位列中国地产业30强，是北京市最大的保障性住房开发企业。金隅嘉业——以独特的品牌优势和影响力在行业内独领风骚。

承担国企责任，从全市首批经济适用房，到第一个入住交用的两限房，金隅关注民生，服务社会。自1998年12月4日建东苑项目列入北京市第一批经济适用住房建设项目以来，金隅嘉业相继开发建设了7个经济适用住房项目、9个两限房项目、4个廉租住房项目和1个公租房项目，累计开发总规模近500万平方米，为近6万户北京市中低收入家庭提供了舒适的住房，是北京市开发保障性住房最早、项目最多、体系最全的开发企业。

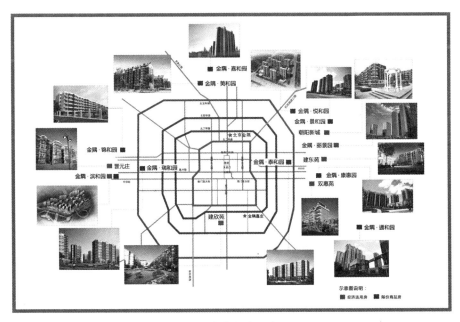

金隅保障性住房分布图

2009 年 3 月 25 日，北京市建委住房保障办公室副主任张耀东亲手将金钥匙交到金隅·美和园业主代表手中，446 户中低收入家庭成为北京市首批限价房业主，金隅·美和园成为全市第一个实现交用的两限房项目。

金隅·美和园建筑总规模 17 万平方米，共计 1710 套住房，其中两限房 14.5 万平方米，1546 套；廉租房 7260 平方米，164 套。建筑形式均为 6 到 9 层南北通透的中高层板楼，配套项目除一所幼儿园和一座地下锅炉房外，还有近 6000 平方米的商业配套，为居民提供贴近老百姓生活的服务设施。

金隅·美和园原是金隅制造业领军企业——金隅加气混凝土厂所在地。为了将可能影响居民生活的制造业企业外迁，金隅对企业实施了大规模搬迁，并自己解决了环保、职工安置等一系列困难问题。将土地用于解决城市居民生活、安置，项目从一开始就受到了社会各界的广泛关注。在项目开发建设过程中，金隅嘉业人发扬"特别能吃苦、特别能奉献、特别有激情、特别有思路、特别能融合、特别有追求、特别能理解、特别能实干"的金隅人文精神，不因为是保障房而降低品质。坚持"精心设计、精心选材、精心建设"，通过全项目运营计划管理体系加强进度管理，在计划执行过程中进行严格监控并采取措施积极推进计划执行，使得金隅·美和园实现了"快开工、快建设、快交用"。项目在取得开发权后 3 个月即全面开工，开工后仅 5 个月，就实现了第一批 6 栋楼的结构封顶，并最终使金隅·美和园成为北京城六区第一个实现交用的廉租住房项目。

离天安门最近的经济适用房小区

也是在南三环和四环之间，坐落着金隅木材产业基地——北京市木材厂有限责任公司。在计划经济时期，"北木"是建材集团四大支柱企业之一，是国内最具实力的木材综合加工企业。在"北木"的展厅中，那些在共和国发展历程中留下显赫业绩的领袖人物都曾经对"北木"倾注过关怀。这里面有大家熟悉的国务院总理周恩来，副总理谭震林、罗瑞卿、万里等。"北木"还作为国家最大的木材加工企业，接待了多个友好国家的领导人。

1994 年，在集团主导下，"北木"舍弃了那些曾经无限辉煌的过去，缩减人员，腾出 50 万余平方米的厂房，金隅最大的保障房项目——金隅建欣苑小区在这里开工建设。整个小区规划建设面积 50.74 万平方米，其中，经济适用房 35.21 万平方米；商品房 15.53 万平方米，分 A 到 F 组团分阶段开发。

金隅保障房项目——金隅丽景园

1996 年，第一批建成的经济适用房业主开始入住。到 2003 年成为当时北京市最大的经济适用房住宅小区。

这一年，时任国务院副总理的曾培炎在王岐山代市长的陪同下，视察建欣园小区。在参观完后，他称赞：金隅人用经济适用房的价格，让北京市民住上了拥有商品房品质的新家园。

这以后几年内，金隅又相继开发建设了建东苑、双惠小区、晋元庄、朝阳新城、金隅丽景园等 7 个经济适用房住房项目，金隅·美和园、康惠园、嘉和园、锦和园、景和园、通和园 9 个两限房项目，以及寨口定向安置房项目。除此之外，金隅还在当年拆除燕山水泥厂腾出的地块上，建成了一批保障性住房。目前，金隅集团共为社会规划建设政策性住房总规模约 500 万平方米，提供住房 6 万余套。

北京市首个"国家住宅产业化基地"

2010 年 7 月，由国家住房及城乡建设保障部颁发的"国家住宅产业化基地"落户金隅股份，公司成为北京市首个获此殊荣的企业。公司以核心产业链优势为依托，充分发挥四大板块的协同效应，利用公司自有的国家级技术中心、甲级资质和一级专业分包资质的装饰装修企业等创新发展条件，全力打造具有北京自主品牌的住宅产业化基地。

北京市首个"国家住宅产业化基地"落户金隅，住建部副部长齐骥同北京市副市长陈刚一道为基地揭牌

第四部分

和城市一起成长

● 五十余载风雨兼程，百炼不轻，从革不违，斯为真"金"；三十多年改革发展，博纳百川，守正出奇，雄踞一"隅"。

● 在多年的发展道路中，金隅人牢记自己最大的社会责任——发展。金隅人坚持改革深化和机制创新，使可持续发展更具活力。

● 进入集团整体快速发展的新时代，金隅提出了与北京的城市发展相互推动的发展思路与发展举措，紧紧围绕北京市的城市功能定位和规划布局，完善产业链条，实施战略转型和升级。

● 在发展过程中，集团层面强调企业化之路，整体发展之路；在发展方式上强调集中力量办大事，小发展服从大发展；在发展道路上强调学习、借鉴，坚持走自己的道路；在发展中公司不断强大，从走出去学习到走出去发展。

● 在企业层面，坚持共同发展的目标，走共同探索的道路；企业之间利益上互让，目标上趋同，发展上借势合作。

金隅前传

在北京金隅成立之前，北京最早的建材业曾经以各种手工业作坊的形式出现在城市中。新中国成立后，北京的城市建设百废待兴，上至中央驻京机构、部队进京，下至从全国来到首都参与建设的管理干部、部队战士、建设大军、青年学生以及原有的城市人口在城市居住，各项建设带来了对建材和建筑的大量需求。需求带动了发展。那时，习惯了"自己动手，丰衣足食"的人们，逐步地建立起各种各样、各种所有制形式、各种管理主体的建材企业。

建材产业已经在北京的城市发展中走过了 50 多年的历程。

50 多年，命运多舛，亦兴，亦落。这反而练就了建材人坚韧、顽强，吃苦耐劳，不屈不挠的性格。

1992 年，金隅集团在一个国民经济快速发展的新时期应运而生。这既是老一代金隅人勇立潮头，具有前瞻性、战略性的选择，也是进入改革开放新时代历史发展的必然趋势。正所谓：五十载风雨砥砺，百炼成"金"。

善抓机遇的金隅人

进入集团整体快速发展的新时代，金隅人提出了与北京的城市发展相互推动的发展思路与发展举措，紧紧围绕北京市的城市功能定位和规划布局，完善产业链条，实施战略转型和升级。体现了与时俱进的时代特色，体现了科学发展和整体发展战略，顺应大势，营造有利于自身发展之势。勇于在改革中探索、在探索中创新，一路披荆斩棘，成功实现了企业化、集团化、股份化、证券化等一系列战略转型，在国企改革发展中勇立潮头。金隅集团涌现出一批又一批肯于在艰苦条件下吃苦、复杂环境中创业、矛盾集中的地方担责，敢于碰硬、敢于创新，心无旁骛、兢兢业业的领导干部，管理团队和金隅人。

20世纪90年代，董事长张毅曾经无数次地告诫周围的同事，当年的建材局在市政府开会总是坐加座的红色折叠椅，签到得自己在名单上面写上"建材局"，因为一度在政府有关部门的正式名录上，建材是"编外"的。因为建材的产业落后，效益落后。这，深深地刺痛过那位曾经打下了金隅基业的汉子。

一次千载难逢的机遇，金隅人紧紧抓住难得的奥运机遇，提出并实施《金隅集团2008年奥运发展规划》，对企业进行了大规模的调整整合，促进了新型高端建材制造业的发展，对一些缺乏市场竞争力，对环境可能造成危害以及不符合城市发展功能定位的企业果断调整，腾出资

坐落于金隅大厦前面的这一组雕塑，十分恰当地描述了金隅人在这个发展的城市当中的奋斗精神

源发展现代服务业，使金隅步入快速发展的行列。

进入金隅跨越式发展的新时期，通过积极转变经济增长方式、大胆探索国有资产管理运作模式、深入进行结构性调整等各项举措，金隅已经由过去传统单一的建材产品生产企业发展成为拥有水泥及商品混凝土—新型建筑材料制造—房地产开发—物业投资与管理为核心产业链的大型综合性产业集团。集团跻身中国企业500强，在经济效益、经济规模和核心竞争力等方面位居全国同行业前列。2009年7月29日，金隅股份在中国香港成功上市，标志着公司已成功进入国际资本市场，实现了金隅品牌的国际化。

金隅人不会忘记，金隅的成功得益于改革开放的深化，得益于新时期中国经济所面临的伟大历史机遇，得益于先进科技产生的巨大推力，同时更离不开几代金隅人吃苦耐劳，兢兢业业，用智慧和汗水改变着企业的面貌。在学习实践科学发展观的过程中，集团提出"结构更加优化，效益更加显著，发展更加和谐"的企业发展愿景，与飞速发展、建设中国特色的世界城市的北京共同成长。全体金隅职工对企业的发展和金隅文化都予以高度认同，形成了上下同欲、共谋发展的新景象。

金隅为什么？

2011年，在金隅集团第二次工作会上，公司董事长蒋卫平深情概括了金隅发展的10条基本经验：

一是，在结构调整和创新发展中始终得到了市委、市政府和市国资委的正确指引。在市委、市政府和市国资委的坚强领导下，金隅的发展始终在科学指引中前行，从而使我们不断坚持调整优化自身的产品结构、产业结构和企业组织结构等诸多结构，以顺应市场竞争的新变化和新挑战，在结构调整和体制机制创新中实现了成功的转型和发展的跨越。

二是，金隅历届各级领导班子始终牢牢抓住了科学发展这个主题和加快转变发展方式这条主线。从传统的"砖、瓦、灰、砂、石"到今天"四大产业板块"的崛起，金隅的发展思路与发展举措始终体现了与时俱进、体现了时代特色、体现了科学发展和发展方式的加快转变。在深入开展学习实践科学发展观活动中，集团党委确立了"结构更加优化、效益更加显著、发展更加和谐"这一符合自身实际的现实主题并积极深入实践，使集团不仅在"十一五"期间继续取得辉煌发展业绩，而且在"十二五"开局之年实现了"开门红"，更加坚定了集团上下在科学发展中朝着既定目标奋然前行的信念。

金隅董事长蒋卫平在集团工作会上讲话

三是，始终坚持党的解放思想、实事求是、与时俱进的思想路线，以改革创新的精神推动集团整体发展。改革开放以来，在每个发展阶段都始终坚持整体发展战略，在主动顺应宏观大势中积极营造自身发展之势，勇于在改革中探索、在探索中创新，一路披荆斩棘，成功实现企业化、集团化、股份化、证券化等一系列战略转型，在国企改革发展中始终勇立潮头。在新的起点上和新征程中，我们要更好地坚持改革探索、创新发展，继续推动金隅各项事业实现新跨越。

四是，始终以一脉相承而又与时俱进的优秀企业文化凝聚全系统干部职工精诚团结与和谐奋进。在不断积淀和创新的以

"三重一争"、"信用、责任、尊重"和"八个特别"为核心的金隅文化的凝聚下，不论是面对宏观环境变化等外部严峻挑战，还是面对内部资源整合等深化改革的自身需要，全体金隅职工对未来发展和金隅文化都予以高度认同，全系统上下始终能够心往一处想、劲往一处使，各级领导班子团结奋斗、求同存异，自觉服从和服务于发展大局，凝聚智慧、勤勉尽责、攻坚克难，形成了强大发展动力和巨大文化合力。正是靠着这种团结奋进的勇气，靠着集团上下主观能动性的积极发挥，我们才攻破了前进中的道道难关，实现了一次又一次历史性跨越。

五是，在坚持不断健全完善科学民主决策制度中，使各项事业发展始终保持正确方向。集团党委、董事会不断健全完善决策机制，进一步规范各层级决策主体、决策行为、决策程序，实现了民主与集中相结合、集体决策与分工负责相结合，确保了金隅这艘旗舰在改革大潮和市场风浪中始终迎着光明扬帆竞发。

六是，在持续发展中各级团队的强力高效执行，成为整体战略部署扎实推进的保证。在落实决策的跨越式发展中，系统内涌现出一批主动在条件艰苦、环境复杂、矛盾集中的地方敢于负责、敢于碰硬、敢于创新，心无旁骛地抓好发展、兢兢业业地做好工作、认认真真地履行职责，高质量、高效率地完成各项任务的领导干部和管理团队，从而保证了各项战略部署的扎实推进和整体全面持续发展。

七是，始终高度重视战略管控，并以清晰明确、催人奋进的发展规划，激励集团上下顽强拼搏、接续奋斗。集团每个阶段的发展规划都思路清晰、定位准确，成为引领广大干部职工为之顽强拼搏和不懈努力奋斗的事业蓝图和精神力量。在"十二五"开局之际，以"三个翻番带动一个翻番"为核心的"十二五"发展规划，既决定金隅下一个五年规划的起点，又关乎金隅未来长远发展和发展成果惠及金隅员工，继续成为鼓舞士气、振奋人心和凝聚广大干部职工奋发有为的强大动力。

八是，始终坚持改革深化和机制创新的不断推进，使可持续发展更具活力。针对整体发展中不平衡、不协调、不可持续的突出问题，以及制约科学发展的躲不开、绕不过的各类问题，每个时期我们都坚定信念、砥砺勇气，通过深化改革和创新发展，在建设社会主义现代化企业和打造国际一流产业集团的探索实践中，不断激发新活力，不断取得新成效，不断实现新跨越。

九是，在不同发展阶段，都始终坚持管控体系的健全完善和各级领导干部的率先垂范，为各项奋斗目标的实现提供了制度保障和精神动力。从"五统一"管理原则，到"共融、共享、共赢、共荣"发展理念，再到"管控科学、素质一流、作风过硬"的总部建设要求，无不反映了集团党委、董事会长期以来一以贯之地强化整体管控能力，以确保和不断加快整体发展。目前，集团各项管理制度、业务流程和风险管控措施得到系统梳理，内控体系建设加快推进并不断完善，规范化、制度化、科学化运营的水平和能力进一步提升。与此同时，各级领导干部坚持以科学发展观为统领，敢于正视严峻形势的挑战，勇于破解发展中的难题，团结带领干部职工坚定理想信念，在顽强拼搏中取得了良好发展成效。制度的"刚性"规范和精神的"柔性"引领，不断推动集团各项事业开创新局面。

十是，在各个历史时期，都始终坚持加强完善党的思想建设、组织建设、作风建设和反腐倡廉建设，保证基层党组织建设在系统内全覆盖，为金隅事业持续发展提供了强有力的政治保障。在加快发展和战略布局中，经济工作推进到哪里、党建工作就延伸到那里、党组织作用就发挥到那里、党的路线方针政策和集团党委的决策部署就深入贯彻到那里，以党建创新为引领，保证了企业中心任务的完成和战略目标的实现。

上述十个方面是金隅在改革发展历程中形成的宝贵经验，是金隅之所以持续快速发展的重要原因，也必将是不断推动金隅持续快速发展的强力保证，我们各级领导班子要在与时俱进中继续传承和不断总结完善。

回首金隅的发展历程，这十条基本经验概括了金隅人曾经走过的成长之路，是金隅人在发展的实践中学习、摸索的结果，也是金隅人执着追求、超越梦想的历程。

金隅嘉华大厦大堂是中关村上地地区的标志性建筑

金隅地产　城市地标　北京名片

金隅物业投资及管理板块作为适应首都经济发展需求的现代服务业，已成为金隅集团重要的战略板块之一，形成了以商业地产、休闲度假、房地产出租、物业管理等丰富业态组合的综合产业板块。多年来，金隅物业投资及管理业务借助集团良好的发展平台，充分发挥整合优势，创新经营思路，提升服务质量，塑造专业团队，展示出强劲的发展态势和良好的发展局面，投资物业规模、经营收入、利润等主要指标均成倍增长，取得丰硕成果，实现跨越式发展。

1997 年 10 月，金隅集团自建的第一座写字楼——金隅大厦即将交付使用。大厦建成总要有人来管理，那时的人们刚刚听到一个新词汇：物业。物业是怎样管理的？物业和酒店管理有什么不同？靠物业收取租金同样可以牟利，还要不要啃物业管理那不熟悉的骨头？还有，这些只熟悉建材制造的人，能否凭借集团自身的能力，管理好大厦，实现由传统的建材制造业向现代服务业的完美转型？这既是一种选择，也是一次考验。

"能务实，敢创新，讲效率，干成事。"这是建材人常常挂在嘴边的话，今天到底有没有这份勇气？集团领导经过深思熟虑决定，自行组建管理团队对大厦进行管理。并且决定，今后一定要把那么一批集团优秀的地产项目，打造成千秋基业，造福一代代金隅人。这也成了一部分金隅地产"只租不售"的缘由。

于是，一支由集团总部和企业年轻管理人员、专业技术人员组成的北京金隅物业管理有限责任公司就这样诞生了。

刚刚接管金隅大厦，各项配套设施还没有正式运行，设备、设施存在不少使用上的"缺陷"，这就需要管理人员不断熟悉物业管理特性，不断改善物业设备设施的运行状况，以提高其对外服务的功效和品质。

管理团队组建起来了，有人来自总部，有人来自企业；有人搞过管理，有人管过行政；从集团来到物业，有一些管理经验的孙江海拟定了一套管理流程，交到一线运行检验，那叫一个复杂，到今天还时常成为人们的笑谈。物业管理与原来的制造业管理毕竟有些不同，好在金隅人向来好学习。

2001 年 12 月，集团决定 2002 年第一次工作会在腾达大厦召开，会期三天。当时，腾达大厦刚刚接管不久，天然气还正在履行审批手续，餐厅还没装修好，物业管理人员还没有全部到位，接待大型会议的经验欠缺，规模之大、任务之重可想而知。然而，这恰恰是锻炼和考验团队的机会，员工们没有在困难面前屈服，而是秉持只能成功不能失败的坚定信念。几天后，集团 2002 年第一次工作会圆满召开，集团系统内各位企业领导亲身体验了集团致力于高档物业项目投资所取得的丰硕成果，坚定了投资持有型物业的信心。同时，又一次印证了那句充满自信和豪迈的话：没有金隅人干不成的事。

腾达大厦的贴心服务

2009 年 5 月，华实会计师事务所入驻金隅大厦，这是他们第二次入驻，是回到阔别一年的金隅。事务所总经理林克宁先生欣喜而感慨地说了这样一句话："出去一年，感觉还是金隅的服务质量好。这次回来，我们就不走了！"原来，这家公司曾经是首批入驻金隅大厦的客户之一。2007 年，因事业发展，需要扩大办公面积，当时金隅大厦出租率很高，没有空置房间，他们只得迁出了金隅大厦。2009 年 4 月，华实会计师事务所副经理再次来联系租房时说："这次选新的办公地点，林总说了，'哪儿也不去，就回金隅大厦'。"探寻金隅物业引凤还巢的秘密，主要原因还是公司"以客户满意为关注焦点"的服务理念。

为了打造高品质的服务，金隅物业延续集团服务理念之精髓，不断提升服务意识和服务标准。为了强化管理，公司要求员工"立德、立信、立标"，制定了一套百余页、千余条的《金隅物业服务质量标准》，细化到垃圾桶里的纸屑不能超过 1/2 等。公司上下全面开展对标工作，认真践行"追求卓越、臻于至善"的企业承诺。

2009 年集团第一次工作会上，董事长蒋卫平强调要"持续提高不动产持有比例"。为贯彻讲话精神，金隅物业认真分析市场，研究发展规划，最终确定了"全面对标，创建一流品牌"的物业管理思路。在服务质量上，提出了"八个理念"，即客户观、是非观、需求观、纪律观、成功观、机会资源观、个人利益观与竞争观。树立了不能以"客户可以接受、可以理解"作为服务标准，而要以客户满意、甚至不断超越客户期望作为服务标准。"客户是衣食父母"，"客户永远是对的"，"不是客户需要我们的服务，而是需要能接受我们服务的客户"。对客户真正做到体贴入微，从为大厦的客户提供自入场装修、交费、办理电信业务、受理客户投诉、协助办理工商注册等"一站式"服务，到以一流的高效管理

环球贸易中心会议中心的标准化服务

为客户提供多层次、全方位的优质服务，再到日常的细节服务，如阴雨、扬尘天气主动为客户自行车座加罩、掸土；员工餐厅配发薄荷口香糖；为楼内客户提供免费健身场地设施、组织各种大赛等；为客户提供小推车、雨伞，帮助搬运大宗物品，使客户真正体验到一流服务的内涵，体会到"宾至如归"的感觉。

在腾达大厦，有一次一个会议客户提前到达了会场，在接待人员的安排下，他留心地观察会议的准备情况。桌布、座签、文件、铅笔无不整齐规范。坐下来，他惊奇地发现，现场水杯子的摆放竟如仪仗队一样，从最后一排沿着杯子把手看过去，一个个杯子整齐如一，从杯子把手中间竟可以看到主席台。这着实让这位经历过各种国际、国内会议场面的与会者惊叹不已！这是怎样做到的？

经过反复询问，他获准关注了公司制定的会议中心服务规范及标准。关于服务内容、时间、标准等都要详细规定。

比如，会议物品的摆放：

以杯碟位置确定茶具套位置，毛巾碟底边与话筒底边平行，距离话筒底座右侧4厘米（1木尺宽度）摆放

矿泉水：矿泉水紧贴毛巾碟右上侧边缘，中文商标为正面，正面朝向会议室中心

纸杯：摆放于矿泉水下方，印"BBMG"字样为正面，正面朝向会议室中心

……

糖碟：紧贴毛巾碟与纸杯摆放，扇面朝向会议桌下边缘处。内置3粒薄荷糖，商标正面向上

关于杯碟、茶杯、便笺、铅笔等也都一一描述。

其他项目也如是，金隅大厦、环球贸易中心都有专门的会议中心。为了保证会议服务的品质，在承接各种会议时，无论会议规格高与低、规模大与小，都会有客服代表与主办方进行充分、详尽的沟通，全面了

解主办方的需求，尽一切努力满足对方的要求，致力于为会议举办者提供一站式会议服务并想客户之所想，帮助客户解决困难，节省费用。会议中心还根据会议内容编制《工作通知单》，对涉及会议服务的相关部门提出明确的工作要求，包括根据季节变化设定会场的温度；调试麦克音量保证不产生啸叫；定置会场音箱位置，以期达到最佳音响效果；遇有会议，与施工客户提前协调，保证无施工噪音、无异味等的干扰；大型会议设一名专职保安值守；对疏散通道进行反复检查；参与迎宾接待服务人员站位；贵宾接待服务人员熟记领导用品，保证即时提供；主席台鲜插花的高度根据领导不同的坐姿设定等方面，形成正式书面通知发至每位参与服务人员手中。同时制定会议指挥，协调各项工作，并按规定时限检查落实。

工作的程序化、标准化使工作人员能在很短的时间内达到最佳的工作效果，确保了大厦的各项会议接待工作的圆满完成，得到了主办方和各级领导的肯定，赢得了良好的口碑，也赢得了市场。

2007 年 10 月，金隅集团将旗下金隅大厦、腾达大厦、环球贸易中心、嘉华大厦、锦湖园公寓等项目统一归由金隅物业公

坐落于国奥区域的环球贸易中心写字楼成为城市北部区域高品质写字楼的代表，吸引了多家世界 500 强企业入驻

司管理，改变了原来多个物业管理公司分散经营又不分家的体制，将"经营"与"服务"相对分离，建立起"金隅物业"和"金隅地产"两大业务板块，精心打造"一流的物业管理服务"和"一流专业的地产运营商"两个品牌。

2010年4月，集团进一步实施企业整合重组，将大成大厦、大成国际中心、建达大厦的经营业务划归地产经营公司统一经营。整合后，金隅大厦和大成大厦形成了金融街地区少有的近十万平方米规模的综合商务楼宇，市场竞争力进一步增强。

"金隅物业是对外展示集团形象的重要窗口，望继续强化管理，持之以恒抓细节，使之享誉京城。"这是金隅集团党委书记、董事长蒋卫平在2009年开展深入学习实践科学发展观活动中对金隅物业的评价与希望。打造国内乃至国际一流品牌，是金隅物业人的共同追求。

2009年，受国际金融危机影响，在整个市场出现租金普遍下调、客户大幅退租等不利形势下，金隅物业凭借积累的优质资源和高品质的服务，表现出了较强的抗风险能力，各项目不仅没有受到影响，而且实现了稳健经营。作为客户，国家环保总局曾经给腾达大厦发过一封感谢信，信中写道："感谢金隅物业的员工在我单位入驻期间尽职尽责，连续几天深夜全程协调跟随，让我们非常感动。金隅物业是我们遇到的最贴心、最细心、最有爱心的物业公司。"客户的肯定是对公司服务品质最好的鉴定。员工们真诚的态度、卓越的服务，引来了英特尔、喜达屋酒店、日本电通、理光等众多世界知名企业入驻。

2012年召开的北京市第十一次党代会提出：着力打造"北京服务"品牌。按照"优化一产、做强二产、做大三产"的方针，积极推进产业融合发展的实体经济。着力提高服务业发展水平，下力气培育"北京服务"品牌。搞好国家服务业综合改革试点区和现代服务业综合试点。提出，完善国有资产管理体制，深化国有企业改革，培育具有核心竞争力的大企业集团，发挥国有资本在提供公共产品和产业升级中的重要作用。……广泛吸引著名跨国公司、跨国金融机构、国际金融组织、大型国有企业、大型民营企业总部及其研发中心、营运中心、结算中心落户北京。

此时，金隅已经完成了旗下物业与地产产业布局，形成了在金融街地区的金隅大厦、大成大厦，中关村区域的腾达大厦、上地嘉华大厦，

位于环贸区域的五星级酒店——金隅喜来登酒店

亚奥地区环球贸易中心，CBD区域大成国际、锦湖公寓等一批有影响的物业管理项目。

其中，金隅大厦、腾达大厦、环球贸易中心、嘉华大厦均被评为"全国物业管理示范大厦"。

2010年，金隅大厦、腾达大厦、大成大厦获得"北京市五星级物业服务示范项目"称号；建达大厦、金隅山墅获得"北京市四星级物业服务示范项目"称号；2011年，腾达大厦荣获北京市首个绿色建筑运行标识；2012年环球贸易中心顺利通过LEED—EB金级认证。多年来，金隅物业相继荣获"中国物业行业金牌服务品牌企业"、"北京市十大金牌物业"等荣誉，金隅物业连续多年获评"首都文明单位"。

不仅在于大型商业地产投入，金隅还致力于打造国内乃至国际一流的物业服务品牌，金隅集团在北京建设中国特色的世界城市过程中，在北京建设和谐宜居的城市中，作为北京国企，金隅同样承担起重要的社会责任。

2009年，金隅对旗下承担大片普通住宅和经济适用房小区住宅的物业管理企业实施整合，由多家中小型物业公司整合为一级资质企业1家、二级资质企业1家，组建成金隅大成物业公司、金海燕物业公司。整合后，快速完成了新公司体制的建立，按照市场化、规范化、专业化的管理模式，制定了一整套严格的管理制度和操作规程，通过科学的管理和优质的服务，努力营造安全、文明、整洁、舒适、充满亲情的社区氛围，打造小区物业服务品牌。小区住宅物业企业在整合中实现稳步发展，公司管理的住宅小区物业和自管家属区面积达到800多万平方米。

2010 年，金隅大成物业管理的嘉业二期和美和园限价房项目取得"北京市物业服务示范（四星级）项目"称号，实现了集团老旧小区改造升级后第一个星级示范项目和北京市第一个两限房星级示范项目管理的新突破。经济适用房长安新城冷夏园和老旧小区润景阁，金海燕物业管理的半岛国际公寓，同样获得"北京市物业服务示范（四星级）项目"。金隅大成物业在 2011 年中国房地产与住宅产业交流大会上获得国家建设部"2011 年社会责任典范企业"荣誉称号。

金隅旗下小区物业逐步拥有了一批物业服务示范项目

2011 年 10 月 13 日《北京青年报》新闻栏目"24 小时直击"记者在金隅大成物业采访一天后，专题做了报道：

物业服务人员：琐碎辛苦的 24 小时

基层岗位：物业管理人员

出场人物：霍师傅、张大姐等

保安、保洁、上门维修、24 小时值班电话……这些可能是很多人对物业公司的印象。实际上，物业服务远不是这些表面上的工作，更重要的是要让业主的生活更加便利。日前，记者来到金隅大成物业润景阁分公司，和他们的工程部、客服部等部门的工作人员一起，体验了物业服务公司各个岗位琐碎而辛苦的一天。

6点30分

赶在业主出行前清理垃圾箱

清晨6点半，记者赶到位于五棵松附近的金隅润景阁小区，北京金隅大成物业管理有限公司润景阁物业分公司的保洁员霍师傅已经在清理住宅楼前的垃圾箱。

"要赶在业主出行之前，完成小区公共区域的清理，让业主一早出门时，看到一个干净、清爽的环境。"他铲垃圾的动作迅速、轻快，且铲和倒两个动作都刻意收了力量，"轻铲"、"轻倒"。"现在还早啊，尽量轻点，省得吵了还在睡觉的人。"他告诉记者，经理要求他们实行"影子"服务，不能影响业主的生活和出行。"所以，早上什么时间清理垃圾很有讲究，夏天就这个点儿，冬天要稍微晚点——这个点儿早起在园子里锻炼的人已经回家，出门上班的人还不多。"

7点30分

保安巡更一小时一趟

7点30分，在去往物业公司办公室的路上，手拿对讲机的保安正在小区巡逻，而隔一段路，他会走到路边看上去像是小路灯似的东西探手摸一下，再继续前行。

"我在打指纹，这是巡更器。指纹数据会上传到监控中心，证明这个时间段我在这里巡逻。"身穿深蓝色保安制服的小伙子说。原来，根据规定，在岗的保安每小时巡更一次，每个人的巡更记录都会通过指纹存储上传到监控中心。

8点整

有事先找客服中心

8点整，客户服务中心窗口内给业主办事的工作人员边说边熟练地操作着电脑。客服中心经理张大姐指着工作人员正在操作的系统介绍："金隅大成物业公司统一用了一个物业管理软件，实行'闭环'服务模式，润景阁也不例外。业主有什么事先找客服中心，客户服务中心是'第一道程序'，也是'最后一道程序'。客服中心接到业主报修、投诉等诉求后，第一时间录入计算机管理系统，并形成'派工单'或者'投诉单'等单子，直接通过系统下达给各个部门，各部门处理完后将'派工单'返回客服中心，我们进行回访，业主满意，一件事才算完成。"

9点26分

维修人员上门修电源

9点25分，工程部计算机系统接收到客服中心发来的"派工单"，26号楼1205室的业主报修电源。9点26分，工程部经理段志勇将打印的一式三份"北京金隅大成物业管理有限公司润景阁物业服务分公司派工单"交给了"电工师傅"赵木松。腰上一直挎着一套叫"5链"的电工工具的赵师傅，背起工具包，招呼一个同事拿上梯子，快步出门向26号楼出发。

从业主报修，到客户服务中心录入系统并下达给工程部，再到赵师傅拿到单子出门，仅3分钟。

9点35分，到达业主徐先生家门口。仔细询问徐先生后赵师傅得知，原来是早上家里的插座突然没电，电视没法看了。赵师傅和同事轻车熟路地打开电源箱，用接地摇表开始检查线路。

9点40分，赵师傅下了梯子，和徐先生一起试电视插座。打开电视，看到"歌华有线"几个字出现在屏幕上，徐先生高兴地说："嘿，有电了！"他转头对赵师傅说："可能您这样的专业人士觉得修一下挺简单的，但对每个家庭来说，这些小事会影响生活。所以，过日子还真离不开你们。"

14 点 35 分

"闲散人员"粉刷地下车库

14 点 35 分，工程部一直没有收到客服中心传来的"派工单"，除去几个去修剪干枯树枝、去小区广场上重铺地砖的工人外，赵师傅、张师傅等几个人看上去似乎没事了。工程部经理段志勇和客服中心知会了一声后，便带着这几个"闲散人员"去粉刷 27 号楼地下车库。

偌大的 27 号楼地下一层车库，四周墙壁已有一半都重新刷过白色涂料。过来查看地下车库粉刷工程进展情况的润景阁物业分公司经理王玉良说："都是工程部的人抽空干的。没有办法，为了节约成本。"

20 点 37 分

洗手池堵了打"值班电话"

17 点，客服中心下班，热线电话由工程部值班人员值守。17 点到 23 点，由"前夜"值班人员值守；23 点到第二天 8 点则换"后夜"值班人员值班。当天晚上，正好是工程部经理段志勇和张清伟值"前夜"。

20 点 37 分，26 号楼 1105 室的业主着急地打来了电话，原来因为洗手池下面的软管坏了，出现漏水，业主希望维修人员能带新管去赶紧换了。问清型号并告诉了业主软管价格后，张师傅赶紧出门。"'派工单'明天早上 8 点和客服中心交接的时候再补吧，先去把业主家的问题尽快解决是最重要的。"段志勇说。

余美英

进入"十二五"，金隅从企业发展的实情出发，制定了旗下休闲度假业整体发展战略，确立了以凤山温泉度假村为主体的管理体制，"统一运营、统一管理、统一决策、统一部署"，坚持实施"精细化"管理，全面提高整体管理水平，促进企业的持续健康发展。在持续改造硬件设施的同时，更加重视服务水平的提升，建立特色服务体系，从"一对一"式接待服务到"温馨的亲情式"服务，推广"服务营销"理念，使休闲度假业的服务内容不断创新，服务水平不断提高，形成了独具特色的金隅休闲品牌。

凤山温泉度假村别墅区

2008年，金隅凤山温泉度假村取得了蟒山森林公园50年的经营权，标志着金隅休闲度假业迈出"依蟒山公园森林资源构建北纬四十度旅游胜地"的战略步伐，资源优势将得到扩充。

未来几年，依靠金隅整体发展战略，凭借依山傍水优美自然的环境、健康养生的温泉资源，以及细致入微的优质服务，金隅休闲度假业不断发展壮大并日趋成熟。近年来，金隅凤山温泉度假村获得"5A级中国绿色饭店"、"金叶级绿色旅游饭店"、"中国严选十大温泉"、"中国十大温泉特色酒店"、"2010中国温泉行业品牌企业"等殊荣，成为了北京市最好的休闲度假场所之一，还连续几年成为中央及北京市政府采购定点单位，主要经济指标连续每年均保持两位数增长。金隅八达岭温泉度假村获得"影响2009—2010北京商业最佳行业影响力企业"、

"2010北京请您来过年最受喜爱的十大温泉"等荣誉。

1992年的凤山石灰石矿，现已改建为四星级的凤山温泉度假村

到2012年，金隅持有和管理的物业总规模已经达到1000万平方米，年主营业务收入达到19亿元。

走进北京，走进这座古老的城市，你不难发现，金隅地产是这个城市成长的缩影。

金隅房地产开发　打造责任地产　坚持品牌地产

金隅地产在与集团的共同发展中，走过了20多年的历程。刚刚过去的"十一五"，金隅房地产业历经挑战、历尽艰辛，获得了极不平凡的快速发展。金隅地产紧紧围绕"两个结构的调整"和"好水快流"的方针，提升项目运作水平，提高项目收益率，稳步实施项目储备，推进强化内部监管，进一步扩大金隅品牌影响力，保持了持续、健康、快速发展。

2011年，金隅房地产业面对复杂多变的经济环境和宏观调控政策影响，迎难而上，实现营业收入106.65亿元，同比增长4.26%，实现利润 16.54 亿元，同比增长 22%，实现了"十二五"良好开局。

金隅打造责任地产

战略布局初步形成　区域发展平台日趋巩固

按照"立足北京，重点发展区域中心城市"的指导思想，金隅房地产业积极布局市场资源，寻求更多的储备项目。公司继续加大北京地区的土地储备，稳固发展北京市场，北京地区新增土地储备规划面积约 278 万平方米。结合集团自身优势，金隅房地产加强了对外埠市场的研究，稳步实施"走出去"战略，外埠地区新增储备规划面积约 408 万平方米。已经形成京、津、内蒙古、重庆，以及杭州、成都等区域协同发展的战略布局。

早在 2006 年 12 月底，内蒙古金隅置地取得了规划总建筑面积约为 360 万平方米的"金隅时代城"项目的用地批件，2007 年 5 月取得其中 50 万平方米土地的开发权，同年 10 月正式开工。在金隅房地产业实施

"走出去"战略的发展历程中，具有里程碑式的意义。

2007年5月，金隅嘉业以12.41亿元竞得杭州经济开发区下沙沿江二号地块，为房地产板块增加地上规划建筑面积储备50.7万平方米。这是集团房地产板块实施"走出去"战略的又一重大突破，也是集团在长三角地区开发布局迈出的重要一步。2009年底，金隅嘉业公司摘得杭州下沙89、90两地块，地上规划总建筑面积约为18.93万平方米，进一步巩固了金隅房地产业在长三角地区的发展基础。

与内蒙古、长三角遥相呼应，2010年1月，金隅嘉业取得天津东丽区张贵庄二期土地的使用权，地上规划总建筑面积约29万平方米，金隅房地产板块借机挺进天津市场，为公司在整个环渤海区域的深度扩张建立了"桥头堡"。2010年8月，金隅嘉业又以底价取得唐山陶瓷厂项目开发权，公司在环渤海区域战略布局进一步巩固。

重庆是中国四大直辖市之一，是中央实施西部大开发战略的桥头堡和西部中心城市。金隅借势重庆未来发展的大好趋势，积极谋划进入重庆房地产开发市场。2010年3月，金隅大成以挂牌和收购的方式取得了重庆市南岸区黄桷垭项目和茶园项目共约110万平方米的国有建设用地使用权。金隅房地产借此强势进入中国西南市场。

2011年，金隅房地产企业利用政府加快保障房建设的时机，加快自有土地入市交易，以较低的竞争成本将自有工业用地转化成开发建设储备土地。累计取得单店两限房项目、西三旗危改项目北区剩余土地、燕山水泥厂两限房项目共计57.2万平方米土地的开发权。同时，按照"要把握好土地储备的时限结构和地区结构"的要求，紧紧抓住调控带来的发展机遇，择机吸纳市场上的优质土地，金隅大成公司成功取得成都双流县商品住宅项目和北京郭公庄项目，确保了房地产板块保有一定的高档商品房的规模与增量，为房地产板块"十二五"的可持续发展奠定了基础。

项目运作水平大幅提升　盈利能力快速提高

加强内控管理以适应内外部环境的变化，促使房地产板块核心竞争能力不断提升是板块内部重要工作之一。集团房地产板块本着"好水快流"的发展方针，致力于提高项目专业运作水平，加强内部管控和考核，以期大幅提高项目的盈利能力。

位于长三角杭州区域的金隅观澜时代

金隅房地产板块为进一步实现全面强化内控管理、提升整体运行效率、加快整体协同发展，制订了《项目台账建立及项目运营监督管理办法》，下发了《关于加强房地产开发项目运营监管工作的意见》，明确了项目运营计划及项目评价机制，强化了总部监督管控职能，加大了项目考核的力度。两年来，企业项目运营效率进一步提高，公司健全完善了自我约束、自我控制、自我监督的内部机制，实现了"好水快流"。

金隅天津张贵庄项目在短短 9 个月的时间里，完成了从编制项目运营计划书到开工建设，再到项目一期开盘销售，各项开发工作高速运转，大大地缩短了开发周期。

内蒙古金隅时代城和杭州观澜时代积极应对新政，深入挖掘机遇，突出项目优势，加快开工建设，整合销售资源。内蒙古呼和浩特市项目开工面积约 30 万平方米，2008 年 6 月开始销售，2011 年底基本售罄，合同签约额约 12.4 亿元，吸收资金约 11.8 亿元；杭州项目实现住宅全部开工，面积约 60 万平方米，2009 年 4 月开盘销售，截至 2011 年底已销售 22.4 万平方米，合同签约额约 28 亿元，吸收资金约 28 亿元；天津项目实现开工面积约 47 万平方米，2010 年 12 月开盘销售，截至 2011 年底销售 4 万平方米，合同签约额约 4.25 亿元，吸收资金约 3.85 亿元。

北京玲珑天地项目于 2009 年 5 月取得项目开发权，按照金隅房地产发展规划，9 个月内实现了开工建设。项目 2010 年 8 月开盘销售，2011 年底完成销售面积 6.18 万平方米，合同签约额 17.65 亿元，吸收资金 13.76 亿元。

适应发展升级管理手段

公司的快速发展，也促进了管理手段的快速升级。

2008 年，金隅嘉业公司开展了授权体系设计以及规范化的制度流程建设，同时也建立了项目运作规范的会议沟通模式。通过系统的规范化建设，使得公司管控体系做到"有责、有序、有效、高效"。

金隅大成公司结合本公司多年房地产项目开发的经验，将 ISO 9000 质量管理体系导入公司管理过程中，建立了一套规范化、专业化、程序化的房地产业务运作体系，形成了企业《住宅产品标准文件》，从而更有效地组织人力、物力、财力、信息等资源，最终提供出符合企业管理要求和客户期望的产品与服务。

成本管控不仅是对成本费用的控制，更重要的是对未来利润的规划，同时还是实现顾客满意度和盈利目标

金隅大成公司精品项目——大成郡

幸福之环——金隅嘉业建设的保障房项目——朝阳新城

的关键因素。近年来金隅房地产板块认真研究成本管控模式，现已形成了成本节点控制体系，明确了成本预算、估算、概算、结算的原则，各企业根据产品的不同定位，已经按照节点要求制定项目目标成本标准，规范目标成本调整程序，成本管控工作取得明显成效。

集团总部积极发挥喜来登酒店控制小组的作用，以成本的目标管理为导向，管控前移，加强事前、事中控制，通过总部部门和企业共同审议的定期例会形式，对项目的招标、合同的签订、洽商和竣工决算进行审议复核，进一步加强了集团对重点项目的成本管理。

金隅置业公司创新工作思路，强化内部管理，在保障房项目开发建设方面积累了经验。企业以"提进度、抓安全、保质量、降成本、增效益"为原则，不断强化成本管控的基础管理和成本控制工作，较好地完成了项目开发收益目标。

打造精品项目　提升金隅品牌影响力

金隅房地产无论是在房地产开发行业还是装修行业，都致力于打造高端、高品质产品，从而扩大了品牌影响力，提高了品牌美誉度。

金隅凤麟洲、金隅山墅、大成郡、金隅观澜时代、金隅大成时代中心、金隅翡丽等项目，从社区环境的先期打造到后期物业公司的选聘，从产品核心价值的挖掘到多角度、多层次的项目推广，无不体现高端品质，项目潜力和土地增值空间得到充分挖掘，实现了项目品质高端化和开发效益最大化。高端项目的运作标志着房地产板块在高端产品领域实现了突破，有力地提升了产品档次，完善了产品线，显示了集团房地产板块中高档住宅的综合开发能力，"金隅品质，精质生活"得到了社会和客户的初步认同。

金隅北京装饰工程公司在认真分析了全国装饰市场发展趋势后，加快北京装饰工程公司"二次创业"的发展步伐，提出把"北装"做大、做强、做精、做长的发展战略，经过公司全体员工的共同努力实现了一年一个台阶的快速增长。"北装"连续实施了人民大会堂装修工程、金融街 B7 大厦北京银行装修工程、中国原子能工业公司办公楼装饰工程、北京首都国际机场扩建工程 T3 航站楼等一批精品、重点工程。2007 年，由"北装"施工的金融街 B7 大厦北京银行装修工程获得了我国建筑工程质量最高荣誉奖——鲁班奖。

凸显自身优势　承担社会责任

金隅集团作为北京市国有大型房地产开发企业，响应政府号召，积极参与政策性住房，即廉租房、经济适用房、公租房、限价房的开发建设。开发保障性住房是金隅"立企为公，强企为民"理念在开发建设中的具体体现，是金隅集团积极承担社会责任的体现。

自 1998 年 12 月 4 日，建东苑列入北京市第一批经济适用住房建设项目，金隅相继开发建设了建东苑、建欣苑、双惠西区、晋元庄、朝阳新城、金隅丽景园、金隅滨和园等 7 个经济适用住房项目，以及金隅美和园、金隅康惠园、金隅嘉和园、金隅锦和园、金隅景和园、金隅通和园、金隅悦和园、金隅滨和园、金隅泰和园、金隅瑞和园共 10 个两限房项目，西砂、寨口 2 个定向安置房项目，并在金隅景和园、金隅康惠园、金隅丽景园、金隅美和园 4 个项目中配建了廉租住房，在北京金隅观澜时代项目中配建了公租房。金隅集团已成为北京市开发保障性住房最早、项目最多、体系最全的开发企业。到 2012 年，金隅保障性住房项目累计开发总规模近 500 万平方米，已交用的保障性住房面积约 288 万平方米，为近 6 万多户北京市中低收入家庭提供了舒适的生活居所，为建设"首善之区"做出了贡献。

"不快则退"

中国房地产业经过近几年的高速发展，目前正处在结构性转变的关键时期。一些大的房地产企业的综合实力正在加速增强，行业集中度加速提高，又随着政府地产调控政策实施，必然挤压一部分地产企业发展。集团房地产板块发展将面临更加激烈的竞争格局，"不快则退"已是房地产板块未来发展的必然趋势。是挑战，也是机会。

未来的金隅房地产业将以集团的整体发展规划为指导，积极落实房地产板块"两个结构的调整"，建立和完善区域发展平台，完成房地产板块的阶段性布局，到 2015 年，实现年营业收入 200 亿元以上，年实现利润达到 25 亿元以上，并将"金隅地产"打造成为全国知名的房地产品牌。

未来的金隅房地产业将依托集团整体发展优势，整合各种资源，以利润为核心，兼顾规模和速度，"做强、做大"，通过多种形式取得项目开发权，实现规划发展目标。

未来的金隅房地产业将强势助推金隅嘉业、金隅大成、金隅程远成为大型综合性房地产开发企业，坚定不移地提升其开发规模、可持续发展能力和经济效益。

未来的金隅房地产业将以中高档商品住宅开发为主导，不断加大中高档商品住宅的开发力度，坚定不移地提升各房地产开发企业的盈利能力和开发规模。产业链的协同向更高层次迈进，不动产及旅游度假板块协同发展，提升房地产综合项目的开发能力。适度开发政策性用房，稳

由金隅嘉业、万科北京等发起成立的北京市住宅产业化企业联盟对未来的房地产业将产生深远影响

定企业现金流，增强企业抗风险能力。建立金隅房地产各类型产品的建设标准，突出项目品质竞争优势。

　　未来的金隅房地产业将优化土地储备时限结构和地域结构，实现2011年—2015年规划期内的发展战略布局：坚定地立足北京市场，全力提高北京市场占有率，年新开工规模确保100万平方米以上。重点巩固已进入的城市，充分发挥已建立的天津、重庆、杭州、成都和青岛公司的作用，根据区域市场情况积极稳步推进，成为各自区域内的领先房地产企业。重点布局以上海为中心的长三角区域，充分利用长三角区域的有利条件，做强做大房地产板块。在条件成熟时把握时机进入如沈阳、西安、武汉等区域经济中心城市，加强区域辐射。

金隅制造　有影响力的家居品牌

　　翻开北京家居市场的"品牌榜"，消费者往往对一些产品如数家珍，这里面就有响当当的天坛家具、长城家具、龙顺成中式硬木家具、北木木门、星牌矿棉吸声板、TOTO卫浴、科勒厨卫、森德散热器、爱乐屋门窗等。但大多数的消费者或许并不知道这些名优建材产品的制造商，不知道它们与"金隅"的关系。2007年，为强化对"金隅"品牌及其无形资产的共享和传递，整合金隅旗下庞大的品牌家族，搭建新的营销平台，金隅家居诞生了，这一旨在打造家居典范品牌的概念正式提出。2009年，作为"金隅家居"品牌迈向实体化经营的第一步——金隅家居体验馆在广安门盛大开业，作为当时建材市场"一站式体验"模式的创新者与引领者，金隅家居体验馆的开业曾经被誉为"影响北京家居30年巨变"十大事件之一。

　　金隅建材制造业拥有一批响当当的制造业品牌和营销渠道，建材经贸大厦是北京市最高品质的家居销售展示中心

"住" 在北京

在此背景之下，为进一步加快集团商贸物流资源整合，2010年4月，金隅集团决定，以北京建筑材料经贸有限责任公司为基础，将北京建筑材料销售中心、实业公司并入建材经贸，组建北京金隅家居有限公司。2010年5月，金隅对集团内商贸物流企业资源进行了第二次整合，将北京金隅物流有限公司、北京市建筑材料进出口有限公司、北京世纪京中源陶瓷配套有限公司、北京"北陶"圣洁贸易有限公司、内蒙古京中源陶瓷配套有限公司、上海三明建材有限公司、北京市中油蓝天燃油销售有限公司7家企业进行整合重组。2010年7月，作为金隅家居品牌运营建设的载体——北京金隅商贸有限公司应运而生。

金隅家居 TOTO 展厅

面对一年两次不同领域、不同行业、不同文化背景的企业重组整合，金隅商贸公司集中精力，在短时间内高标准地完成了对整合路径、机构设置、人事安排、资产置入置出、公司市场定位、发展方向、发展目标和实现途径等重大问题的研究部署，逐步形成了金隅商贸未来的战略发展定位和经营发展定位。

公司发展战略定位：要紧密依托集团核心产业链，通过经营模式、管理模式、发展模式的转变，把金隅商贸打造成具有覆盖全国销售网络、品牌产品和市场核心竞争力，国内外经营一体化的大宗物资，大型建材批发商、经销商、代理商，在"十二五"规划末年，实现"百亿商贸"目标。

公司经营发展定位：即一个企业品牌——金隅家居；两个产品系统——集团家居建材产品和国内外名优建材产品；三个服务平台——渠道销售平台、网络营销平台、物流配送平台；四个主营业务——建材贸易经营、物流仓储配送、建材卖场经营、装饰设计施工。

围绕着"金隅家居"品牌的建设，金隅商贸公司制定了明确的发展思路和发展举措，开启了商贸发展的"新征程"。

翻开公司近两年的经营工作备忘录，人们不难看出金隅商贸公司在集成集团产业链、搭建集团产品代理制营销平台方面进行的有益尝试和积极探索：2012年，在金隅涂料公司的配合下，金隅商贸公司成功启动涂料销售业务，累计签约全国各地分销商15家；新型建材事业部利用现有渠道，拓展销售爱乐屋门窗、北木木门、森德散热器等集团产品；上海金隅三明公司依托集团庞大的资源优势和品牌优势，积极拓展集团产品销售，分别与爱乐屋公司和天坛家具公司开展了门窗和家具的代理销售业务，成绩显著，并逐步形成了具有自身特色的"三明模式"；物流事业部充分发挥整合功效，创新经营，借力发展，成功带动了森德散热器、星牌优时吉矿棉板、天坛木作、西六青砖等集团产品销售，并有力促成了金隅涂料与住总集团的战略合作；金隅装饰公司通过引进国外同行的先进理念和技术，不断完善住宅精装修专业技术，已逐步形成差别于业内其他企业的专业化竞争优势与能力，并以此为依托，通过住宅精装一体化等途径，实现集团自有建材产品的"集成"采购、配套销售；进出口公司继续加大出口集团产品的力度，进一步提升了集团产品和"金隅"品牌的国际影响力。

未来的金隅商贸将围绕金隅"住"这一核心产业，"打造集团新型建材制造业展示窗口和营销平台"，对接金隅产业链，助力金隅整体战略的稳步推进。

物流 新兴产业推动"百亿商贸"

根据金隅集团中期发展规划要求，金隅商贸公司确定了发挥纵向一体化优势，实现横向一体化战略的总布局。到"十二五"规划末年，金隅商贸公司将实现营业收入100亿元以上。对比"十一五"末增长6倍多。"百亿商贸"的目标既为公司发展指明了方向，同时也对如何实现目标，推动公司发展提出了挑战。

2012年，金隅将建设金隅国际物流园、组建中日合资金隅装饰公司、组建上海金隅物产有限公司3个重点项目。

金隅国际物流园项目的目标是建设以建材（陶瓷）展示交易、分拨配送为核心，集"展示、交易、仓储、信息、配套、电子商务"等服务于一体，面向北京、辐射华北的大型集约化、专业化、北京地区最大的专业现代商贸物流基地。此项目具有较强的核心竞争力，项目全部建设完成后，可实现年营业收入30亿元以上，可加速金隅商贸实现"百亿商贸"规划，有利于推进商贸大宗物资贸易和物流产业发展，形成商贸新的增长点和核心竞争力。

组建中日合资金隅装饰公司是实现金隅"精装修一体化"重点项目中的重要环节，预测到2015年完成设计施工80万平方米—100万平方米，产值达到10亿元。通过与日方合资，引进日本先进的住宅精装修理念以及在国内尚属空白的室内设计、部品集成、施工管理、售后服务体系等信息化管理软件系统，逐步形成金隅装饰在国内"住宅精装一体化技术"独特的核心竞争优势。

组建上海金隅物产有限公司项目是北京金隅集团（股份）和中崇集团双方合作的重点项目，并由北京金隅集团（股份）授权金隅商贸对项目进行筹建和经营。作为集团商贸物流产业的核心企业，落实集团"十二五"规划，加快进军世界500强，金隅商贸公司肩负着重要的历史使命，尤其要在企业经营规模上做出较大贡献。本项目具有贸易体量大、发展空间广、资金周转率高、运营成本低等特点。项目利用中崇集团现有的渠道优势，将部分成熟业务直接置入合资公司，可快速壮大业务规模，迅速提升商贸物流产业快速发展，并有力助推"百亿商贸"目标实现。

历久弥新的天坛家具

2006年10月，正是天坛家具创建50周年的日子。这一年，天坛人没有为50华诞而张灯结彩，欢声笑语，而是紧锣密鼓地实施着工厂史上最大规模的搬迁，将原有的北四环厂区、西四环五棵松厂区和顺义厂区搬迁到西三旗工业基地。从集团整体发展的高度出发，将一部分优势的土地资源用于发展与北京城市功能定位趋同的不动产业，将制造业扩展到城市周边更利于整合和利用资源的开发区，这是金隅制造业规划建设的成功模式。在整体的搬迁改造过程中，加快实现了制造业的整合和升级，促进生产资料和生产资源的调整重组，促进技术设备的更新换代，促进经营方式的尽快转变。

驰名国内的天坛家具当年由北京市北郊木材厂生产，公司现已更名为北京金隅天坛家具有限公司。对于许多老客户来说，"天坛"品牌是几代人的情感记忆

然而，怀着对发展的渴望，对未来的信心，天坛人克服了在搬迁过程中难以想象的困难。为了不延误已经签订合同的客户的产品交货期，有的分厂白天生产，夜里搬家，有的产品部件刚刚从木工工序转移到油工工序，分厂就立即组织木工班组进行设备拆卸搬迁。

搬迁对于许多职工来说，加大了他们的工作成本。原本举步就可以到达的工作厂区，现在来回却要奔波三四个小时，在短时间内接受这一改变的确有一定难度。为了让每一名职工理解企业搬迁工作，服从企业搬迁工作安排，公司各级领导班子从大处着眼、小处入手，深入细致地做好职工思想政治工作。公司在搬迁工作中不回避问题，将职工群众变更工作场所和工作岗位所遇到的困难提前加以考虑，先后出台相关规定，根据具体情况对变更工作地点职工分别给予了交通补助和租房补助。

企业投之以桃，职工报之以李。不仅整个搬迁工作井井有条、安全迅速，而且还将搬迁带来的损失降低到最低点，全面完成了当年各项经济指标和重点工作任务。而最让天坛人骄傲和自豪的是，就在这一年，在这个现代化工厂以崭新的姿态亮相西三旗的同时，中国家具界的第一个"中国名牌"在天坛家具光荣诞生了。

新天坛 金品质

西安未央新城位于西安市的北部，一座既传承古都风貌又充满现代气息的新城。此次新城建设项目中配套办公家具项目共涉及几十栋楼几千个房间几万件产品。公司国内业务部支红军小组跟踪未央新城建设项目已近一年时间。2010 年 4 月 13 日，未央新城建设办公家具采购招标大会召开，天坛公司凭借样品制作成绩第一名，标书制作满分的雄厚实力一举中标了最大标段，合同金额 2610 万元（每家供应商只能中一标)，这是天坛公司参加政府投标以来所竞得金额最大的单笔合同。

因投标样品为暗标，也就是在摆展中不能贴上任何关于生产厂家的信息、标识。评委在评比过程中不知道是哪家的产品，目的就是选出最优的一家。因此，只有与众不同，优中选优，才能取胜。于是，在样品的选择上，公司国内业务部部长李栓柱精心组织大家对每一个款式都逐一研究落实，督促每一个工艺都做到精益求精，要求样品细致到用手摸到任何部位都不能有毛刺。在众多的样品摆放中，天坛的样品无论从款式还是做工，都显得格外醒目。评委现场评审时，对家具逐一细致评选，当他们打开沙发察看其内部结构时，唯有天坛的沙发外部皮革彰显档次，缝纫均匀平整，内部填充物干净整洁，木料四面净光。一位甲方使用人员试坐时，满意地拍着沙发说：就订它了！

天坛公司长城座椅"落座"上海世博中心

在此次的样品评比中天坛一举拿下了 99 分的好成绩，这在历来样品的评审中是绝无仅有的！标书制作人员杜娇娇一丝不苟，细致入微，32本标书每本近 400 页不厌其烦地重复检查，做到每一页、每一个字都不能出错。最终，标书评比得到了满分的好成绩。天坛家具的完美品质在西安展现得淋漓尽致！

从 20 世纪 70 年代风靡一时的电镀折叠桌椅，到今天典雅时尚的实木家具、软体家具、板式家具、金属家具，天坛家具之所以历久弥新，成为京城百姓在老字号品牌方面难以割舍的一个情结，这一切来自天坛人对完美品质矢志不移的追求，来自于对先进技术的兼收并蓄，来自于对传统优势持之以恒的坚守。

　　面对竞争激烈的家具市场，始终视质量为企业生命的天坛人，审时度势，发挥国企、名企优势，率先垂范，严以律天下，在国内同行业中最早提出并实施质量无缺陷目标管理，提出以产品质量无缺陷促进工作质量无缺陷，以工作质量无缺陷来保证产品质量无缺陷。天坛建立了严格的质量保证体系和监督管理体系，加强了对生产全过程的管理，从原材料采购、生产加工、性能监测、产品包装等各个环节入手，确保产品质量。同时成立了班组级、分厂级、公司级、配套服务级，4级、70余人的检验队伍，将各类质量隐患最大可能地消灭在萌芽状态。

　　天坛家具以前的生产工序是从原木制材开始的，而现在则通过订制、采购等方式获得各种规格的部件料，既提高了材料的利用率，又节省了成本。而天坛家具要做的，就是掌控核心技术和关键部位。比如天坛家具的表面涂饰就很特别，对于油漆的选用近乎苛刻：实木家具用的是意大利进口的聚氨酯和无溶剂光固化漆，整个涂饰过程通过当今世界上最先进的电脑程控油漆线一次性完成，喷涂油漆后的工件经过预固化灯、强紫外线灯、热风烘干等工序进行强制干燥和吸附，产品环保性能得到充分保证；天坛床垫的生产，除常规的加工工序以外，还要通过紫外线照射装置进行特别处理，将床垫中偶存的微生物全部去除干净。天坛家具将核心技术牢牢控制在手中，在保证产量提高的同时，质量也随之提高。

　　桃之夭夭，灼灼其华。天坛家具在枝繁叶茂苗壮成长的同时，也结出了丰硕的果实：天坛家具商标于1999年被认定为中国家具业第一个"中国驰名商标"；于2005年在行业内率先通过了"十环认证"，对产品的环保特性做出了严格的保障。2006年，天坛家具作为首批家具业代表荣获了"中国名牌"称号；2007年，天坛家具再接再励，进行多项技术革新和节能减排改造，通过了清洁生产审核，实现了企业的清洁、高效、可持续发展。2008年，天坛家具荣获了全国总工会颁发的"全国五一劳动奖状"；2009年，天坛家具被中央文明委第二次授予"全国文明单位"殊荣，这是精神文明建设工作全国最高奖项；2009年天坛家具获得了 FSC 认证，为森林可持续采伐做出了自己的贡献。天坛家具成为了行业内为数不多的集三项权威环保、低碳认证于一体的优秀品牌。

引领时尚　天坛家居

对于上了年纪的老北京人来说，天坛家具是一个不折不扣的老牌子，代表了那个年代的人对于家具的理解和认知，那就是天坛实木家具结实耐用。然而，新的时代里，年轻人是消费的主力，家具也步入了品位时代，天坛家具这样的品牌更是引领潮流，做到牌子老，式样不老。

天坛公司新研发的实木家具，延续了天坛一贯的品质，并实现了环保工艺

天坛家具产品更新速度之快源于从管理者到生产者在观念上得到了"洗脑"。比如，沙发是拿来供人们坐的，但现在很多家庭摆放的沙发首先是要耐看，放在那儿是个装饰品，使用功能必须和装饰功能、文化功能相结合，通过产品的内涵来激发人们的购买欲望。天坛家具领导层观念的更新带动了设计、加工各个环节人员的创新意识，在每一款新产品中都追求细节，融入了设计理念。而天坛家具从德国、意大利、瑞士等地进口的 20 多条现代化生产线，足以迅速地将最新设计转化成市场产品。

2012 年，在安贞桥边扎根达数十年之久的天坛家具旗舰店以金隅天坛家居体验馆的面貌重装亮相，天坛家具已是面貌一新。1.6 万平方米的展厅里展示出大批紧跟国际流行时尚的新产品，不仅陈列着天坛家具的实木、板式、金属家具和软体沙发四大系列产品，而且还有木门、橱柜产品以及各种家具的配饰。无论是天坛最引以为豪的实木家具，还是深受消费者喜爱的软体家具、板式家具、金属家具，都变得精巧、别致，从线条的运用到色彩的搭配、从棱角的处理到装饰的点缀，无不洋溢着时尚气息。

"过去，我们是'天坛家具'，现在我们应该叫'天坛家居'了。我们不仅卖产品，还'卖系统'。"天坛股份公司经理杨金才一语道出这个拥有50多年历史的家具老字号的深刻变化。

近几年来，天坛家具在美式、欧式、中式古典、

天坛公司"龙顺成"京作红木家具具有140多年的制造历史，具有文物修复等的专业资质，同时具有一批"非物质文化遗产"传承人

板式家具、沙发等产品上年年出新，仅新品一年就能推出几千款。面对林林总总的产品，消费者可能挑花了眼。天坛家具的做法是：按照产品的类别和消费人群的不同，整合成一个个独立的销售单元，让顾客不是面对一个个单一的产品，而是一套完整的系统。

追随着金隅的快速发展，拥有50多年品牌历史的天坛家具，正焕发出新的光彩。

2010年上半年，又是天坛家具发展史上浓墨重彩的一页。金隅为加大同业资源的整合深度和力度，发挥产业规模优势，提升产业整体市场竞争力，特决定将北京市龙顺成中式家具厂划归天坛股份作为其子公司，将北京长城家具装饰材料有限公司、北京奇耐特长城座椅有限公司由天坛股份公司控股，天坛股份全面负责龙顺成和长城家具的经营管理。

　　"龙顺成"是享誉京城的百年老字号，是"京作"家具的代表，是同行业中的龙头企业，148 年的悠久历史传承下来的人才、设计、工艺、技术优势是龙顺成品牌的无形资产。

　　同样，拥有 50 年发展历史的长城家具也是集团内大型综合性家具设计制造企业，其"长城牌"家具以其做工精细、豪华大方、质量上乘的设计驰名中外，在排椅行业具有较高的知名度，曾为中国历史博物馆、中国军事博物馆、国家大剧院、上海世博馆等城市标志建筑配备过家具产品，并赢得良好声誉。

　　"龙顺成"、"长城家具"强强加盟"天坛"品牌，在许多方面实现了资源共享，整合后的天坛股份，将会拥有更大的客户群，拥有更多的业务类型，更完善的产业链条，从而使金隅家具产业规模优势更加凸显，整体市场竞争力势必会大大增强！

　　天坛公司承办了北京市第二届职工职业技能大赛家具手工木工比赛，并囊括了比赛冠亚军。这是作为"龙顺成"硬木家具"非物质文化遗产"的国家级传承人钟桂友（右）指导比赛

金隅人的绿色梦想

随着北京市公安局局长的一声令下，价值近 4 亿元的海洛因、冰毒、摇头丸、鸦片等 393.5 千克毒品被陆续投入回转窑内付之一炬。这是北京市禁毒委自 2005 年后第三次在金隅集团北京水泥厂进行毒品集中销毁。毒品销毁与水泥生产，这看似不太关联的两种行为，却让北京水泥厂与金隅集团在发展循环经济的战略指引下，迎来了新的发展机遇。

北京水泥厂、金隅红树林配合北京市公安局处置毒品

从清洁化生产到循环发展

传统水泥产业属于"双高一资"企业，即高污染、高能耗、高资源消耗型产业。北京地区石灰石等矿产资源相对匮乏，在北京搞水泥生产先天条件就不足。1992 年，北京水泥厂经过了千辛万苦，在反复了 10 余年之后才批准上马，并且成为我国第一家先进行环保评估再上马的水泥项目，再加上北京水泥厂地处十三陵风景区附近，属于北京城区

环保产业推动金隅水泥产业升级。地处北京上风上水的北京水泥厂奥运会期间坚持生产，并成为奥运会突发环境事件应急救援单位

　　在成功推进清洁化生产的同时，金隅人意识到，从长远发展的角度来看，单纯依靠水泥生产，企业未来发展的道路只能越走越窄，必须创新发展，闯出一条生存之路。北京水泥厂最大的财富是水泥窑，除了生产水泥外，能否借鉴国外的经验，用水泥窑消化工业废料生产水泥？当时，这项环保技术已被国际公认为处置工业废弃物的有效方法。当焚烧温度达到1700摄氏度时，废料中的有机物都会被彻底焚毁；而废料中残存的铁、铝等能够作为水泥原料的矿物质得以保留。在北京每年都会产生数十万吨的工业废弃物，北京水泥厂正是看好了这一市场前景，引进国外技术装备，并对国产装备进行改造，投资1.5亿元，形成了年处理废弃物10万吨的处置能力。既减少了自然资源的开采和能源消耗，又为净化城市环境做出贡献。实践中，北京水泥厂又提出"通过不断的技术研发，最大限度地实现各类废弃物的资源化再利用"这个循环发展理念，确立了"不影响职工身体健康、不影响周边环境、不影响产品质量"的处置废弃物工作方针，并在国内最早进入了废弃物产业

化处置领域。

2006年，在北京水泥厂建成了全国首条处置城市工业废弃物环保示范线，可实现煤粉、工业废液、飞灰、替代燃料的同时燃烧，年可处置和综合利用工业废弃物能力达10万吨，《国家危险废弃物名录》中所列49类中的34类都能够在北京水泥厂得到安全处置，实现了北京市工业废弃物输送、预处理、焚烧处置的自动化、均匀化和无害化。金隅红树林公司这个专门从事固体废弃物和污染土处置的专业化公司也是在这个循环经济的背景下产生的，企业已经成为国内首个，也是目前综合处理能力最强的危险废弃物处置基地。

2006年，国家发改委等六部委确定了全国第一批循环经济试点单位，北京水泥厂名列其中。

污染土的处置

我国曾经是POPs化学品的生产和使用大国，这类化学农药在杀死及驱除散布疟疾的蚊虫方面十分有效，曾经造福人类，喷洒于农作物使人类在抵御病虫害中获取丰厚的利润。但后来随着科技的发展，人们发现，它在杀死害虫的同时，也对人类健康造成危害。并且能持久存在于环境中，通过生物、食物链累积，对人类健康及环境造成有害影响。2000年代后，国际社会开始禁止此类农药的生产和使用。

河北省邢台农药厂仍然存放着650吨

红树林公司致力于城市工业废弃物的无害化处置和废物资源的综合化利用，并承担城市危险物品和环境污染的紧急救援

属于POPS类的废弃DDT农药，严重威胁着周围的环境安全和居民健康。国家环保部高度重视此事，于2011年4月面向全国公开招标。金隅红树林公司所属河北红树林公司随即成立项目组，开展前期准备工作，并多次到现场进行实地勘察、取样、测量，深入了解废物储存情况，多次修订标书细节，力求全盘考虑，细致谋划。6月13日，河北红树林公司最终凭借技术管理优势、完善的实施方案、严格的过程管控，获得了国家环保部门的肯定，成功中标。

历经80天的奋战，2011年11月28日，河北红树林公司完成项目实施全部工作内容，共处置636.27吨POPS废弃污染物，圆满完成了POPS危险废弃物项目的处置工作。同时，对废物周边及地下土壤进行取样分析检测，送相关资质单位检测DDT等目标污染物，各项指标完全达标。

成立于1999年的金隅红树林公司，是北京市最大的工业危险废弃物专业处置单位，国内首家利用水泥窑开展工业废弃物处置的环保型企业。公司以"城市环境治理整体解决方案服务提供商"为战略目标，致力于城市工业废弃物无害化处置、废弃物资源化综合利用、生活污泥

金隅生态岛焚烧系统

处置、生活垃圾处置、污染土处置等城市环境治理工作。公司拥有全国唯一的处置城市工业废弃物环保示范线，可完成来自工业企业、大专院校、科研院所的 30 大类危险废物的处置任务，年处置能力 10 万吨。公司主导设计的国内首条利用水泥窑余热干化及最终处置生活污泥工艺线，年处置污泥能力为 17 万吨，占北京市生活污泥产生量的 25%。截至 2011 年底，红树林公司服务客户已超过 3000 家，累计处置工业危险废弃物近 32 万吨，处置污染土超过 50 万吨，为北京的城市环境治理做出了较大贡献。

10 多年来，金隅红树林公司秉承"简单、专注、勤奋"的工作作风，以"政府帮手、城市管家、工厂保姆"为企业使命，致力于成为国内领先的"工业废弃物处理专家"和"土壤修复专家"，倾力打造金隅制造业绿色经济产业模式，引领企业创新发展。

2008 年，金隅生态岛承建的北京市危险废物处置中心竣工，标志着金隅集团环保产业进入了新领域。2010 年年底，金隅生态岛获得了环保部颁发的危险废物经营许可证，使金隅环保产业又迈出新的一步。

废物预处理成套技术和污染土壤无害化修复技术

固体废物成分复杂，危险废物热值和稳定性差异较大，废物相互之间可能发生化学反应，若处置不当，会发热、爆炸、产生有毒气体等。废弃物中含有卤族元素和碱性物质，处理不当会对水泥窑运行及熟料产质量产生一定的影响。因此，对废物进行安全、科学、合理的预处理是水泥窑处置废弃物实现无害化、资源化、规模化，并最终实现产业化的关键所在。

金隅基于我国当前的废弃物产生现状，几年来一直把废物预处理技术研发作为技术攻关的重点，目前已经研发出一整套针对不同废物的预处理技术方案，并以此设计了预处理中心，为废物安全无害化处置提供了保障。公司在河北廊坊建设的专业预处理中心已正式投入运营；北京生态岛预处理中心和石家庄赞皇预处理中心正在筹划之中。

预处理中心通过对废弃物进行检测分析，将废物的不确定性变成确定性，并根据组成和物理化学性质进行综合利用，比如制备成替代燃料或加工提纯成产品。对于难于提纯利用的，通过一系列预处理工艺达到匀质、相对稳定、便于输送的状态。经过预处理后的废弃物具有明确的化学组成，具有相对稳定的性质，大大降低了储存和处置过程中的风险，更加有利于水泥窑处置，最大限度地实现原燃材料替代。

随着城市化进程的加快与经济结构的调整，大量工厂外迁后的场地被用于土地开发，而这些土地的污染逐步受到政府和公众的关注和重视，从而造就了规模超万亿的污染土修复市场。

金隅从2004年开始开展污染土修复与处置技术的研究及应用，已完全具备处理含重金属、油类物质、挥发性有机物等污染物的能力，累计完成污染土处置80万吨。并以快速的市场响应、科学的方案制订、安全的工艺流程得到北京市环保局、北京市国土资源局及众多客户的认可，获得了环保部颁发的"环保公益事业合作伙伴"称号。

金隅建设的国家环境保护污染土壤修复工程技术中心，现拥有水泥

金隅污水厂污泥处置中心建成投产，该生产线可利用水泥窑协同处置含有重金属、油类物质、挥发性有机物污染的土壤

窑协同处置污染土壤、低温热解析修复挥发性有机物污染土壤两项污染土处置技术。土壤修复工程技术中心拥有先进的仪器设备，可以对污染场地进行检测和评价，中心的建设完成将进一步提升金隅环保污染土处置能力和品牌形象。水泥窑协同处置技术能够处理含重金属、油类物质、挥发性有机物等污染物的土壤，且不受土壤本身的物理化学性质限制，具有适用范围广、不会对环境造成二次污染、处置过程全封闭、便于环保部门监测和验收的特点。低温热解析技术主要针对挥发性有机污染土壤，具有修复速度快、处置量大的特点。除此以外，金隅正在进行物理化学清洗技术和生物化学修复技术研究。

"八五"期间起步的绿色工程

与北京水泥厂遥相呼应，有着70多年历史的琉璃河水泥公司也在逐步实现水泥生产向城市功能型转型，做"政府的好帮手、城市的净化器"。2009年9月22日与北京市科委鉴定的飞灰水洗处置中试线项目，是北京市科委重点攻关研发的"生活垃圾焚烧飞灰制备水泥项目"的核心环节。飞灰水洗处置技术填补了国内在飞灰处置领域的空白，获北京市建材协会科技进步奖一等奖。它的成功运行，标志着我国在处置垃圾焚烧飞灰技术方面达到了国际领先水平。琉璃河水泥公司利用

"琉水"新中国成立初期的生产旧貌

水泥窑内 1700 摄氏度的高温融化飞灰中的重金属，将飞灰中的二噁英等有害物质分解为水和二氧化碳，让二噁英无处藏身。即将投产的飞灰水洗处置工业化生产线将成为国内飞灰处置的示范样板。

其实，早在 20 世纪 90 年代，琉璃河水泥厂一期技改工程的辅助工程——余热发电项目，就已经是国家"八五"重点攻关项目。项目利用熟料窑排出的余热，进行余热发电技术节能改造。这项技术利用先进的设计理念，最优化地收集水泥窑窑头、窑尾废气余热，在保证水泥窑产质量不降低、熟料热耗不增加的基础上，实现了对低温烟气的高效回收和高效率的能量转换，吨熟料发电 50 千瓦时以上，创行业之最。可代替 12 台冬季取暖锅炉，为公司生产区、生活区以及附近住宅供暖，大大减少了煤耗，是国家推广的节能项目。该余热发电工程 1995 年 12 月 5 日并网发电成功。

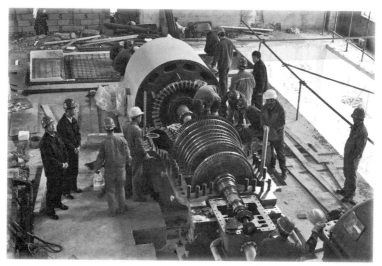

余热发电技术在金隅水泥企业得到广泛推广应用

琉璃河水泥厂这一自主研发的创新型低温余热发电技术处于国际领先水平，获得实用新型专利和国家发明专利，并获得国家政府奖——"中国专利优秀奖"，获得北京市科学技术奖三等奖。这一技术已经在国内多家水泥企业得到推广普及。琉璃河水泥厂两台创新型低温余热发电机组每年余热发电量相当于节约 3.2 万吨标准煤，等于减少二氧化碳排放 11.9 万吨、二氧化硫排放 827 吨、氮氧化物排放 175 吨，同时还降低废气外排温度，减少了热污染。

集中了集团智慧和力量建设的琉璃河生活垃圾焚烧飞灰制备水泥项目正在加紧施工，2012 年年底前投入运营

环保产业 方兴未艾

"十二五"期间，整个节能服务产业将持续高速增长，预期到 2015 年，国内产业规模将突破 3000 亿元。面对工业与建筑节能的良好市场前景，金隅环保产业及时抓住市场机遇，2011 年 3 月，在国家发改委发布的符合标准的节能服务公司第二批审核名单中，金隅红树林榜上有名。

围绕核心业务，金隅红树林还积极培育环境技术咨询、工程总承包和再生资源业务，实现从研发、设计到运营与实施的全过程经营管理体系。

金隅红树林通过对节能环保市场调研，认为从北京的战略定位来看，废弃物总量的市场挖潜空间有限。公司为实现战略发展目标，履行社会责任，确立了现场服务体系架构，形成了"保姆式"驻厂服务、"钟点工式"上门服务和环境应急服务三种服务模式，成为"工厂保姆"和"政府帮手"，满足了北京地区危险废弃物和工业废弃物的各种处置需求，为产废单位、政府提供了多元化的服务形式，构建了环保服务的盈利新模式，为公司创造了新的经济增长点。

北京飞机维修工程有限公司，毗邻首都机场 T3 航站楼，是我国最大的民用飞机维修企业，为 80 多家国内外航空公司提供飞机维修服务。从 2008 年起，金隅红树林环保服务队进驻飞机维修现场，提供 24 小时驻厂式"工厂保姆"服务，设计废弃物收集处置方案，将废弃物进行分类处置与资源化利用，有效降低处理成本。同时，通过对维修环节进行优化，从源头减少废弃物的产量，实现了"减量化"目标，为客户节约了成本。凭借高水平的专业服务，飞机维修、北京现代等企业已经将产生的所有危险废弃物全部交由金隅红树林进行无害化处置，赢得了客户的尊重和赞誉。

作为国有企业，金隅红树林积极履行社会责任，将环境应急工作作为一项日常重点工作，科学配置、及时响应，快速解除环境威胁，成为北京市环保局突发环境事件应急救援队成员。近年来，累计参与北京地区 50 多起环境应急处置任务，多次独立负责化学危险品、固体和液体废弃物的清理处置和环境

金隅红树林废润滑油提纯基础油生产线

恢复应急工作。承担了北京奥运会、新中国成立 60 周年等重大活动的环境应急保障任务，获得了"北京奥运会、残奥会环境治理保障特别贡献奖"。

2012 年 3 月，途经北京市通州区于家务村路段的中石油输油管道破裂，造成原油泄漏。应急救援队全体人员顶着 7 级大风，不畏沙尘吹打，争分夺秒，经过 3 天的应急行动，共清理、转运含油废物 1000 余吨，获得当地政府和环保部门的一致认可。

智慧聚焦　引领水泥产业升级

近期，国家频频发出政策激励信号，一系列政策法规陆续出台，积极推进水泥工业循环经济发展。可以预期，水泥行业协同处置废弃物有着良好的发展前景。金隅集团将发展环保产业作为企业可持续发展的重要手段，以环保产业推动制造业升级和转型。从北京金隅的经验来看，水泥企业转型可以分为三个阶段，第一是清洁生产，确保排放达标，具备基本的生存条件；第二是利用水泥窑协同处置废物，实现原、燃料替代，实现初步与环保对接，提升水泥企业的竞争力；第三是使水泥企业成为市政设施的一部分，稳定与环保对接，并实现企业转型。

金隅红树林根据这一思路，创新经营理念，提出了"预处理＋终端处置"的废弃物处置模式，引领北京金隅水泥企业在生产水泥的同时，协同处置工业废弃物、生活废弃物，引领水泥产业转型发展，创新废弃物无害化处置和资源化利用方式紧密相连。

到今天，金隅环保产业发展已经初具规模，金隅红树林公司和生态岛公司作为金隅环保产业的主体，发挥自身优势，通过与政府建立良好关系，获得了多方面的政策支持和社会认可，有力提升了金隅在节能、环保这一战略性新兴产业中的影响力，为金隅进一步在该领域中的快速发展找到了突破口。以围绕、促进金隅整体规划目标实现为出发点，金隅红树林公司主动跳出仅作为集团一个所属企业这样的小视野，把帮助金隅制造业企业实施转型发展作为战略任务，组建了循环经济项目部，专门为集团各企业发展循环经济提供政策咨询和技术支持。

针对水泥企业实施转型的迫切需要，进一步创新经营理念，提出了以"预处理+终端处置"为核心的废弃物处置"七加一"模式。这一模式明确了红树林公司和在京7条水泥窑各自的任务。按照"七加一"模式整体规划，红树林公司统一负责各类废弃物收集、分类和预处置，再结合各条水泥窑特性，按适应类别将预处理后的废弃物分送到各水泥企业进行最终处置。在此过程中，红树林统一负责水泥窑处置废弃物技术的研发与支持以及相关环保政策的争取。该模式的成功实施，有助于实现"十二五"期间水泥企业可持续发展的战略任务。

北京水泥厂循环经济项目——污染土储存大棚

在技术创新和知识产权管理方面，2011年红树林公司成为北京市专利试点单位，专利数量实现突破，全年新提交专利申请10项，新获得专利授权11项。目前，公司累计获得授权专利15项，7项专利正在审核中。

在盈利模式构建方面，红树林公司原为单一业务模式，仅靠收集产废单位废物来获取营业收入，利润点单一、抗风险能力低，既不利于公司的生存，更不利于集团环保产业整体发展。作为专业的环保公司，公司有责任构建环保产业新的经济增长点。从这个考虑出发，结合企业在市场资源、政府资源、技术资源、品牌资源等方面的优势，公司以产业延伸服务为基本思路，进行盈利模式的创新设计，并在 2011 年进行重点实施，取得了较好收益，为环保产业发展赢得了更广阔空间。

公司经过分析和调研产废单位的需求发现，除了将产废企业产生的废弃物拉走处置外，如果能将服务延伸到为产废单位提供废弃物减量排放技术服务和现场分拣、分类服务，不仅可解决产废单位的困难，有利于后续处置，还会给公司带来额外的收益。2011 年，公司确立了现场服务体系架构，形成了"保姆式"驻厂服务、"钟点工式"上门服务和环境应急服务 3 种服务模式，成立了环保服务队。2012 年，国家环保部已确定将红树林公司作为"依托重点骨干企业建立环保应急救援队伍研究及示范单位"进行重点培养。

金隅水泥与混凝土协同发展，提升对区域市场的控制力

金隅水泥　续写"大十字"传奇

2005 年 11 月，金隅集团将旗下 3 家水泥企业的优势资源进行整合，金隅水泥宣告问世。7 年来，金隅水泥紧抓国家政策不松懈，顺应产业

结构调整，加快推进战略重组，京、津、冀、晋、豫、吉等竞争区域不断延伸，由最初的 3 家企业发展到今天的 30 家企业，改写了历史，铸就了辉煌。

创新驱动区域拓展

创新是民族进步、国家兴旺发达的源泉；创新是企业发展的不竭动力。金隅水泥成立后，始终贯彻科学决策、务实创新的发展方略。金隅水泥通过兼并、重组、联合，优化资源配置，提高产业集中度，在创新中铸就超常发展。

金隅集团紧紧依靠其在北京及其周边区域的资源优势，提出了以北京及其周边河北、天津及环渤海广泛区域内，依托北京、天津、河北省保定、鹿泉等为横，依托北京、河北张家口、涿鹿、石家庄、邯郸区域为纵，金隅水泥"大十字"发展布局。

根据"大十字"发展布局，金隅水泥着重提升对区域市场的控制力和影响力，核心区域不断扩大，实现了发展规模、发展质量的双项大幅提升。水泥、混凝土产能分别由 7 年前的 400 万吨、60 万立方米发展到 4500 万吨、1000 万立方米；营业收入、利润实现翻滚式增长；在强化区域优势的同时，不断创造出新的经济增长点，成为市场竞争力、影响力与日俱增的水泥集团军。

金隅水泥在初步实现区域战略布局的基础上，继续巩固在更广阔区域市场的控制力。收购左权辽州水泥项目，成立左权金隅水泥公司，扩大了金隅水泥在山西的市场规模；接管焦作岩鑫水泥，标志着金隅水泥在河南第一个在产项目顺利落地，与沁阳金隅、陵川金隅在豫北及晋东南形成市场协同，增强了区域竞争力和控制力；建成运营沁阳金隅水泥，成功收购邯郸大名磐烁混凝土搅拌站，不仅形成新的经济增长点，也为水泥板块持续布局豫、晋等地区奠定了新基础；从郑州、邯郸、石家庄到北京、张家口；沿山西、保定至天津、沧州；从东北重镇四平到遥远美丽的新疆和田；京、津、冀、环渤海……到处传颂着金隅水泥的故事。

区域营销发展迅猛

金隅水泥面对 2012 年复杂的外部经济形势和严峻的市场环境，坚持"市场导向、效益为先"的原则，制定了"总部统一决策、区域分步实施"的经营策略，推行营销统一联动机制，进一步加强各区域市场联动。并根据市场需求，改善竞争模式，优化板块整体资源配置，加大市场整体开发和区域协同执行，扩大市场份额，并力争在"国家订单"中取得更多份额。

水泥与混凝土协同发展

借助北京市建委对区域预拌混凝土搅拌站治理整顿，金隅水泥不断完善北京区域混凝土产业整体发展布局，从产权、管理等方面进行规范整合，强化对混凝土企业的运营管控，投资完成北京金隅混凝土各站点的绿色达标改造。天津区域在现有搅拌站的基础上，完善站点布局。加快推进邯郸金隅对邯郸东部以馆陶、大名等县为主的混凝土市场的整合，建立起呈"月牙状"的发展格局。继续推进北京、天津、石家庄等区域整合、收购工作，提升市场掌控力。抢抓发展机遇，适时进行区域整合，完善金隅水泥区域市场产业布局。

节能减排成效显著

金隅水泥板块各企业坚持水泥产业绿色发展，认真落实国家节能减排、发展循环经济的产业政策，坚持实现经济效益和社会效益共赢，各企业创造条件利用水泥窑协同处置城市废弃物。邯郸金隅荣获邯郸市政府"十一五"节能减排先进企业；琉璃河水泥公司利用水泥窑处置垃圾焚烧飞灰技术获得了中华全国总工会主办的"第六届海峡两岸职工创新成果展览会"金奖；金隅科技中心的 JY—GA 助磨剂系列产品及应用技术获 2011 年北京建材行业科技进步奖二等奖；平谷金隅在水泥窑协同处置城市污泥取得政府支持；太行前景完成水泥窑处置垃圾筛上物能源替代工业试验。企业自身生存能力及核心竞争力得到提升。

确保可持续发展

为适应建设绿色矿山政策的要求以及降低矿山开采成本，金隅水泥继续加大落实资源储备、推进板块内现有矿山的综合治理改造，加快矿山综合治理和砂石料基地建设。以北京水泥厂、鼎鑫一分公司绿色矿山为示范，发挥规模开采及自身技术、经营和管理优势，同时积极修复原来开采对环境和生态造成的破坏，确保矿石利用率达到100%，尾矿综合利用率达到100%。

位于山西，正在建设期间的左权金隅水泥

金隅水泥按照全面协调可持续发展的要求，板块整体的协同能力不断增强，企业的内生式发展动力不断加强，市场竞争力不断提升，经营业绩不断攀升，数家水泥企业利润跨入亿元行列。

金隅鼎鑫公司拥有3条5000吨/日和2条2500吨/日熟料生产线，是北方最大的单体水泥生产企业，全国首条5000吨/日二档短窑新型干法水泥熟料节能减排示范线落户金隅鼎鑫，该生产线同比吨熟料综合电耗降低14度，日节电14万千瓦，吨熟料煤耗降低8公斤，年实现节电2240万千瓦时，减少二氧化碳、二氧化硫、氮氧化物排放2.2万吨、672吨、336吨。

赞皇水泥一期2500吨/日生产线配套100万吨粉磨系统项目、二期5000吨/日熟料生产线项目已投入生产运行，三期3500吨/日熟料生产线建设正稳步推进，金隅水泥在石家庄地区后发优势显著增强。

邯郸位于河北省南端，与晋、鲁、豫3省接壤，战略地位十分重要。邯郸金隅借力体制转变，老企业焕发新活力，两条日产2500吨熟料生产线同新投产的5000吨/日产熟料生产线的正常运行，成安、馆陶混凝土搅拌站的投产，对大名磐烁等搅拌站的整合，300万吨矿粉生产线的建设，120万吨骨料生产线的建设，邯郸已成为金隅水泥在冀南地区的桥头堡和建材生产基地。

河北曲阳是集团投资建设的5000吨/日水泥熟料生产线及配套余热发电

金隅太行公司3条水泥生产线可日产1万吨熟料，是金隅在冀南地区的桥头堡和建材生产基地

项目；太行和益日产800吨活性石灰石生产线、年产100万吨骨料生产线相继建成投产，拓宽了产品结构，完善了产业链条。

金隅积极布局张家口水泥市场。收购黄羊山水泥新增熟料产能50万吨，水泥产能120万吨，矿渣粉生产能力120万吨；宣化2500吨/日电石渣制水泥项目的实施、涿鹿金隅水泥5000吨/日熟料及配套的水泥生产线投入运行，张家口区域已成为金隅水泥在京、津、冀地区重要战略基地。

河北沧州渤海新区是环渤海地区中心地带，未来三至五年内项目建设和基础设施投资将达到1500亿元，水泥市场潜力巨大。集团看中了黄骅港和渤海新区未来发展的巨大商机和战略地位，先于竞争对手，投资建设沧州临港金隅水泥年产200万吨的大水泥项目，已经建成投产，经济效益显著。

振兴水泥坐落在天津北辰经济开发区，紧邻京津公路和京津塘高速公路；有2条日产2500吨新型干法熟料生产线，年产高标号低碱水泥180万吨，是天津市最大的水泥生产企业。掌握市场就是赢家，集团选择有利的时机收购天津振兴，使金隅水泥立足京、津的地位更加稳固。

四平金隅水泥拥有一条2500吨/日新型干法水泥生产线，水泥产能100万吨，四平昊华的整合标志着金隅水泥已经突破京、津、冀，挺入东北地区。

沁阳2500吨/日综合利用昊华宇航沁阳聚氯乙烯树脂项目产生的废料电石渣生产水泥项目年可消纳电石渣113万吨，消耗粉煤灰、脱硫石膏等其他

正在建设的沁阳金隅利用昊华宇航沁阳聚氯乙烯树脂项目产生的废料电石渣生产水泥，年可消纳电石渣113万吨，消纳粉煤灰、脱硫石膏等其他工业废渣40万吨，每年减少二氧化碳排放50余万吨

工业废渣40万吨，与常规石灰石水泥生产线相比每年减少排放二氧化碳50余万吨，是典型的循环经济和低碳经济示范线，具有良好的社会效益和经济效益。

金隅成功收购河南焦作岩鑫水泥，水泥板块挺进中原，为水泥实施南线战役拉开了帷幕。

金隅整合陵川、建设左权、收购岚县，金隅水泥在山西区域已具备400万吨的水泥产能，必将为金隅水泥打开山西市场提供有力的支撑。

金隅玉河混凝土公司作为北京市工业产业援疆第一个落地项目，已在美丽的新疆和田发挥重要的骨干作用。

从金隅水泥快速发展的节奏中，人们真切地感受到了"走出去"发展的成果。

创新铸造品质

靠实践科学发展之路，金隅水泥不仅在区域市场竞争中成为了领跑者，而且增加了在转嫁成本方面的话语权和控制力。

2009年，金隅水泥在石家庄地区的水泥价格同比增加了30.60元/吨，这一区域年内共销售了水泥581.31万吨，不仅创造了可观的利润，而且受到了客户的赞赏和追捧。全长147.28公里保阜高速公路是国家及河北省高速路网的重要组成部分，也是连接西北、华北、华东地区的重要走廊，线路全线工程招标分为19个标段，其中18个标段全部采用金隅水泥，是一条名副其实的"金隅路"。

2010年，金隅水泥打出"以高端市场为主，低端市场为辅"销售战略的同时，紧抓质量和售后服务工作，建立产品质量月反馈及服务质量月考核制度，并就水泥产品在使用过程中出现的技术、质量问题及时与生产厂家沟通并给予解决，全面促进了金隅水泥实物质量的提升，树立了金隅水泥的良好品牌声誉。

2011年是金隅水泥品牌推广年，金隅水泥以加强品牌推广为重点，集中力量抓重点工程，全面、多方位地开展"金隅水泥"的品牌推广工作，通过高速路大型户外广告、网站建设、制作宣传册、统一文明用语、统一着装、统一包装袋等一系列手段，营造大品牌、大服务理念，从而全面提升了"金隅水泥"的整体形象及服务品质。金隅品牌的认知度得到大幅度提升。

在2012年各地政府落实《"十二五"节能减排综合性工作方案》的大背景下，金隅水泥开展"节能减排，持续增效"攻坚战活动，主动加强与政府部门及行业协会的沟通联系，并积极推动各级政府节能减排各项措施，积极争取政府部门在政策上的帮助和支持，为环境改善和可持续发展承担起更重要的社会责任。

科技构筑理想

金隅科技的发展是随着北京建筑材料科学研究总院的改制和发展逐步延伸的。北京建筑材料科学研究总院前身为北京建筑材料科学研究所，创建于1959年。在计划经济体制下，属于靠国家拨款、从事纯科研工作的应用开发型的科研事业单位。在建院之初20多年中，先后成功研制开发出蒸压粉煤灰加气混凝土、STI—A型钢结构防火涂料等新产品、新技术，为我国新型建材工业科技研发体系的从无到有和逐步健全做出了贡献。

1992年，伴随着金隅集团的成立和国家科技体制改革，北京建材总院集中科研骨干，组建了专业研究所，同时以北京建筑材料质量监督检验站为基础，拓展科技成果辐射，筹办科技产业，积极探索科技成果产业化道路。

利用先进的节能环保技术建设的金隅技术中心，引领着金隅的未来

靠科研开发及产业化，还有质检测试服务双轮驱动，金隅科技诞生了包括国家级企业技术中心、国家重点实验室等在内的国家级科技创新平台，承担了国家及北京市多个重点科研项目；构建了国内规模和检验品种排名前列的综合性检测机构；走出了一条"以研发为基础，打造行业科技自主创新基地，发展科技产业有效提升综合实力"的新路子，迈上了科学发展的轨道。

打造一流的科技创新体系

1999 年，金隅技术中心正式成立，并于同年被认定为北京市级企业技术中心。2005 年，金隅对科技管理体制进行改革，明确由金隅技术中心全面负责集团科技创新管理工作，王肇嘉被任命为金隅集团副总工程师和技术中心主任。技术中心在整合内外部资源的基础上，创建了具有金隅特色的"1 + 7"（即 1 个技术中心研发总部加上 7 个专业研发中心）的科技创新模式，构成了集团网络式科技创新体系。其中，1 个研发总部北京建材总院，主要从事金隅集团核心产业共性技术研究、重大科技项目联合攻关和应用基础类研究和技术孵化，承担国家和北京市下达的重大课题研究和标准制定等工作；7 个分中心是指分别设立在金隅集团下属重点企业的水泥与混凝土、环保节能、耐火材料、建筑设计、家具设计及研发、墙体材料及体系、矿棉吸声板研发分中心，具体承担相关专业领域的应用技术研究及新产品开发和技术服务等任务。

中国是一个以煤炭为主要能源的发展中国家，燃煤电厂发电会产生大量的二氧化硫，为了控制二氧化硫造成的大气污染，近几年来相关部门对烟气脱硫工作越来越重视。石灰石—石膏湿法脱硫工艺是目前发电厂应用最广泛的烟气脱硫技术，主要是利用石灰石（$CaCO_3$）浆液作为吸收剂，吸收并除去烟气中的二氧化硫（SO_2），生成副产品脱硫石膏（$CaSO_4 \cdot 2H_2O$）。由于燃煤电厂烟气脱硫改造，脱硫石膏随之大量产生。国内主要采用堆积、填埋法处理，对土地、地下水和大气环境形成新的、更加严重的污染。2007 年，北京建材总院承担了北京市科委下达的"脱硫石膏工业化应用可行性研究"项目。通过对脱硫石膏与天然石膏在颗粒级配、颗粒形状、晶体形貌以及外观性能等方面的研究，制定了脱硫石膏3种典型煅烧工艺（双筒回转窑、连续炒锅、沸腾炉），取得了最佳工艺参数，通过改造双筒回转窑工艺，生产出的建筑石膏性能超过GB9776－88《建筑石膏》规定的3.0等级的要求，实现了用脱硫石膏煅烧建筑石膏工业化生产。通过对脱硫建筑石膏、高强石膏、粉刷石膏、石膏砌块生产与应用、技术评价检测方法的研究，制定了石膏基自流平砂浆、黏结石膏等行业标准，并申请国内发明专利4项。2011年4月22日，首届全国资源综合利用科技表彰大会在人民大会堂召开。北京建材总院承担的"脱硫石膏综合利用"项目获得"中国资源综合利用协会科学技术奖"一等奖。

公司在琉璃河水泥厂建设的垃圾飞灰水洗处置中试线实验成功，并实现了产业化。这是金隅承担的北京市科委重大科技项目

飞灰是在垃圾焚烧过程中烟气净化系统收集到的残余物，总量约占生活垃圾处理量的3%～4%。飞灰中含有苯并芘、苯并蒽、二噁英等有机污染物和Cr、Cd、Hg、Pb、Cu、Ni等痕量重金属，具有很强的毒性，被列为危险废弃物。北京建筑材料科学研究总院2005年开始进行生活垃圾焚烧飞灰处置技术的研究，2006年与燕山水泥厂一起承担了北京市环境保护科技项目"城市生活垃圾焚烧飞灰无害化处理及再利用技术研究"，对利用生活垃圾焚烧飞灰烧制水泥技术进行了系统的研究。在研究过程中，课题组人员克服北京市没有飞灰的困境，从天津和浙江绍兴取灰开展实验。飞灰被列入国家危险

废物名录，为了获得研究的第一手资料，研究人员不顾危险废物对人体的危害，入窑开始了实验室飞灰处置技术研究。没有现成的实验用小型回转窑设备，他们就跟厂家提出设计思路，要求厂家定做设备，为不耽误实验，在设备没有制造好前，他们就用现有高温炉煅烧掺有处理后的飞灰的水泥原料。开始用石墨坩埚，不行，烧漏了，他们就改用刚玉坩埚……通过煅烧过程掌握时间、温度等环节，经过一次次的摸索和实验，终于取得了实验室飞灰处置的技术工艺参数。

2008年，金隅集团承担了北京市科委重大项目"生活垃圾焚烧飞灰的资源化利用"，北京建筑材料科学研究总院，北京琉璃河水泥有限公司和北京市环境保护科学研究院共同承担，建设年处置600吨的生活垃圾焚烧飞灰处置中试线。项目组历时1年半的时间，突破一个又一个技术难题，最终完成了中试线建设和中试试验，得到了第一手产业化前的中试工艺技术参数，并于2009年9月23日顺利通过科委验收。这项技术对水泥窑工况的影响、水泥质量、水泥窑的尾气排放以及处置成本方面均具有非常明显的优势。煅烧出的水泥符合国家产品质量要求和环保标准要求，中试技术已完全成熟。2010年，金隅集团在北京琉璃河水泥厂正式建立了一条年处理能力9600吨的飞灰综合利用生产线，项目由北京建材总院提供技术方案，北京建都设计院进行设计，具有完全自主知识产权。2012年6月，生产线建设完成，9月中旬投入运行。

这条生产线包括飞灰预处理、飞灰洗涤水处理、煅烧等工序，主要通过对垃圾焚烧飞灰经过水洗预处理除去氯离子和钾钠离子之后，经干燥送入水泥窑高温段进行水泥窑处置。煅烧出的水泥可达到 P.O42.5 水泥的性能要求，二噁英被完全分解，而重金属被有效固定在水泥熟料晶格中，实现了飞灰的无害化与资源化处置。生产线的成功运行，将全部消纳2015年之前北京市产生的全部生活垃圾焚烧飞灰，将有毒有害的焚烧飞灰变废为宝，同时节约生产水泥所需的矿物原料，对首都环境保护和可持续发展产生重要的影响。

固废资源化利用与节能建材国家重点实验室

"十一五"期间，国家科技部组织依托转制院所和企业建设国家重点实验室的工作。2006 年 12 月，科技部向各地科技主管部门和相关单位印发了《关于依托转制院所和企业建设国家重点实验室的指导意见》，之后组织开展了两批企业国家重点实验室的申报评审工作。2007 年批准建设了首批企业国家重点实验室。

金隅旗下现在拥有多个国家重点实验室

依托北京建筑材料科学研究总院有限公司建设的固体废弃物资源化利用与节能建材国家重点实验室，是 2010 年获国家科技部批准建设的全国第二批企业国家重点实验室，也是北京市国资系统首个国家重点实验室。固废资源化利用与节能建材国家重点实验室主要围绕《国家中长期科学和技术发展规划纲要（2006 年—2020 年）》提出的"重点开发废弃物等资源化利用技术，建立发展循环经济的技术示范模式"主题，开展固废资源化利用领域前沿技术研究和共性关键技术研究，促进基础研究成果的转化和科研成果的产业化，以及研究制定国际、国家、行业技术标准等项工作。实验项目以固体废弃物的减量化、无害化和资源化为目标，构筑建筑材料技术新体系，引领行业技术进步，推动我国建材产业的可持续发展。

目前我国固体废弃物堆存量已超 80 亿吨，固体废物侵占土地、污染土壤与水体、危害人类健康、污染大气、影响环境卫生。同时，中国人口众多、资源相对短缺，资源与发展的供需矛盾突出，我国工业化面临着资源约束和环境污染问题双重压力，已影响到国家社会经济的发展。工业固体废弃物弃之为害，用之为宝，素有"第二矿产"之称。固废资源化利用研究开发，可降低资源能源的消耗，发展循环经济，推动我国建材产业及相关产业的可持续发展，实现"建设生态文明，基本形成节约能源资源和保护生态环境的产业结构、增长方式、消费模式"的发展战略方针。

利用金隅砂浆工艺建造的奥运国际公寓实现节能 50% 以上

依托金隅技术中心建成的这家固废资源化利用与节能建材国家重点实验室以国家工程院院士、科学院院士、固废处置与资源化利用专家等组成专家委员会，金隅股份副总经理、北京建筑材料科学研究总院院长王肇嘉教授担任实验室主任，同时，一批优秀中青年学术带头人，组成了一支专业与年龄结构合理的、精干的科研队伍。并陆续引进海外优秀留美、留英的博士及国内具有高水平科研能力的博士后和博士 10 余名，在各学科方向形成的同时，也逐渐形成了一支稳定的研究团队。

近年来，固废资源化利用与节能建材国家重点实验室投资数千万元，完善科研基础硬件建设，完成了固废重点实验室大楼建设和化学分析实验室、墙体材料研究室、建筑垃圾实验室、生活垃圾处置实验室等专业实验室建设。2012 年，一个拥有自主知识产权的垃圾燃烧飞灰处置项目在金隅琉璃河水泥公司建成使用，这是继北京水泥厂污泥处置示范线运行之后，成功运行的又一条环保示范线。

创新驱动发展

拥有国家专利400余项，其中"一种用于新型干法水泥生产线的余热发电系统"发明专利，获得中国专利优秀奖；主编或参编国家标准、行业标准50余项，获得国家及省部级科技成果奖励30余项；取得150余项科技创新成果，80%以上的新成果实现了产业化；这都是科技创新带给金隅的。

王肇嘉说道："2010年底，在谋划'十二五'时，金隅集团提出'三个翻番带动一个翻番'的目标，这在很大程度上，是源于决策层对金隅科技的信心。"

在金隅，创新驱动发展，是公司脚踏实地的行动。2012年，按照集团（股份）公司"十二五"规划要求，作为金隅集团科技创新体系建设的核心，北京建材总院又开始了建设金隅中央研究院的步伐，作为集团核心研发和技术服务机构，实现重大技术、共性技术和关键技术研究及技术集成的突破，同时协助集团各企业加快应用技术、产品的开发和技术改造，使集团科技创新能力得到进一步的提高。全面落实金隅未来发展目标。

打造科技创新体系，建设国家级创新平台，是金隅孜孜以求的目标。为此，金隅积极依靠公司内外科技资源，形成了以企业为主体，以市场为导向，"产、学、研、用"结合，逐步建立了具有自身特色的科技创新体系。

科技推动的产业升级

在琉璃河水泥厂水泥博物馆门前轨道上，伫立着一尊仿佛变形金刚似的巨大机械骨架，只不过所有的运行机关都隐藏在它的躯干里，这是40多年前1966年"琉水"运销科职工在原煤卸车线上自己建设的一台多斗卸煤机。靠着这台职工自行设计制造的卸煤机，同时配套一条长210米、宽800毫米的输送皮带，"琉水"基本实现了原煤卸车、倒运的机械化。

作为从旧政权接收过来的一家老工业企业，琉璃河水泥厂1948年12月8日获得解放。当时的原材料运输全部是靠工人一锹一锹地手抬肩扛。1950年，开始架上了小铁道，改用轻轨人工木制翻斗车（俗称轱辘马）倒运石灰石、原煤等。1951年，"琉水"职工自己摸索制造了简易的刮板机和电铁锹取代了人工。1953年，又自制倒运电耙，将原煤倒入长100米、宽800毫米的输送皮带，直到这台新型自动卸煤机诞生。

在那样一个物质极为匮乏的年代，"琉水"从20世纪50年代起，开始自制各种机械设备，小改小革。1976年，老工人冯俊丰等自己动手研制包装自动插袋机，历时5年，1981年通过部级鉴定，还获得了北京市优秀发明奖。

40年前琉璃河水泥厂职工自制的原煤卸车机，经过多次改造，几年前还在使用

到了20世纪70年代，"琉水"人靠自力更生，建立起水泥立窑，这时职工中更是掀起了自制机械设备的高潮，加工窑磨的大型设备自制比例达到了80%。这种创新的精神也一直延续至今。

当年中国评剧院曾根据"琉水"职工技术革新的故事，创作演出了评剧《琉璃河畔红旗飘》。许多当年职工创制的机械设备也被保留在今天的琉璃河水泥博物馆和文化园中，被"琉水"人纪念和传承着。

70 岁老国企　实现可持续发展

早在"七五"计划期间，琉璃河水泥厂被列为国家建材工业重点进行技术改造的企业之一，是北京市的重点工程，也被列为国家采取特殊政策救活的 14 家老水泥企业之一。

1991 年 3 月 15 日，"琉水"一期技术改造工程——2000 吨/日新型干法水泥生产线正式开工。北京建材集团成立那年也是琉璃河水泥厂一期技术改造的关键一年，当时的建材工业总公司总工程师张庆维担任指挥部总指挥。经过全厂职工和兄弟单位的共同努力，23 项工程大部分按计划施工，这次技术改造，"琉水"使用了我国自行设计和制造的最大一台立磨。一期技改生产线于 1993 年 9 月 12 日点火试车，北京市领导强卫等亲自点燃火炬，火炬在"琉水"职工的手中传递，这是"琉水"走向新生的希望之火、胜利之火、兴旺之火。

就在完成一期技术改造项目不久，"琉水"日产 2500 吨的新型干法水泥生产线，1995 年 9 月 11 日完成了初步可行性研究报告，按程序报送给北京市建材集团总公司。1996 年，"琉水"的技术改造二期工程就被国家列为"双加"项目。1999 年 1 月 27 日经国务院办公会议批准、国家经贸委发文建设，建设期为 2 年。此后，建设水泥生产线再也没有经国务院批准建设的了。

说起二期技改，"琉水"经理赵向东也是当时的总负责人，自豪而简洁地说出了四个字："多、快、好、省。"二期技改面临着建设面积有限，工艺布置困难，既要不能妨碍原有生产线的生产与维护，还要有利于新生产线的施工和合理布局。当时国内最大最专业的设计院——天津水泥工业设计研究院、"琉水"邀请的德国专家与"琉水"人自己都参与到工程设计当中。工程中，人们克服了前所未有的难题，坚持自力更生，全生产线设计方案共修改了 7 次，反复修改的结果，创造了从单机试车、联动试车、点火、投料一气呵成，也创造了这条生产线迄今为止的高效运行。

这次设计的图纸后来成为国内其他新型水泥行业设计图的蓝本。

20世纪七八十年代,工人检修设备

1949年的"琉水"迎接解放

"琉水"历经了两次技术改造

20世纪50年代,用马车拉石料

有着70年历史的"琉水"经过两次技术改造,在国内率先采用燃烧低硫无烟煤技术,大量减少了二氧化硫等有害气体的排放;立式煤磨、生料磨较传统的管式磨具有节电、高产、减少占地等多重优势;用砂岩、粉煤灰替代黏土,每年可少占耕地30亩;大布袋收尘器等先进技术装备的采用,使粉尘排放浓度大大低于国家标准。项目的建成,使琉璃河拥有了年产150万吨高标号低碱水泥的生产能力。同时,人们发现:水泥厂可以彻底告别"无风三尺土,下雨满地泥"的生产状况。获得了初步成功的"琉水"人更是把逐步实现绿色和可持续发展作为企业的社会责任,公司不仅使水泥窑每立方米粉尘排放量在8毫克以下,远远低于北京环保局制定的标准,更是投入力量发展城市废弃物处理技术。

在金隅，有这样一个充满传奇色彩的企业，它随着共和国第一次大规模的基本建设诞生，曾经有过无比的辉煌。但是，随着改革开放后新时代的崛起，这个仅仅走过 20 多年的老国企出现了明显的疲态和衰退。企业技术装备落后，产品落后，计划经济下的行业老大却不熟悉市场，产品滞销，职工涣散，人们曾笑称："企业买个笤帚的钱都困难。""集团领导到企业来都不舍得到工厂的食堂吃饭。"唯一可以证明曾经辉煌的是企业里昂首挺立着 17 根大烟囱。到了 20 世纪 80 年代末，企业几乎走到尽头……是靠着改革和引进，让这个老国企焕发了青春；是靠着创新，让这个老国企重又走向辉煌；如今，它又回到了行业的领军位置，成为年销售 10 亿元以上全国最大的不定型耐火材料服务商，它就是——北京通达耐火材料股份有限公司。

"通达"成长之路是金隅发展的一个缩影。

当年的"北陶"办公楼

"通达"传奇

汗流浃背的创业史

始建于 1958 年的北京市陶瓷厂，曾为首都的城市建设做出过突出贡献。但到了 20 世纪 80 年代，由于设备老化、工艺落后、产品档次低、缺乏市场竞争力，企业一度陷入亏损境地。1992 年，引进、合资后，企业实现了扭亏为赢。虽然合资成功了，企业面貌有了很大转变，却也带来了新的问题：300 余名精兵强将连同主业置入合资公司，留下了 800 多名职工和一些三产，这些职工基本靠租金过日子，每月仅有的一百多元工资有时也不能按时领到，生活面临较大困难。

这时，组织上安排时任"北陶"副厂长的冯运生，兼任公司所属"通达"浇注料厂厂长，负责妥善安排好这些剩余职工。人这么多，路子如何走，冯运生心里没有底。但想到自己有责任带领职工谋求新的发展，于是毅然走上了这条承载职工众多期盼的路。偶尔有一次，他听到日本东陶原海外事业部一位专家说："过不了两年，'北陶'或许不复存在，成为历史！"虽然这只是人家的一句感叹，但冯运生听着很不是滋味。面对 BETO 厂标和曾经朝夕共处的职工，他总感到背负着一种沉重的压力。一次，冯运生到浇注料厂清点设备，看到八九个老职工仍细心地在一台石轮碾和两台粉料磨前专心工作着。一股劲儿开始在他胸中升腾："与其坐吃山空，不如放手一搏，另辟天地！"这个二次创业的想法，得到了班子的认可。

创业难，二次创业更难，难就难在没有了主产品，一切都要重新开始。出路在哪里？老职工勤奋工作的情景映入脑海——主业没了，但人还在，把副业做大不也是一条出路吗？

冯运生思索着，随着国民经济的快速增长，新型干法水泥工业开始蓬勃发展，耐火材料一定会有广阔市场。他的提议赢得了班子的支持，公司决定把耐火材料作为二次创业的突破口，把"通达"浇注料厂做强做大。

选定了主打产品，市场在哪里？一开始，他们用最笨的办法，把简易的产品说明书邮寄给客户，后来，冯运生就主动出门找市场。有一次，他和司机开着车一连跑了26天，最多的一天跑了近千公里，渴了喝口白开水，饿了啃口面包，困了就在马路边上停下来打个盹儿。但一看见有水泥厂的预热器塔，就高兴得手舞足蹈。那次他们从北到南，跑了80多个水泥企业，一路签下了6份合同。在今天看来，这成了"通达"创业的重要开端。

占住了水泥这块市场，1998年"通达"的产品开始向石化行业市场延伸。当得知大庆炼油项目很快就要进行耐火材料预招标后，冯运生马上带领负责业务的同志赶往大庆拜会客户。由于路况不熟，那天直到晚上8点多才赶到大庆，人家已经下班了。给客户家里打电话，家人说还没回来，于是他们就

"通达"浇注料厂

在客户家外边等。那天，大雪纷飞，寒风刺骨，他们半个身子都冻僵了。冯运生鼓励自己和同事："约好今天把材料送来，我们就一定要讲信用。"客户回到家，见他们跟雪人似的，异

常惊讶和感动。天道酬勤，就是凭着这种"千山万水、千辛万苦、千言万语、千方百计"的"四千"精神，冯运生和同事们一起，一步一个脚印地打开了市场，同时也打造了一支特别能战斗的营销团队。

科技人才领跑绿色耐材

回首来路，"通达"人达成一个共识，企业要发展，技术是基础；技术要发展，创新是根本；创新要实现，人才是关键。舞动创业帅旗，需要"跨马能够闯天下"的英雄，更需要一批杰出的青年才俊，如何才能觅得"千里马"？班子成员以求贤若渴的心情招纳人才，以善待关心的做法留住人才，为企业积聚了力量。

"企业要做引领行业的排头兵，就要引进人才，激发人才创造潜力"。"通达"秉承"以人为本、创新驱动"的发展理念，坚持"是虎给你一座山，是牛送你一片田"，使人才干事有平台、贡献有激励、发展有空间。

1995 年，"通达"开始招聘大学生，但企业处于二次创业初期，吸引力并不强。来应聘的人虽然不少，可都是冲着合资企业"东陶"来的，一听说招人的是"北陶"，就打退堂鼓。有一天，一位景德镇陶瓷学院的本科生来应聘，人事科的同志感觉还不错，但人家有些犹豫。冯运生听说后连忙过去，耐心给他讲企业的规划、前景以及干事创业的信心。最终，这名大学生的希望被点燃了，留下来与大家一起打拼，现在已是"通达"公司的常务副经理。

冯运生觉得对待人才就要拿出真心，以心换心。公司党组织实施"三培养"政策，把党员培养成骨干，把骨干培养成党员，把党员骨干培养成复合型人才，使人才在公司实现全面发展。通过多年的人才队伍建设，逐步打造了一支富有创造力的一流团队。从当年一名大学生都不敢来，到今天，企业拥有硕士以上人才 60 余名，平均每年都有数十名专业人才进入公司，每年都有博士在公司博士后工作站从事科研工作。

公司 2005 年建立起行业中最先进的技术中心之一，当年被认定为北京市企业技术中心，同年公司被认定为国家高新技术企业。2006 年，公司获批设立博士后科研工作站，并建立起两个 CNAS 国家认可实验室。2009 年获国家级企业技术中心认定，2010 年被认定为国家火炬计划重点高新技术企业。企业技术中心成立 5 年间，企业专利由 1 项增长到 30 余项，开发新产品 40 余种，推动

"通达"高档不定型耐火材料生产基地

"通达"销售收入达到 2010 年的 8 亿元。2011 年挂牌成立绿色高温新材料北京市工程研究中心，构筑了行业领先、世界一流的自主创新平台，并进入了中关村国家自主创新示范区"十百千工程"重点培育企业行列。

"通达"，借助国际一流的创新平台、创新型人才队伍等发展新引擎，以及不断增强的技术创新能力，一跃成为行业翘楚。

"通达"一直把科技创新作为企业发展的核心驱动力，每年技术创新投入占销售收入比重达 5% 以上，成就了企业持续

的自主创新能力和核心技术，累计授权和申请专利达 52 项，占据着耐材行业技术制高点。公司先后主持和参与起草了 25 项国家与行业标准。

创新发展服务高温行业

"通达"的迅速崛起，源于公司的"三高"战略，即引进高端人才、开发高端产品、占领高端市场。

10 余年来，公司与高等院校、科研院所、行业协会和大型集团合作，在业内率先打造了以企业为主体、市场为导向、产学研用相结合的技术创新体系。先后成立了北科大研究生教育基地和教学科研实习基地、武科大国家重点实验室培育基地北京研发中心、中国耐火材料行业协会培训中心、全国 CFB 机组协作网培训示范基地、北京高温材料检验中心等，公司产学研用联合创新的成功实践荣获北京市第二十二届企业管理现代化创新成果一等奖，并荣获"中国产学研合作创新奖"，"中低品位铝矾土资源综合利用项目"被授予 2011 年中国产学研合作创新成果奖。

2007 年，公司并购重组河南巩义中原耐材公司，实现了国内顶尖不定型耐材与知名定型企业的强强联合、优势互补，进一步完善了产品链，并利用资本优势加快产品上下游延伸，打造耐材全产业发展链。

2010 年，公司在山西阳泉开工建设国内最大、被列为国家"十二五"科技支撑计划的合成耐火原料项目。公司把一支知识型、复合型的团队派到阳泉，他们在山沟战寒暑、洒汗水、拼智慧，一座现代化示范工厂拔地而起。

几年前，当行业大部分企业都陷入低端竞争、价格拼杀的时候，"通达"高管团队却冷静思考、理性分析、另辟蹊径，整合旗下制造、设计、服务等体系，创造性地推出"通达·耐火系统"服务体系，面向高温行业市场提供了集诊断咨询、耐火设计、产品研发、精品制造、整体配套和工程实施等于一体的服务系统。这一系统的实施，完成了"通达"由低端耐火材料制造到高端生产服务的转变，实现了由销售初级产品到系统服务综合方案提供商的跨越。"通达·耐火系统"为高温行业提供一揽子解决方案，顺应了产业价值链的专业化发展方向，也为公司加快发展注入了强劲动力，按2011年可比指标测算，3年间"通达·耐火系统"为公司带来了93.9%的主营收入增长，实现利润增长193.1%。

该成果曾于2009年荣获北京市企业管理现代化创新成果一等奖，2010年荣获中国建材行业企业管理现代化创新成果一等奖。

目前，"通达"的技术创新成果已经全方位服务于高温工业，在水泥行业、冶金行业、电力行业、石化行业占有高端领域服务优势；在垃圾焚烧、余热发电，拥有了整体配套的全部技术；为航空工业开发并应用了适用于航空热压装置的特耐砖；公司合成耐火原料成套技术，为国内首创；公司材料与工程设计，形成了国际一流的完整耐火工程与应用设计成果；公司自主创新的耐火喷涂技术步入广泛的市场应用。

软实力助推内涵增长

"管理是企业健康、高效发展的保障，必须真正融入企业各项工作中去"，公司以精细集约铸就一流管理，员工们形成了"有理、有序，高速、高效"的高素质作风。"通达"倡导"简单、轻松、和谐"的管理理念，以现代管理活动开展为载体提升企业管理水平，包括改善提案、5S活动、TQM活动、KYT活动（危险预知）、TPM活动（全员生产保全）等。

管理赢得尊重，管理赢得市场。在沙特一个水泥工厂耐火服务项目的竞标中，"通达"与印度一家耐火材料厂对擂，业主难以决断，决定实地考察这两家工厂。从"通达"的车间出来，业主当即拍板与"通达"合作，"这样的企业生产出的产品质量当然值得信赖！"

通过坚持走发展先进生产力之路，"通达"耐火从一个传统生产型的陶瓷企业，发展成为多产业、跨行业、跨所有制的综合型、高新技术企业，实现了合资企业与国有母体企业共同发展、共同繁荣。

"通达"中原定型耐火材料生产基地

2010年5月，存在了50多年的"北陶"党委更名为"通达"党委。2011年区域实现销售收入15.89亿元，实现利润2.52亿元，员工人均年收入近6万元，同比均实现两位数增长；与引进技术时的1992年相比，企业经济规模增长了198倍，利润净增2.52亿元，员工收入增长了20.5倍。

近些年，公司荣获了"全国五一劳动奖状"、"全国模范职工之家"、"首都文明单位标兵"，市委"思想政治工作优秀单位"，市国资委"先进基层党组织"等多项荣誉。公司带头人冯运生先后获得"首都五一劳动奖章"、"北京市群众心目中的好党员"、"北京市优秀党务工作者"、"全国优秀党务工作者"、"全国劳动模范"等荣誉，并于2009年庆祝新中国成立60周年庆典上，代表全国建材行业站在"工业发展"庆典彩车上，接受了党和国家领导人的检阅。

黄　华

第 五 部 分

融合的力量

● 在金隅 20 年的发展历程中，集团营业收入从 1993 年的 32 亿元到 2003 年的 66.06 亿元，用了 10 年时间；再到 2007 年的 129 亿元，用了 4 年时间；这以后到 2011 年底，同样 4 年时间，北京金隅的营业收入达到 326 亿元。

● 几年前，在制定"十一五"规划时连许多金隅人自己都不敢相信，这会是真的。曾经"特别能吃苦"的金隅人，靠越来越有"思路"，创造了 2008 年国际金融危机爆发后资本市场的九项"第一"。

● 成功融资后，金隅迅速地赢得了收购、整合最为有利的时机，果断出手。在做强的基础上，逐步做大。这恰好印证了那句话："把不可能变成可能，没有金隅人干不成的事。"

资本之路

历史悄悄地进入到国民经济发展的第十一个"五年计划"期间。金隅集团制定的"三高一快两步走"战略已经迈出了坚实的第一步。这一时期，金隅逐渐成为了全国最大的建筑材料生产企业之一，是中国环渤海地区最大的建筑材料生产企业。公司利用自身独特的资源优势，以建材制造为主业，纵向延伸出房地产开发和物业投资与管理产业，经过多年发展，逐渐跻身北京综合实力最强的房地产开发企业之列，并成为北京地区领先的投资性物业持有者与管理者，形成了国内为数不多的拥有独特产业链结构的大型企业集团。

"十一五"期间，建材行业的发展已不再是以新增产能为主导，发展重心转变为产业结构调整和产业优化升级。

目标——融资促进发展

这时的金隅在成功完成了对鹿泉鼎鑫公司和河北太行的收购整合之后，已经在全国市场逐渐形成的若干具备国际竞争能力和具有较高核心竞争力的现代企业中占有一席之地，成为国家重点支持的大型建材类生产企业。这时的金隅必须通过行业并购重组，充分发挥企业丰富的管理和技术优势，通过优质高效的资源整合，实现区域市场版图的有序扩充。

也就是说，在做强之后，逐步做大，争取更大话语权。

股份制改革扬帆起航

根据北京市委、市政府的有关要求和北京市国资委的具体部署，金隅集团作为主发起人，联合中材、香港合生、天津建材和北方开发等具有资源和实力的企业，组建了北京金隅股份有限公司，公司总股本180000万股，注册资本180000万元。2005年12月22日完成工商注册，并于当年12月25日举行了北京金隅股份有限公司成立揭牌仪式。

金隅股份的成立，是金隅集团继1992年由工业总公司改组为企业集团后的又一次重大转型。这一次转型将是公司企业制度和经营管理体制的又一次战略性变革，这一次变革将是推动企业做活、做强、做大产业集团至为关键的一步，有了这一步，金隅将为构建科学、高效的现代企业管理制度奠定基础，也必将引起公司产权制度、经营理念、管理模式、决策机制和激励机制等各个层面的改革，对公司发展产生脱胎换骨的影响。

并购 扩充公司业务版图

2006年以来，中央政府逐步地加大对于宏观经济的调控，特别是在世界范围的金融风暴来临后，中央政府积极地推动了基础设施建设投资。各地政府关于城市化进程的投入力度日趋凸显，与基础设施建设和房地产开发荣辱与共的水泥行业崛起犹如箭在弦上，一触即发。

此时的市场环境，对于正在谋求"走出去"发展的金隅来说，是个千载难逢的机遇。公司果断做出决定，收购行业内老牌水泥企业——河北太行水泥股份有限公司。经过多轮艰苦的商业谈判，最终击败众多强大的竞争对手，金隅以2.7亿元收购邯郸市国资委持有的太行华信50.84%股权，并间接收购了太行水泥41.17%的股权。

为有效规避要约收购可能带来的诸多影响，2007年，金隅股份抓住太行水泥股价上涨、股份投资增值的有利时机，减持太行水泥11.17%的股权，迅速完成2.8亿元的资金回笼，近乎零成本获得太行水泥30%控制权，实现了商业利益最大化。这是金隅股份在资本市场获得的第一次成功经验。这次成功，使金隅拿到了走向更大的舞台，走向国际资本市场的钥匙。

没有满足于收获资本运作第一桶金的喜悦，金隅股份 2007 年以约 6 亿元价格收购鹿泉市东方鼎鑫水泥有限公司，该公司拥有 3 条新型干法水泥生产线，日产量达万吨以上，但如此大规模水泥生产企业却因诸多原因连年处于勉强维持运营的状态。金隅股份并购企业后，对鼎鑫水泥实施了深入且有效的全面整合，当年即实现盈利。随后几年，金隅鼎鑫公司已经成为国内单体产能最大的水泥制造企业，年盈利 5 亿元以上。这一华丽转身的背后彰显着金隅股份先进的生产技术水平和高效的企业管理能力。

激烈的行业竞争总是与企业的发展机遇如影随形，面临水泥市场版图割据不断，金隅股份又逐步完成拉法基（北京）、天津振兴水泥、张家口水泥、燕赵水泥、四平水泥、宙石水泥等多个企业的并购重组，使公司水泥年产能由期初的 400 多万吨跃升至 4000 万吨以上，完成企业并购重组后，公司水泥业务迅猛发展，经营收益大幅攀升。

丰富融资手段　保障企业持续发展

2005 年 12 月，北京金隅集团通过发起成立北京金隅股份有限公司，即直接募集资金 10.3 亿元，这也迈出了金隅靠融资发展的第一步。

2008 年 7 月，金隅股份进行了增资扩股及股权调整，引入了新天域投资有限公司、中国信达资产管理公司、华熙昕宇投资有限公司、润丰投资集团有限公司及北京泰鸿投资（集团）有限公司等 5 家新投资者。同时，原发起人股东北方房地产将其持有 7.6% 的股权转让给金隅集团。增资扩股完成后，金隅股份总股本由 180000 万股增至 280000 万股。这一次，公司直接募集资金约 10.2 亿元。金隅集团持有 184032 万股，由股份公司设立之初的 60.84% 增至 65.73%，提升了国有资本的持股比例，巩固了国有资本在公司的控股地位。

2009 年 5 月，利用国家实行相对宽松货币政策的有利时机，金隅股份成功发售 19 亿元"09 金隅债"。债券信用等级为 3A 级，票面年利

2009 年 7 月 29 日，金隅股份在香港联交所上市，融资总额 68.46 亿港元。证券代码：2009

率 4.32%，远低于同类金融产品利率水平，并得到了市场投资者的热捧。"09 金隅债"的成功发售，在进一步丰富企业融资渠道、筹集公司中长期发展资金的同时，显著改善了公司财务状况和负债结构，提升了公司在境内资本市场的地位。

2010 年 3 月和 12 月，为降低财务风险，实现多元化融资模式，金隅股份共发行了总额 28 亿元中期票据。本次中期票据利率低于同期银行贷款基准利率，预计节省财务费用近 2 亿元。本次中期票据是公司所采用的又一新型直接融资方式，是资本市场中又一次成功尝试，为公司实现战略决策和快速发展提供了更强的资金保障。

资产注入　壮大公司实力

2010 年，金隅集团将名下的经营性资产以 35 亿元对价分两批次置入金隅股份。涉及金隅大成开发公司、涿鹿金隅水泥等 22 家企业及两项实物资产。

资产注入使金隅股份新增水泥年产能近千万吨；新增商品混凝土年产能 400 万立方米；新增土地储备面积近百万平方米；新增投资性物业面积约 11.3 万平方米。金隅股份作为产业运营发展主体、直接融资主体和市场竞争主体，此次资产注入将大幅减少关联交易并妥善解决同业竞争问题。公司产业链更加完善，资产权属更加清晰，产业结构更加优化，发展质量更加良好，经济效益更加显著，基本实现了母公司金隅集团的整体上市。

跨入国际资本市场那一刻

2009 年 7 月 29 日，是一个将永远载入金隅发展史册的重要日子，是一个让全体金隅人无比自豪和骄傲的日子。这一天上午 10 时整，金隅董事长蒋卫平在位于中国香港中环港景街一号的国际金融中心香港联合证券交易所大厅宣布：金隅股份上市。

经历两年的艰苦鏖战，金隅股份终于成为香港资本市场的 H 股上市公司，从而完成了从产品市场向资本市场的历史性跨越。金隅在全球成功发行 10.73 亿股 H 股。

金隅股份 H 股发行和上市取得的圆满成功，创造了香港资本市场上多项殊荣，成为自 2008 年 9 月金融危机爆发后全球第 1 个 H 股发行上市项目和第 1 家中国国有企业海外首次公开发行项目；也是金融危机之后首个成功引进基础投资者的香港 IPO 项目；香港公开发行冻结资金

4660 亿港元，成为香港联交所历史上冻结资金第二多的 IPO 项目；同时，也是最大的地方国有企业境外发行上市项目和国内同行业中最大的 IPO 项目。

然而，这一天的到来曾让金隅人期待得太久，这一天的到来也让全体金隅人付出了太多的艰辛和努力。整整三代人，始终如一，坚定目标，艰苦卓绝！

就在当晚，在香港举行的上市庆贺酒会上，身为金隅股份董事局主席的蒋卫平信步走上演讲台，举起酒杯，神情激动而又语调高亢地表达了他彼时的心情："今夜无眠，共享荣耀。感谢几代金隅人竭力造就辉煌上市时刻！"平实而又充满激情、发自肺腑的话，代表了金隅人对企业的挚爱与奉献之志。宴会结束后，在香港众多媒体的簇拥下，他进一步解释了这句话背后的感动："金隅股票开盘暴

金隅上市成功后《中国建材》杂志出版的专刊封面

涨的一刻，我想到的是老一辈金隅人在砖、瓦、灰、砂、石厂中忙碌的身影，我想到的是一代代金隅人挂满汗水的朴实笑脸，正是一代代金隅人的不懈奋斗，成就了金隅今天共同的光荣与梦想！"了解蒋卫平经历的人都深信，这是一位身在建材 30 年，经历过成长，经历过风雨，经

历了苦难与辉煌的金隅人，一直用实际行动在践行着他倡导的"将个人成长融于金隅发展，工作有价值，人生才有意义"的人生信条。

同样，那一天站在国际资本市场舞台上的金隅人，没有忘记那些一路走来，五十余载风雨兼程的金隅人；没有忘记那些三十多年改革发展，砥砺奋斗的金隅人；没有忘记在"三重一争"的集团精神下谱写跨越式发展业绩的金隅人；也没有忘记在集团整合发展中特别能奉献的金隅人；更没有忘记那些走出去、在艰苦岗位上持续追求的金隅人……今天之辉煌，属于所有拥有金隅名字，为金隅奉献、为金隅自豪的金隅人。

在香港联交所挂牌仪式现场，金隅股份向香港公益金捐款100万港币

成功的背后

金隅股份能够在较短时间里获得在 H 股的成功上市，得益于公司高层对于市场的正确分析、准确判断以及果断决策。早在 2004 年 9 月，金隅集团就确定了整体改制并争取 2010 年以前在境内或境外资本市场上市的目标。

2005 年，金隅股份成立。2007 年 7 月，时任金隅集团董事长王东等审时度势，决定抓住 2008 年在北京举办奥运会的有利时机，采取先

H股再A股的思路，率先在中国香港上市。事后的一系列结果证明，当时选择优先在国际化资本市场上市的决策是多么的正确，使金隅实现整体上市的时间至少提前了整整一年。并且就在这一年，金隅教科书一般地抓住了最佳时机，上市前后，迅速赢得了收购、整合的最为有利时机，果断出手。

然而在当时，中国的A股市场正处于近乎狂热的状态，沪指突破5000点大关。管理层明确表态，首先支持国有企业在A股市场上市，通过对资本市场扩容，抑制过热投资，同时对境外上市则采取严格控制的态度。因此，对于金隅想在中国香港登陆H股的想法，股东们无法相信，政府部门表示疑虑，甚至有些中介机构听到这样的想法后，哈哈大笑，留下一句话："天方夜谭。"

正是在这种背景下，金隅股份H股上市工作强势启动。

2007年9月21日，时任公司总经理的蒋卫平在集团召开的北京金隅股份有限公司整体上市启动大会上讲话时说："整体上市工作是复杂而困难的。今天召开启动大会的目的，就是要表达集团领导对实施金隅股份整体上市项目的决心和信心，同时也是向集团全体成员发出的号召和动员令。希望大家继续发扬我们金隅人锲而不舍的拼搏精神，干我们金隅人最擅长干而别人干不成的事。我相信，只要我们金隅人想干，没有干不成的事；只要我们金隅想上市，就一定能够取得成功！让我们上下一心，精诚团结，排除万难，为金隅股份整体上市项目的成功做出最大的贡献！"言犹在耳，让人记忆犹新。

正是在这个大会中，集团管理层还确定了融资60亿元人民币的目标（当时沪指近6000点，香港恒生指数突破3万点）并成立了专门负责公司上市工作的"08项目办"。事后的结果证明，正是当时的决策给上市工作指明了正确的方向，使后来的所有工作能沿着一条正确的路线前进，即使遭受种种挫折，在上市最困难的时刻，公司人员的信念也没有动摇过，不言放弃，从而最终成功抓住了在H股市场上市融资的最佳时机。

方向虽然确定了，然而上市的道路是不平坦的。在整个上市筹备的22个月的时间里，集团及各所属企业有关领导和"08项目办"全体人员与各有关中介机构，克服了常人难以想象的困难，完成了很多几乎不可能完成的任务。

H股路条

虽然公司确定了H股上市的目标，但那时，中国证监会能否放行H股，所有人心里还是没有底。为了争取得到中国证监会对金隅股份H股上市的初步认可，2007年11月到2008年1月间，金隅集团领导人利用一切机会，通过当面汇报、信函等多种方式与北京市国资委主要领导以及市委、市政府的主要领导沟通。时任北京市委书记刘淇和刚到任的市长郭金龙同意出面邀请中国证监会主席尚福林到北京考察奥运筹备工作，其中的一项重要议题就是金隅申请H股上市事宜。考察中，共确定了3件事，包括京能、首创和金隅等国企上市。当时，北京市确定的是，优先支持京能在H股上市，但最终仅金隅一家成功。2008年1月18日，尚福林表示，支持金隅股份提交H股上市申请。

中国证监会的初步认可不等于H股上市就可行了，根据规定，境外上市还要经过国务院国资委和国家发改委的审核批准。特别是国家发改委的审核，京能就是倒在了这里。金隅在公司攻关小组千方百计的努力下，取得了国家发改委当时可以出具的对公司上市和未来结汇最为有利的核准函。

2008年8月28日，中国证监会出具行政许可受理通知书，就是大家常说的"小路条"。

2009年6月22日，经过2个月的苦苦等待，经过有关市领导三访中国证监会，中国证监会终于出具关于核准北京金隅股份有限公司发行境外上市外资股的批复。等待是痛苦的，结果却是甜蜜的，金隅等来了可能是当时香港资本市场最有利的IPO发行窗口。

重组　提升盈利能力

为了满足上市要求和争取最好的结果，金隅集团对旗下企业进行了必要的资产置入、置出，将24家非主营业务企业置出上市主体，并从母公司注入建材经贸等3家优质企业，第二批完成了母公司和上市主体间9家下属企业的置换，以及上市主体下属6家非经营性企业的注销，并于2007年12月28日全部完成本次资产重组所涉及企业的工商变更。在相关各企业全力配合下，"08项目办"在最短的时间里完成了资产重组，为上市赢得了宝贵的时间。

在此次重组过程中，公司敏锐地利用国资委2003年清产核资的有关政策，协调市政府有关部门免除了集团整体改制时形成的资产评估增值8亿元，建材经贸注入时形成的评估增值5亿元所产生的高达4.5亿元的企业所得税。

增资扩股

为保护国有资产，商务部要求对外商投资企业内外资股东不等比例增资从严审批，特别是金隅业务涉及国家宏观调控重点关注项目。历经4个多月的积极争取和努力协调，公司先后取得了市国资委、市发改委、国家工信部、国家商务部等多个部门的审批以及数十个部级、司局级领导签批，最终于7月25日获得商务部批准，完成了上市前的增资扩股和战略投资者引进，并解决了金隅股份部分历史遗留问题。

有人说，资本是一场游戏。当你试图利用它融资发展时，它几乎是最有效的扩充资本的渠道，而如果你是利用资本市场谋取瞬间利润，就不吝是一场赌博。就在当年9月，也就是金隅成功融资扩股后一个月，拥有100多年历史的美国雷曼兄弟公司宣告破产，由此引发的金融风暴席卷全球。当时，也的确有的股东惊出一身冷汗。现在回想起来，如果那时金隅增资扩股无法完成，后果不堪设想。实际上对于公司上市的整个过程，现在回过头来看，都有如神助，很多关键环节都是在最紧要关头完成，使公司能一路蹒跚前行，最终成功到达终点。

增资扩股使金隅股份的股本增加至 28 亿股，解决了公司发行前股本总数较小的问题，保证了公司 H 股的发行规模，减弱了国有股份在金隅上市后被摊薄的风险。此外，增资募集资金总计 26 亿元，其中外部资金 10.2 亿元，从而优化了公司的流动性、负债结构和资产负债率水平。同时，上述资金足以支付上市过程中发生的完善土地、房产、矿山等权属证明的支出。

大成时代中心

由于有了增资扩股的基础，公司净资产增加，使金隅股份有条件在上市过程中顺手发行 19 亿元企业债，使公司流动负债问题得到根本解决，也就是说增资扩股以及企业债发行使还未上市的金隅股份，已经从资本市场融资近 30 亿元，这也让公司在全球金融风暴的背景下，彻底摆脱了现金流断档之虞。

募投项目审批

首先，上报中国证监会和香港联交所的募集资金投资项目必须取得主管发展和改革委员会的立项批复、主管环保部门的环境评价报告以及国有土地主管部门授予的土地使用权证，这三个批复，一个都不能少。

此外，由于当时国际资本市场处于低迷期，赴港发行时投资者的市场反应亦是一个不折不扣的考验。募集资金投向的选择直接影响着将来股票发行时公司对投资者的吸引力，经过反复斟酌筛选，公司最终决定了募集资金的投资分配比例，将募集资金投资项目的重点，约44%用于拓展水泥业务及其配套设施的建设；约31%用于保障性住房建设项目；约25%用于偿还银行借款和其他一般企业用途，保证了充分的合规性和投资吸引力。而像小水泥整合这样的项目在募投项目中绝无先例，难度可想而知。

理清土地房产权属

针对过去多年土地权属不清的问题，经北京市政府同意，金隅上市范围内国有划拨土地采取按现状办理出让手续，先期交纳20%出让金，办理土地使用权登记手续，剩余出让金在上市后一个月内交齐。环球贸易中心、北京建材科研总院两宗在建项目用地采取协议方式补办出让手续，按照现行地价水平上调30%缴纳政府土地收益，需一次性支付。

经过反复细致的工作，最终办理完成了上市范围内自有116宗土地中的107宗，取证面积达609万平方米，土地权属登记手续完备率达到98%以上；自有房屋取证面积近209万平方米（不含房地产项目），权属登记手续完备率达到99%以上。金隅以最小的代价将上市范围内生产经营用土地全部变性为出让土地。

通过梳理，股份公司范围内接近100%的土地房产和矿山取得了权属证明。摸清下属企业房产土地数量及使用情况和权属完善情况，对金隅股份上市后的资产管理产生了深远的影响。

环保核查

为了取得非重污染企业环境评价证明，北京市环境保护局牵头对金隅股份下属36家二级企业以及54家三、四级企业进行了环保核查。于

2008 年 3 月 12 日，出具《关于对北京金隅股份有限公司非重污染企业上市进行环保核查意见的函》，确认金隅股份生产经营符合环保法规相关规定。

根据相关规定，从事水泥行业申请上市或再融资的公司的环保核查工作，由国家环保总局统一组织开展，并向中国证券监督管理委员会出具核查意见。2008 年 3 月 18 日，金隅股份向原国家环保总局报送了

连续多年，金隅对旗下企业进行环保技术改造

《北京金隅股份有限公司关于申请开展境外整体上市环境保护核查的请示》，申请国家环保总局开展对公司及其下属重污染企业的环保核查。原国家环保总局征求了北京市、河北省、黑龙江省环保局的核查意见，最终，环境保护部于 2008 年 8 月 18 日出具《关于北京金隅股份有限公司上市环保核查情况的函》，确认对金隅股份及所属的 13 家生产企业进行了环保核查，经现场核查及社会公示，认为基本符合上市公司环保核查有关要求，同意金隅股份通过上市环保核查。

令人"后怕"的是，仅仅一个月后，也就是 2008 年 9 月，国家环保部就发出了新的环保核查标准，扩大了环保核查的范围，要求所有跨省进行建材生产经营的企业都要进行环保核查。而当时的"通达"、星牌等企业涉及河北、河南、天津等省市。如果到那时公司还未取得有关批文，在环保核查这一项，公司将不得不付出至少一倍以上的时间和成本。

财务审计

境内外监管机构要求发行人在递交正式申请文件时，递交最近 3 个完整会计年度和 1 个会计区间经审计的财务报告和审计报告。由于 H 股上市申请涉及境内外监管机构的双重审批，金隅股份需报送根据香港会计准则和中国会计准则所做的 2 份审计报告。为此，金隅股份投入完成了大量的审计工作，包括 2005 年—2007 年 3 年境内外准则连续审计，2005 年—2007 年以及 2008 年 1 月—6 月香港准则审计，2006 年—2008 年 3 年境外准则连续审计，2006 年—2008 年以及 2009 年 1 月—3 月香港准则审计和为满足在美国实施 144A 发行的要求，完成了 2009 年 1 月—4 月以及 1 月—5 月审计。

在审计过程中，公司妥善解决了多项重点问题，包括改制预留费和拆迁补偿精算和审计问题；建材发展基金的解除和相关账务处理问题；下属 100 余家企业往来账目核对，130 余家企业三期近 400 张完税证明；下属企业关联交易的核对；多项公司下属企业收购、托管的账务处理；投资性物业评估、担保评估、矿权评估、人员精算等诸多辅助事宜。

一系列的文字描述固然抽象，但是，要按时取得每一个核准、评价，大量的数据，工作难度、工作量之大是难以想象的。

这不啻是一场战斗，一个老国有企业多年的财务工作从此可以和国际会计准则接轨，可以经得起国际上最权威的会计师事务所的审计。在这场战斗中，公司"08 项目办"财务组的工作人员克服了难以想象的困难，付出了极其艰苦的努力。在长达 22 个月的上市筹备过程中，他们办公室的灯光总是全集团最晚熄灭的，有时是通宵达旦。陈志成，在上市审计工作最紧张的时候，父亲病危，公司领导曾到医院看望过老人。当时，志成同志因加班没有在老人身边，当谈到志成同志时，望着老人企盼的眼神，公司领导的内心也十分酸楚。但是，这是金隅发展中最重要的历史责任，时不我待。没有办法，为确保进度每个人都要做出牺牲。志成和他领导的小组，最终出色地完成了上市财务审计及其相关工作，但直到父亲去世，他都没能尽到一个儿子的责任。在财务组门口的小黑板上，赫然写着四个大字"金成必成"，志诚必成。正是抱着这样坚定的信念，支撑着"08项目办"坚持到最后的胜利。

金隅大成开发的长安新城是高品质保障房的代表

整个财务审计工作是一项复杂的系统工程，涉及股份公司所属上百家企业，为什么财务组在这么短的时间内能完成如此艰巨复杂的任务，因为他们背后是全集团数百名财务人员的支持和付出，是各单位企业领导的支持，正是全体金隅人的众志成城才使金隅获得了在中国香港上市的"九个第一"。

太行水泥

金隅集团在2007年收购太行水泥股份时，曾做出承诺，在时机成熟时将金隅集团水泥资产注入太行水泥，而该类水泥资产均进入了金隅股份上市范围，其间可能产生的同业竞争及关联交易问题十分复杂，因此受到中国证监会和香港联交所的重点关注，上市审批进程一度陷入停滞。

金隅集团领导和"08项目办"有关人员先后向中国证监会领导、证监会国际部、上市部以及上海证交所进行了20余次正式和非正式汇报，就监管机构关注的太行水泥关联交易和同业竞争、整合方式、整合时间表等问题起草了10余篇说明文件，报送了6稿太行水泥整合方案，才最终形成了各方面都可以接受的方案并初步解决了同业竞争和关联交易问题。

据不完全统计，公司在境外 H 股上市过程中，先后取得各级政府审批文件近 70 份，与国家有关部委，北京市政府及委、办、局，河北省、黑龙江省等共 20 多个政府部门进行了大量的沟通协调，先后拜会 20 余位部长，与近 100 个政府机构、部门和 200 多个政府有关工作机构协调，获得了他们的支持、协助，最终完成审批程序。

要获得在境外上市的成功，最终成败与否是由公司和市场的博弈决定的，再动听的故事也不会打动那些久经沙场的投资人。要获得市场认可，关键还是要看实实在在的业绩。经过仔细、反复的研究讨论，公司确定了 2009 年上半年的盈利预测和现金流预测的框架和结构，并启动了前期文件的起草和准备工作。在时间非常紧张的情况下，科学及时地完成了对盈利数据和现金流的预测。针对盈利预测和现金流预测前期假设和基础数据进行了严谨周密的尽职调查，并成功说服了各相关中介机构接受公司承诺的结果。最后，所有中介都采用了公司提供的数据编写估值报告，为后来的市场推介准备了充足的资料。

然而，有了好的素材，还要有优秀的推销员，金隅股份的高管团队和相关企业管理人员很好地充当了这一角色。为确保市场发行成功，2009 年上半年，公司董事长蒋卫平亲自带队，五下香江，会见各类投资者反反复复近百人次。公司董事会秘书吴向勇精心安排的环贸、"通达"、美和园、北京水泥厂等反向路演线路，接待各类投资者 40 余批次。付秋涛和冯运生曾问起：我们的工作能否使金隅每股多发行一毛钱？其实，正是由于金隅快速发展的经营业绩，大幅提升了公司股票发行的每股盈利及市盈率，从而增加了在资本市场的募集资金总额。很多基础投资者都是在上述路演和反向路演后决定投资金隅股份，而这些优质基础投资者的加入为公司最终成功发行起到了至关重要的作用。

管理层正式路演在 2009 年 7 月 13 日如期启动，近 300 人出席的全球投资者大会在港岛香格里拉酒店成功举办。

金隅股份成功登陆港交所，创造了九项"第一"：

1. 自2008年9月国际金融海啸后第1支H股发行。

2. 自2008年9月国际金融海啸后第1支中国国有企业H股海外首次公开发行。

3. 历史上最大的水泥建材企业在香港首次境外公开发行。

4. 自2008年9月国际金融海啸后从需求/订单（国际配售以及香港公开发行）而言，全球最受欢迎的首次公开发行。

5. 历史上冻结资金第二多的香港公开发行。

6. 历史上最大的北京市企业首次境外公开发行。

7. 历史上最大的地方国有企业境外首次公开发行。

8. 自2008年9月国际金融海啸后首个成功引进基础投资者的香港首次公开发行，成功引进了中国人寿、中银集团投资、中投、奥氏资本和嘉里集团。

9. 自2008年9月国际金融海啸后首个定价与可比公司二级市场交易水平持平。

金隅股份在中国香港成功上市，给国际金融危机中的资本市场带来了春意，也因此受到香港及国际媒体的重视

成功上市，金隅终于插上了资本之翼。但新的历史阶段带来的不仅是辉煌，也必然迎接一场更为严峻的考验。公司境外 H 股上市是一次成功的资本运作，也必然为公司的后续发展带来一系列的思考。

公司上市前后对比

2005 年是金隅完成改制的一年，之后从 2006 年到 2009 年这 3 年里，金隅各项经营指标都有了显著增长，公司总资产由 140.26 亿元增至 322.49 亿元，翻了一番多；实现营业收入由 57.23 亿元增至 125.09 亿元，增长 1.49 倍；利润总额由 1.97 亿元增至 19.28 亿元，增长 3.58 倍。

金隅在香港主板上市，获得了资本市场的融资平台，再一次与海螺水泥、中国建材以及中材股份 3 家行业龙头企业站在了同一起跑线上。而金隅的后发优势将更为明显，生产经营与资本运作的互相促进作用将更为有效。按照香港资本市场的有关规定，公司上市后可每年自动增发 10% ~15%。这样，如果公司股价可以持续上升的话，将较容易根据资金需求每年从资本市场获得 40 亿港元—60 亿港元用于公司的主营业务项目建设，从而使生产经营实现更为快速的增长。如果能实现如此的循环往复操作，公司跨越式发展将是必然趋势。

按照一般规律，企业上市的目的和动机就是为了融资，解决企业资金压力。但是，只为了融资而上市的企业，如果公司治理及规范运作跟不上，终将会被资本市场所抛弃。董事长蒋卫平常说，体制决定机制，我们进入了国际资本市场，就要入乡随俗，按照国际资本市场的游戏规则并结合金隅自身特点制定一套行之有效的新体制，并使之更好地为金隅的长远发展服务。

金隅是一个从老国企体制下改制发展而来，并在国际资本市场上市的企业，如何抓住上市历史机遇，深化改革，全面提升企业的自身质量和核心竞争力，使公司真正成为一家国际化、现代化、规范化的公众公司，任重而道远。这是个蜕变过程，更是一个新生的过程，在漫长的发展之路上，公司定能在未来新的更为艰难复杂的考验中交出更加完美的答卷！

争取境外上市的22个月是公司发展历程中最难忘、最值得纪念的岁月，很多突破性的工作和让人充满感怀的人和事将永远记录在公司境外上市的史册上。成功上市，证明了金隅是一个有着顽强毅力与蓬勃生命力的企业。她就像一个大家庭，一个大学校，一个大熔炉，无论从哪里来，到哪里去，只要曾经加入金隅的队伍，就会以身为金隅人而感到骄傲和自豪。

公司H股上市，实现了国有企业到资本市场直接融资的革命性跨越，不仅为金隅聚集了更加雄厚的发展资本、开创了更加广阔的发展空间、奠定了更加坚实的发展基础，也为金隅跨越式发展搭建起持久的资本平台，开拓出持续的融资渠道，掀开了以产业资本与金融资本有效融合为依托，加快做强、做大、做优的新篇章；不仅充分展示了国有企业卓越的经营能力、突出的盈利能力和强劲的发展能力，提升了北京大型国有企业在香港乃至国际资本市场的影响力，也进一步实现了国有资本的证券化、市场化和价值最大化。

成功上市，对于金隅人来说是辉煌的，值得骄傲的。然而，在境外资本介入公司的同时，也必然地带来从管理观念到管理制度的改变。过去公司强调集团意识，是要求企业更加积极主动地参与集团的发展，把企业发展融于集团发展，扩大经济总量，为集团发展贡献力量。成功上市，意味着集团公司以统一的资源和利益面对公众，建设目标一致、利益趋同、管控高效、运行步调和谐有序、高效运行的公司体系显得异常重要。

公司在继续完善水泥管控体系的同时，对集团旗下的不动产资源、物业管理体系进行了最大限度的整合，对集团旗下经营资产进行了最大力度的整合。

回归 A 股 开启境内资本市场征程

金隅股份 2009 年境外上市后，在资本市场面临的首要任务是如何妥善解决与金隅集团旗下所属 A 股上市公司太行水泥的同业竞争问题。根据金隅集团在金隅股份 H 股上市时做出的"12 个月内完成水泥资产整合方案并进入申报程序"的承诺，如期履行承诺，将体现公司在资本市场的诚信形象。公司主要领导未雨绸缪，自境外成功上市发行之后，在确保高度保密前提下，着手研究启动太行水泥资产整合方案前期工作，金隅股份吸收合并太行水泥并 IPO 首次境内公开发行项目由此拉开了序幕。

履行承诺 彰显金隅责任

2007 年，金隅集团在收购太行水泥报告书中承诺："在本次收购完成后，金隅集团将在时机成熟时通过资产重组与整合将与水泥相关产业的资产与业务全部注入上市公司，以解决同业竞争问题。"

2009 年，金隅集团在金隅股份 H 股上市之前承诺："本次水泥资产整合将以太行水泥向金隅股份发行股份购买资产等方式进行。金隅集团拟通过资产整合将太行水泥发展成为金隅集团下属水泥

A 股路演

业务的唯一发展平台，统一运营和管理金隅集团的水泥资产及业务，成为金隅股份绝对控股的水泥业务公司，从而妥善解决金隅集团与太行水泥之间水泥业务的竞争问题。""金隅集团将于金隅股份上市后 12 个月内，完成水泥资产整合方案并进入申报程序。"

掌控变局　果断停牌

太行水泥重组方案涉及金隅股份和太行水泥两家境内、境外上市公司，根据过往上市公司重组项目经验，许多公司因重组信息提前被市场获悉，造成上市公司股票价格暴涨，大大增加了资产重组成本，最终导致重组方案胎死腹中。自 2010 年 3 月，公司开始部署重组方案前期有关准备工作起，项目始终保持高度保密状态。此时，由于市场和投资者对太行水泥资产整合的预期已有相当时间，太行水泥的股价已经充分反映了相关预期，估值水平明显高于同业。

金隅总经理姜德义在 A 股路演中

3 月 26 日起，A 股市场水泥行业股价走势强劲，且交易量呈逐日放大迹象，若此时不停牌，太行水泥股价很有可能持续攀高，导致重组方案成本的不断上升，最终导致整个方案败走麦城。公司当机立断，果断决定于 4 月 2 日正式公告太行水泥停牌，将太行水泥股价锁定在公司预定的目标范围内，由此正式启动太行水泥资产重组工作。在当时严峻市场环境下，太行水泥停牌时机的选择充分体现了公司主要领导对资本市场的判断力和决策的魄力，太行水泥适时果断停牌，为后期项目有条不紊地开展创造了良好的前提条件。

方案出台

基于妥善保护太行水泥中小股东利益的出发点，同时兼顾金隅股份的长远发展以及监管机构关于整体上市的政策导向，经过细致的研究和论证，公司最终确定采取水泥资产整合与金隅股份回归 A 股相结合方式，以彻底解决同业竞争、治理架构、决策机制、长远发展利益等问题，兼顾公司和股东的长期和短期利益，为投资者带来更优、更长远的回报。

本次方案的最大亮点是对太行水泥股东提供两次现金选择权，第一次现金选择权的价格是太行水泥停牌前最后一个交易日的收盘价 10.65元/股，现金选择权给予金隅股份和金隅集团外的全部股东而不仅仅是对方案持有异议股东，最大程度地保护了太行水泥股东的利益。同时为了保护参与换股的投资者利益，方案中向参加换股的投资者提供二次追加现金选择权。大股东金隅集团和信达集团担任现金选择权提供方，这体现了公司对未来发展的信心，也为金隅股份和太行水泥股东提供了最为稳妥的解决方案，最终获得通过。

金隅股份回归 A 股并换股吸收合并太行水泥被资本市场公认为近年来最为复杂的交易。主要体现在影响面广：交易涉及境内外两家上市公司股东，需要综合考虑合并方和被合并方投资者的利益；审批程序复杂：需获得国务院国资委、商务部主管部门、国家环保部的前置审批和中国证监会的审核批准。此外，金隅股份还需满足香港联交所的监管要求；定价难度高：本次交易的合并双方分布在不同的资本市场，跨市场定价需综合考虑双方历史股价、同行业可比公司估值水平、A 股发行市盈率等多种因素，是一个与投资者、资本市场和监管机构多方博弈的艰苦过程；执行程序复杂：本次交易是中国证监会《上市公司重大资产重组管理办法》实施后，资本市场上第一例 H 股上市公司回归 A 股同时换股吸收合并 A 股子公司交易，执行程序上几乎无同类案例可参考。

国家建材局领导张人为、北京市领导吉林为金隅股份 A 股上市舞狮点睛

跨越险阻　刷新上市纪录

太行水泥宣布停牌后，经过了长达 60 个日日夜夜的艰苦工作，在公司的正确领导决策以及各企业和总部各部门的通力配合下，公司 A 股上市团队与多家中介机构共同努力，经与上交所、证监会和国资委等主管部门和监管部门反复沟通，集团主要领导亲自上阵，为本次方案能够最终获各个监管机构的初步认可奠定了坚实的基础。在此基础上，金隅股份和太行水泥于 6 月 4 日召开了关于换股吸收合并的第一次董事会，公告了金隅股份换股吸收合并太行水泥的预案说明书。至此，前期引发多方热议的太行水泥重组方案正式浮出水面，金隅股份正式迈上回归 A 股之路。

接下来的一个月，公司相关部门与中介机构经过无数个通宵达旦的辛勤工作，高质量地完成了吸收合并报告书等一系列公告材料。7 月 6

日，金隅股份和太行水泥召开了关于换股吸收合并的第二次董事会，公告了金隅股份换股吸收合并太行水泥报告书，确定了现金选择权和追加选择权提供方，受到了市场的肯定。太行水泥股价企稳回升，金隅股价更是跑赢了大市，比同行业可比公司增长20%～30%，更加印证了市场对太行水泥资产整合方案的充分认可。

两个月后的2010年9月14日，金隅股份、太行水泥股东大会分别以99%和97.77%的高得票率，通过本次换股吸收合并方案。

在前述各项工作的基础上，公司于2010年9月20日正式向中国证监会提交了换股吸收合并太行水泥的申报材料。

2010年9月29日，正式向中国证监会提交了关于首次公开发行A股的申报材料。

2011年1月21日，本次交易经中国证监会发行审核委员会无条件

左起，上海市副市长屠光绍，时任北京市常委、常务副市长吉林，时任北京市政协副主席黎晓宏，原中国建筑材料联合会会长张人为，北京金隅董事长蒋卫平观看金隅股份（601992）开盘交易情况

通过，这在A股首次公开发行的案例中极为罕见。本项目同日获得并购重组委审核通过，显示了监管机构对本项目方案、执行质量的认可。

2011年1月28日，中国证监会出具《关于核准北京金隅股份有限公司首次公开发行股票的批复》，核准本公司首次公开发行A股方案。同日，中国证监会出具《关于核准北京金隅股份有限公司吸收合并河北太行水泥股份有限公司的批复》，核准公司本次换股吸收合并方案。

获得中国证监会批复后，公司于2011年2月1日至23日期间，举行了网上路演及北京、广州、深圳、上海等城市的实地路演。现金选择权实施日2月9日，太行水泥股东无人行使现金选择权，显示了广大投资者对公司投资价值的高度认可。此后，公司经与上海交易所、中登公司北京分公司和上海分公司的协同配合，最短时间内办理完成太行水泥退市、内资股东开户、换股、公司A股登记等多项工作。

2011年3月1日，金隅股份A股股票如期在上海证券交易所挂牌上市，金隅股份股票以15.00元开盘，上市当天交投活跃，最高价达16.27元，当天收盘价为15.05元，首日涨幅为67.22%，以出色的市场表现完美亮相A股市场。

毫无疑问，此次换股吸收合并太行水泥并回归A股，将成为公司继H股上市后又一具有里程碑意义的重大事件。从短期来看，公司通过换股吸收合并太行水泥，将履行金隅集团整合旗下水泥资产的相关承诺，树立公司在资本市场的良好形象，同时解决与太行水泥之间的同业竞争。长期来看，金隅回归A股后，公司将成为市值在A股市场排名靠前大盘蓝筹股，受益于境内资本市场较高的估值水平，加上良好的品牌形象，公司将获得市场更充分的认可，借助新的资本市场平台，提升公司的资本运作能力，为公司快速健康发展持续提供稳定的支持。

金隅半个多世纪的发展史，是一部金隅人始终艰苦奋斗、紧跟时代步伐的波澜壮阔的奋斗史。每一次栉风沐雨后的增长、每一次披荆斩棘后的跨越，乃至每一次成功的喜悦，无不凝聚和诠释着金隅人与生俱来而又与时俱进的"特别能吃苦、特别能奉献、特别有激情、特别有思路、特别能融合、特别有追求、特别能理解、特别能实干"的金隅人文精神。

融合的力量

金隅在完成了在境内外资本市场登陆之后，一个重要问题就是要按照规则，加强和完善公司治理，提高管理和运营的效率。为此，集团对所属企业进行了新一轮整合。

新"建机" 在调整中探求发展之路

20世纪90年代，随着北京市城市功能定位的调整，一批传统的高能耗工业企业退出了工业制造领域，转而发展与城市发展相配套的住宅及商业地产，推动了北京的城市化进程。这时，拥有大批土地资源的北京建材集团也做出了发展城市房地产业的战略调整。集团实施"统一土地开发"的战略布局，一批建材制造业企业成为了企业改制的龙头。北京市建材机械厂（北京建机资产经营有限公司前身）也加入了集团土地开发带动工业调整的行列。职工们拆除旧厂房、兴建营业厅、装修办公楼、新建办公区……2002年5月，建材机械厂正式退出工业生产，跨入到投资管理、房屋租赁和物业管理为主业的服务业新领域，完成了企业的第一次"蜕变"。

那时，集团系统内实施战略调整的企业达到数十家。而调整后转型企业何去何从也成为摆在决策者面前一道亟待破解的课题：大批的干部职工需要分流、消化、重新创业；一些暂时不具有开发价值的零星产业和资源必须发挥效益，避免国有资产损失。

这时，北京市建材机械厂与博厦工贸公司成功实施整合，开创了集团内企业调整整合的先例。通过整合，资源得到了合理利用，人员得到合理安置，稳定了集团发展的大后方。公司内部资产规模扩大，收入年年递增，企业由过去的吃补贴，经过调整转变经营思路，实现了发展。

之后，初战告捷的北京市建材机械厂几经调整，按照集团确定的"所有的劣势企业、转型企业向优势企业靠拢"，2006 年 10 月，北京市建材机械厂更名为北京建机资产经营有限公司；2007 年 12 月，公司又与北京中威森海物业管理公司实现整合；2009 年 11 月，金隅集团地产与物业事业部所辖 11 个企业正式划归"建机"旗下；2010 年 6 月，"建机"公司

原北京建筑材料机械制造厂大门

对北京市门窗公司实行委托管理。

至此，一个横跨北京城东、西、南、北，以资产为纽带，以金隅企业文化为核心，生产经营和资本经营并重、机制创新和管理创新并举的新"建机"整合完成。

"十一五"期间，北京建机资产经营有限公司借助金隅集团良好的发展平台，以划归管理和吸收合并的方式整合集团所属 20 余家企业。"建机"人按照"资源再整合，改革再深化"的要求，紧紧围绕"抓经济、保安全、促稳定"的企业中心任务，坚持对划归企业实行统一管理，同步推进。通过优化资源配置，提升资产质量，企业规模不断扩大，经济效益稳步增长，职工收入逐年提高，遗留问题逐步解决，公司整体实力不断增强。

经过整合，"建机"实现了资产总量的持续增长和经营品质的有效提升，走上了一条可持续发展之路。

公司通过传承金隅文化，全力打造出一支适应市场竞争的一流团队，不断提升企业的经济实力、管理水平和员工队伍的整体素质。

拆迁实现的资产升级

2010 年 1 月 12 日上午，北京市通州区第四届人民代表大会第五次会议开幕，区长邓乃平向大会作工作报告。

报告提出，通州区将依托运河核心区打造国际新城。2010 年将启动核心区附近 40 余万平方米西海子棚户区以及周边拆迁。

根据实施细则，西海子棚户区改造项目东至北大街，西至西海子西路，南至新华大街，北至通惠河。

按照实施细则，"建机"潞州商城所处区域被列入通州区西海子棚户区改造范围。一石激起千层浪。

潞州商城原为北京市建筑五金水暖模具厂，1994 年停止工业生产，开始从事商贸物业出租经营。公司体制下有固定的职工，固定的商户，其适合大众品位的服装百货和多领域、多项目的经营范围更是周边数十个商家无法比拟和取代的，年经营收入可达 1280 万元。商城以它良好的信誉和威望连续数年被评为"首都文明市场"，是通州人理想的购物场所之一。

1997 年从河北省泊头市举家迁来的孟祥生一家是潞州商城最早一批经商的老商户。儿子从幼儿园、小学、中学到现在的寄宿高中，一直在北京上学，成绩优异。夫妻二人 2004 年在通州区如意园小区买了一套两居室的住房，生活红红火火、蒸蒸日上。

通州区的一纸拆迁令顿使孟祥生夫妇头晕目眩：商城是他们唯一的经济来源，拆了商城，等于断了营生，"孩子怎么办？家怎么办？政府的补偿能维持多久？"

2008 年调入商城的小李也面临着两难：从京城一家小有名气的物业管理公司调入潞州商城，看上的就是商城的兴旺和适合自己的岗位。来到商城后，他倾其所学，将物业管理知识与商城经营理论融会贯通，提出了"捕捉商业信息、关注同行动态、服务商户顾客"的商城工作三部曲。调入商城的第二年，他加入了中国共产党。正当他大展宏图，想大干一番的时候，商城要拆了。

在潞州商城，像孟祥生这样的承租户共有 721 个；像小李这样的员工共有 37 名。建设国际新城，大方向咱明白，可是多年经营的成果一下子改变了，谈何容易？

一方是城市的未来发展，另一方是企业的经济利益，更重要的是 700 多个商户和 30 多名职工该何去何从？"建机"人知道自己的责任。

怀着对企业高度负责的态度和对员工理解体谅的心情，北京建机资产经营有限公司党政领导根据集团的统一部署，以保证股份公司利益、保证企业利益、配合政府规划布局、支持通州新城建设、确保企业职工和承租商户稳定为原则，制定了《企业与新城基业（政府委托的拆迁公司）谈判拆迁货币补偿与房产置换相结合方案》，同时出台《清退商户补偿办法》，展开了拆迁谈判、新址购置、招商经营"三大战役"。

2010 年 5 月 4 日，潞州商城代表与新城基业公司正式接触。经过反复磋商、协调，"建机"人按照董事长在 2011 年第二次工作会讲话中提出的敢于负责、敢于碰硬、敢于创新的图强精神，上下一盘棋，团队一条心。了解相关专业知识，研读相关政策。主动配合拆迁区域地方政府工作，争取得到政府最大限度的理解和支持，实现企业和股份公司利益最大化。

潞州商城共拆除商业用房建筑面积 21153 平方米，获一次性拆迁补偿 5 亿元。建机公司用这笔资金分别购置了北京顺华房地产开发公司开发的商业项目"当代名筑"5521 平方米房产和北京金隅嘉业房地产开发有限公司开发的金隅康惠园住宅楼底商 14726.74 平方米的新物业。两项商业用房，合同年租金收入可达 1680 万元。98% 的原有承租户即将迁址重建与潞州商城重新签订了租赁合同。孟祥生和他的爱人又在"当代名筑"租了个 25 平方米的摊位，红红火火地干了起来。

2011 年 4 月 30 日，在新址重建的潞州商城试营业。

创新创造价值。一场由于拆迁引起的"危机",由于经营理念的创新,使企业通过拆迁,提升了资产和运营质量,实现了环境改善、资产升级、隐患消除、效益提升。

建机公司举办的职工安全歌曲合唱比赛

大整合下的聚合效应

2009年11月23日,建机公司迎来了有史以来最大力度的一次整合。北京市家具公司、墙体公司、五金公司、北奥公司、西砂公司、长城家具公司等十几家集团内部企业被整合到北京建机资产经营有限公司,这是集团5年中做出的第5个整合决定。

整合带来了机会,也摆出了难题。整合的十几家企业,涉及职工、中层干部,仅企业厂处级领导就有42人。新企业涉及的物业资产来自全市东、西、南、北城百余处,而且,大多老企业留下的是几十年前的老、旧、小、散资产。出租地域分散,资产质量不高。为此,集团也提出整合过程中"稳定第一",没有对北京建机资产经营有限公司的经营指标提出过高要求。

然而,所有的改革、整合,都来自利益的调整,企业多年形成的各种不同业态，不同的企业文化，多种利益关系，考验着"建机"的领导班子，也考验着集团文化。

"建机"经理安志强（前左）与公司工会代表签订集体劳动合同及工资协商协议

对职工，公司提出，整合后要保障"人人有岗位，事事有人做"。公司按照集团"专业化管理，规模化经营"的战略部署，采取"高效整合、有机融合、稳健经营"的策略，开始购入和改造一批原有资产，以规模整合实现了企业的聚集效应。地处南三环的原木工机械厂，上千平方米的物业只有 170 万元收入，却养着 100 多人吃喝。"建机"筹集资金用于原有物业的升级改造和人员分流。改造后的物业，将原有的健身馆变成了写字楼，物业品质得以提升，租金收入成倍增长。仅两年，全部回收投资成本，项目只留下 4 名物业经营人员，经营效益大大提高了。

2011 年，"建机"的主营业务收入达到 1.51 亿元，实现利润超千万元，数十倍于 2004 年整合之初的各项指标。

2010 年春节前夕，"建机"热闹非凡。员工刚领到了过节费，又忙着装着各种各样的年货，不亦乐乎。随企业整合到"建机"不到两个月的小林忍不住一脸的喜悦，说："很多年没有这种国企的感觉了！"

就企业整合而言，"建机"无成功先例可循。但他们却以特别的激情和魄力，妙手盘活调整企业国有资产经营这盘大棋局，用一个个和谐发展的新成果，诠释着金隅人的"特别能奉献"的精神。

"安总"志强

集团有个"成文"的规矩，企业的"一把手"不称为"总经理"，在集团文件上写的是"经理"。可是，大大小小，集团上下的经理、部长、职工还是喜欢管北京建机资产经营有限公司经理安志强叫"安总"。这一方面源于安志强是集团任命的"副总经济师"，另一方面，他也的确是管着好多个大大小小经理的经理。

刚整合的时候，公司上下，40 多个当年集团任命的正处级经理，年龄 40 多到 50 多，资历都是安志强的师傅级。用好、管好这些"人物"是企业实现顺利过渡的前提。人们都说，安志强思维敏捷，睿智豁达，是个绝顶聪明的人。可作为企业的"一把手"，他还有一颗"以人为本"的心。公司班子中，他与书记蒋和内外配合，心领神会。从建设和谐班子、和谐队伍、和谐文化入手，大力推进"和谐企业"建设。对于整合企业党政领导，分管不同企业、不同区域。他既严格要求又悉心爱护，关心他们的生活、工作状况，把团结、凝聚、负责，作为各级干部构建良好协作关系的首要任务。

整合后的"建机"管理地域广阔，形成了环绕北京城的管理区域。人们开玩笑说，"建机"管理的是过去的大半个建材局。这时，"建机"利用科学有效的管理制度，发挥管理职能，领导干部深入一线解决问题。一名职工见到安志强这样平易近人，便毫不客气地问："企业整合后，我的工资是多少？我的岗位在哪里？"安志强耐心地与这名职工交流，详细讲解企业"尊重历史、面对现实、逐步调整、共同发展"的工资管理原则，承诺公司将以每年人均10%的比例为职工增加工资，保证职工"绝不因调整、整合而下岗"，让这位职工感动不已。

正是在这种"以人为本"的调整改革过程中，安志强和他的团队在如此繁复的各种利益调整面前，正视现实，不回避矛盾，从职工的切身利益和企业稳定发展出发，人们担心的各种冲突、上访，没有发生过。和谐发展的结果让群众满意，领导放心，企业日益强大。

身为总经理，在建机人眼里，安志强既没有老总的威严和气派，也没有高谈阔论的说教，倒是"安总"的说话直爽，直入核心，让人心服。

今　雨

在成功回归A股之后，让金隅人不禁记忆起了"老太行"。几年过去，当年的太行会是什么样？2011年11月18日，《北京金隅报》报道了金隅太行的"十二五"开局之年：

以人为本　寻找企业发展途径

2011年11月9日，邯郸金隅太行。

从新义公路下来，老远就看到了金隅太行那蓝白相间的大窑，蓝白相间的厂房，形成了一道与众不同的靓丽的风景。

金隅太行大窑英姿

　　初秋的太行，绿树乍黄，草坪如茵；一棵棵火红的月季围成了几个大大的"心"字，盛开在生产区前面绿色的草坪上，让人赏心悦目。工厂里，整理如新的生产区、物流区、办公区井然有序。

　　只有从宽阔的厂区专属公路、铁道，才能让人依稀记起这是一个1958年建厂的老企业。

　　一

　　这一年初春，一场声势浩大的"金隅春天工程"在金隅太行全面启动。"金隅春天工程"以金隅文化为导向，是企业创造面向未来的系列工程。从3月至5月，将建设和扩建包括7条服务企业物流的运输主干道，建设五六个"森林公园"，扫除多年

263

污垢，建立科学高效、绿色人文、清洁有序、高品位的生产经营环境。就这一项，工程总费用将超500万元。而大家说，"金隅春天工程"将树立起金隅太行现代工业的崭新形象。

金隅太行公司董事长李怀江立志打造金隅冀南建材基地

用环境改变人，用环境约束人，用环境促进人。"金隅春天工程"帮助干部职工摒弃旧思想，突破固有思维定势，迅速凝聚起公司职工，在公司职工中掀起了一场全面实现面貌大改观、环境大改善、效率大提高、效益大增长的工程建设热潮。

实施过程中，干部职工干劲十足，积极从影响企业发展、基础设施、设备运转率等问题入手，从影响企业形象、设备安全隐患方面着力，热情高涨，难事脏活抢先干，苦差累活争着干。

历时3个月的"金隅春天工程"让邯郸金隅太行的环境发生了翻天覆地的变化，真正迎来了企业发展的"春天"。

二

太行实业的经理张诗讲了一个让太行人转变观念的故事。

由于年长，人缘好。平时太行职工家属院无论谁家有红白喜事，都是请张诗帮忙，并且都是担任"大总管"这个重要的角色。

上个月的一个周日，经贸分公司副经理结婚，邀请张诗做婚礼"总管"。婚礼的前一天，张诗接到了部门一把手必须参加金隅太行馆陶搅拌站剪彩活动的通知。他一下子为难起来，因为参加婚礼的同志中，加他有9名中层干部，如果这些人都不来，这婚礼就冷淡了。犹豫再三，张诗打算自己请假留下来张罗婚事，其他中层都去参加剪彩。

志忑不安的他找到金隅太行公司董事长李怀江请假。李怀江见面第一句话就说："这事我听说了，好办。"张诗正纳闷的时候，李怀江补充了一句："好办就是9个中层都可以去婚礼上帮忙。"这话让张诗感到非常吃惊，这也是他来之前想也没敢想的。接着李怀江说："在这件事上以个人事为主，参加剪彩还有机会，因为企业发展加快了，还会有更多的发展项目，可职工的婚礼一辈子只有一次。正职不能参加剪彩，让副职代表参加，并且婚礼一定要办好！"听了李怀江的话，张诗心里有谱了。他把这话捎给了新郎，新郎感动了，说啥也要好好谢谢董事长，请董事长好好喝一场。张诗和新郎开了个玩笑：老总是想让你请喝酒吗？你的婚礼办好了，精神焕发了，你多卖水泥，为企业创造更大的效益才是对公司、对董事长最大的感谢呢。

以前张诗为职工帮忙办红白喜事，有时候占了工作时间，他常自嘲："感觉自己有点不务正业似的，总是躲躲闪闪的，怕公司领导说。"可李怀江得知这事后，嘱咐张诗：踏踏实实为职工办好事，需要派车给公司言语一声，把普通职工的事情当成总经理的事情来办。

现在公司谁家有红白喜事，公司领导总是代表班子成员到家里看看；每年无论哪位职工家里有参加高考的孩子，公司总是给特别放假3天；公司还规定，职工遇到大事，公司班车可以免费使用。

三

邯郸金隅太行坚持一切以职工的利益为出发点的做法，凝聚起干部职工，形成了集团和企业发展的一种无形的精神力量，使企业的"软"实力变成了助推企业快速发展的"硬"实力。

这些年，水泥建材市场形势纷繁复杂。邯郸金隅太行本着"抢占高端、联运中端、辐射低端"的营销理念，"立足企业内部求效益，走向市场求发展"，以重点工程、商品混凝土、工矿企业、农村市场四个方面为水泥销售的主要流向。建立起东到济南，南到郑州，北到保定，西到太原、长治的区域型市场营销网络。

邯郸金隅太行低碱52.5水泥突破高端市场，抢抓重点工程，在区域内独领风骚。先后中标的邯黄铁路、邯长铁路、山西中南部铁路通道工程、邢汾高速、南水北调中线工程等重点工程，稳定和支撑了水泥销量。

邯郸金隅太行紧抓邯郸市新农村建设这一巨大商机，配合销售部在邯郸东部13个县确定了27个县级经销商，在整个邯郸区域建立了400多个销售网点，将直径100公里内的区域全部纳入低端水泥的销售范围。公司以"建材下乡"为契机，降低水泥售价，进一步开拓低端市场。2011年，实现利润创造了历史最高水平。

以李怀江为首的邯郸金隅太行领导班子，以对集团负责、对企业负责、对职工负责的精神，经营管理好企业的每一份资源。研究、分析国家相关政策，通过集团与邯郸市政府的战略合作，与成安县、馆陶县的战略合作，在原煤和钢材跳跃式涨价的紧要关口，抓住有利时机采购，仅此项就为企业节约成本1500余万元。为掌控区域各类资源，公司领导班子认真谋划，与邯郸钢铁集团、普阳钢铁等大型钢厂签订长期战略合作协议，掌控矿渣粉资源；通过与邯峰电厂合作掌控脱硫石膏资源；通过摘牌石灰岩矿，掌控石灰石资源。通过技术创新，实施纯低温余热发电改造、生料磨系统改造、水泥磨脱硫石膏改造等节能技改项目，每年为企业节约成本1800余万元。还通过技术创新，实现了消化工业废渣、建筑垃圾和废水零排放，全面提升了企业循环经济水平和资源经营能力。

四

作为50多年的老国企，邯郸金隅太行由于企业的改革改制，内退职工一度高达1000多名，企业负担沉重。融入集团后，公司积极转变观念，提出要把内退职工由负担变成资源，由资源变成资产，由资产产生企业的经济效益。

公司通过企业的快速发展，逐步让一些工作经验丰富、年富力强的内退职工返岗，充实到工作岗位。

企业内退职工吝少春，没有高学历，但擅长团结职工做工作。为全面提升化验室领导班子综合管理水平，邯郸金隅太行领导班子敢于突破常规用人，任命47岁的吝少春为化验室党支部副书记、副主任。在一个搭配合理、配合默契的领导班子带领下，化验室先后获得国家级荣誉7项。

这几年，邯郸金隅太行立志做集团的人才基地，5年中为兄弟单位输送各类人才45名，其中公司级领导干部5名、中层领导干部25名、技术骨干15名。公司对兄弟单位涉县金隅输送整建制的中层干部队伍，帮助涉县金隅第一年就实现几千万的利润。

开局之年，任重而道远。"十二五"期间，邯郸金隅太行紧抓发展机遇，适应现代都市型工业的发展要求，加快延伸产业链步伐，不断培育企业发展优势，发扬"三敢"精神，全体金隅太行人奋勇前进，为全面实现集团"三个翻番带动一个翻番"和"打造金隅集团冀南建材基地"奋斗目标再创辉煌！

今 雨

文化包容引领振兴快速融合

2009 年 8 月，北京金隅凤山温泉度假村会议室内气氛隆重而友好，天津振兴公司资产重组后的首次股东会、董事会在此召开，这标志着振兴公司正式成为金隅大家庭的一员。

天津振兴公司是天津最大的水泥制造企业。公司生产的高标号水泥广泛应用于环渤海地区的重点工程

天津振兴水泥公司拥有两条日产 2500 吨新型干法熟料生产线，年产高标号低碱水泥 180 万吨，是天津市最大的水泥生产企业。振兴水泥对于金隅意图扩张天津区域市场具有绝对的战略效应。

资产重组的消息一经公布，立即在振兴公司员工中引起强烈反响。"振兴公司从无到有，历经磨难，我们已经习惯了天津建材集团的管理方式，现在让金隅集团兼并重组，加入金隅集团后前途不知会怎么样？"一位经历振兴公司 10 年历程的老振兴人说。"金隅作为上市公司，振兴公司加入金隅后，背靠大树好乘凉，大家的收入肯定会大幅提高。"一些年轻人乐观自信地说。"加入金隅集团后，我们会不会下岗，振兴与金隅集团水泥板块其他企业比，成本高，不赚钱，收入会不会下降?"也有些员工心存疑虑……

这时，公司一把手尹靖华在干部座谈会上说了一段话："资产重组是世界经济发展趋势，是国有企业优化结构和加快发展的重要形式，也是企业做强、做大的战略选择。振兴公司加入金隅集团，是京津两大建材集团战略合作的需要。天津建材集团和北京金隅集团从历史上就合作无间，共享共荣，无论是企业领导人之间还是企业之间，都有着共同的理想和广泛的利益，两个企业合作是双赢的结果，是振兴公司未来发展最好的选择，拥有两个集团做后盾，振兴公司必将迎来新的发展机遇……"

公司内迅速开展了"正确对待资产重组"的主题教育，干部们开始学习金隅文化，领会"信用、责任、尊重"核心价值观和"三重一争"金隅精神和金隅"八个特别"人文精神的深刻内涵。引导员工认识金隅文化和金隅工作作风，让员工懂得加入金隅集团之后，会借助金隅集团的规模优势、资金优势以及管理、技术等成功经验，推动公司取得更大的发展。

一位中层干部在学习后说，金隅集团领导站位高，有"大十字"发展战略，有宏大的愿景，振兴公司作为"大十字"战略发展中的重要组成，在环渤海地区具有举足轻重的战略地位，这是对振兴公司的新定位，也是新机遇，每个员工应充分珍惜。

在了解了金隅集团部分水泥企业艰苦创业历程后，一位员工写道：金隅集团能够发展到今天，除了抓住了机遇，走科学发展之路之外，更重要的是有一支始终践行金隅"八个特别"人文精神的员工队伍，能够作为这样群体中的一员，将为自身的发展提供更加广阔的发展平台，获得更多展示才华的机会，实现人生更大的价值。

思想统一后，公司启动了管理和业务的对接。振兴公司崇尚"规范化、标准化、程序化"管理，任何工作都重规范、讲程序，而金隅也注重内部控制，各项管理严密规范，这可能会为管理对接带来一定的难度。双方事先都意识到了这一点。

这时，振兴公司党委提出了"积极对接、平稳过渡"的八字方针，要求全体干部员工，迅速熟悉金隅集团的管控方式、对接程序和相关规章制度，对接过程中做到了"四通"：即涉及对接工作中该办的事情要确保畅通，对接中出现梗阻的事情要及时疏通，需要领导协调解决的事情要主动沟通，对确实有利于对接工作而与公司现行的某些做法不一致的事情要想办法按程序变通，确保对接工作平稳高效。

在充分考虑集团管理要求和振兴公司的业务特点的前提下，各部门本着高效、实用的原则，制定了各种业务接口程序和操作规范，形成了运行顺畅的工作机制。

在整体对接过程中，涉及销售人员和业务的衔接很关键。其间大家说得最多的一句话就是"我们是一家人，一家人一条心，一个目标向前奔"，相互之间架起了一条沟通和融合的桥梁。在出厂水泥发货管理对接上，金隅水泥经贸发货流程与公司原有的管理规定不一致，振兴公司立即组织人员研究，在不影响集团整体运行程序前提下，调整公司的发货管理制度。在新制度开始执行期间，部门领导连续紧盯，完善控制细节，保证发货高效严密。水泥经贸天津公司负责人每周参加振兴公司的生产经营调度

天津振兴公司的现场管理是公司的一面旗帜

例会（直到现在都如此），及时掌握企业生产状况，沟通市场信息，积极做好产销协调。

经贸公司一位现场负责人十分有感触地说："与振兴公司人员一起工作，能够感受到金隅的特别能融合，特别能理解。"

与此同时，振兴公司各专业部门认真研究了金隅集团的各项内控制度，对照振兴公司的相关制度规范，分析共性和个性，严格按照集团的管理要求改进各项管理工作。采购运输部长彭丹芸说："以前认为我们对原燃材料采购的管理已经比较到位了，但学习了金隅水泥板块物资采购管理制度和配套文件后，感觉金隅的管理更专业、流程更清晰，按照金隅的制度要求开展采购工作，避免了许多不规范的事情，使原燃材料采购工作更顺畅了。"

管理对接基本理顺后，振兴公司领导意识到，更深的融合在于企业文化的融合。只有文化的水乳交融，才能体现出资产重组的最大优势。让员工能很快认同和接受金隅集团文化的最好办法就是让员工在共同点中迅速过渡，在差异点上寻求融合。

振兴公司先后组织人员到琉璃河水泥厂、鼎鑫黄骅粉磨站建设工地以及北京水泥厂实地考察，学习他们先进的管理做法和超前的环保意识以及艰苦奋斗的精神。与金隅水泥经贸公司、天津金隅混凝土公司进行了互访，与研发中心、科技学校、环保中心的领导分别进行了座

天津振兴水泥余热发电

谈，面对面地了解金隅集团企业文化的感召力和深刻内涵，感受金隅大家庭浓厚的文化氛围与魅力，增进了共识，在交流过程中，公司干部不时被金隅集团干部员工"八个特别"的人文精神所感动。

正是在这种相互的学习了解中，振兴公司既对集团文化的深刻内涵

有了充分的认识，也惊奇地发现金隅文化与原有的振兴文化有着相当的一致性。

比如集团"八个特别"人文精神与振兴公司"艰苦思考、艰苦策划、艰苦工作"的工作作风要求内涵一致，都强调实干精神，奉行实干文化，很快在员工中形成了共鸣，现已成为振兴公司员工战胜困难、勇创佳绩的精神力量。

金隅的"三重一争"精神，强调讲信用，讲责任，尊重差异，守法经营，勇担责任，还有"金隅与金隅人共同发展"的理念与振兴公司的"追求股东满意、企业发展、员工得到最大实惠的最佳结合点"的企业目标完全一致，都是努力为实现企业盈利和企业发展，为投资方和股东创造财富，为员工创造实现价值、成就自我的平台。

这种良性的文化互动、共融，使双方的融合更加顺畅。集团每年下达的各项经济指标，都是振兴公司历史上从未有过的，但干部员工抱着一个共同信念，就是要敢于挑战自我，争创佳绩。要按照董事长蒋卫平提出的"享受精神压力，享受吃苦付出，享受苦心钻研，享受心力交瘁的奋斗过程"，把公司各项工作做得更好。因此公司每年针对绩效考核指标，都要制定极为详细的保证措施，每项措施都逐级分解到人，一项一项抓落实，成为这几年公司不断取得新业绩的重要原因。

此外，两个直辖市之间城市文化的共融性，北京精神表述的"爱国、创新、包容、厚德"，天津精神强调"爱国诚信、务实创新、开放包容"，两个城市都强调了"爱国""包容"和"创新"，为了共同的目标，以开放的心态，相互包容，求同存异，城市文化的共融性对于公司成功对接也发挥了重要作用。

振兴公司加入金隅集团后，集团领导对振兴公司十分关心，多次在各种场合对振兴公司给予鼓励。董事长蒋卫平多次谈到"进了金隅门，就是金隅人"，使人感受到一家人的氛围。特别是董事长蒋卫平多次提到对那些辛苦努力、默默工作的同志们要"倍加关心，格外关注，决不亏待"，更使大家真正感受到了"共融、共享、共赢、共荣"的良好氛围，使大家备受激励，极大地调动了干部员工的积极性，在推动公司进一步发展中，发挥了极为重要的作用。

振兴公司加入金隅集团之后，集团内很多企业到振兴公司交流考察现场管理经验，振兴公司也经常到兄弟企业学习借鉴。在相互交流过程中，能够充分体会到企业之间的真诚、真心，毫无保留，这也是文化融合的又一体现。

至今，振兴公司加入金隅已整3年。3年来，振兴公司产销量增长了23％，主营业务收入增长了44％，利润从微利到2011年达到8100万元，2010年达到1.1亿元，是对接前的15倍。

回首走过的历程，振兴公司经济效益、企业管理、文化建设实现了三年三大步。今日之振兴已成为金隅集团水泥板块中有重要影响力的企业之一。

振兴公司的花园式厂区

第六部分

金隅文化引领公司和谐发展

● 人们说，伟大的文化催生伟大的力量。在金隅，历经多年的风雨砥砺、薪火相传，逐步产生了企业特有的价值观念、发展目标、管理风格和人格认同。金隅的历代领导人也越来越重视这种文化传统的影响和传承，不断地总结提炼，形成了一系列为金隅人共同认可的企业文化。同样，金隅各级企业的领导者也都不约而同地谋求用更先进的企业文化引导公司成长。

● 这20年，金隅的企业文化表述经历了几个重要的历史时期，一直在不断发展，不断充实，但目标始终如一。

● 如今，金隅"掌门人"再次概括金隅文化的内涵时说："从某种意义上讲，可以将'三重一争'，'共融、共享、共赢、共荣'和'八个特别'理解为金隅文化的最显性符号，但逐一穷究其深层次内涵，皆可归于'成就事业发展'这一本质。"

1994 年 3 月 5 日，《北京建材报》头版报眼的位置，几乎是破天荒地报道了当时并不属于建材集团的"北京建材经贸大厦隆重开业"的消息。

也许是当时的北京建材集团总公司等成为首批会员单位，也许是当时的集团领导到会祝贺，《北京建材报》破例、突出地报道的这一消息，也似乎成为一段机缘。几年后，这个"外部企业"和金隅走到一起——随着北京市国有企业的深化调整和转型，根据国资委安排，金隅集团对北京建筑材料经贸集集团总公司行使出资人职责，同属北京市建筑材料制造和销售龙头的北京金隅集团与北京建材经贸集团合并了。有人记得，当初金隅集团负责人到建材经贸集团讲的第一堂党课就是凝聚力工程。

同样的缘分。在北京二环路的西南一隅，并肩耸立着让外人很难分清的一座，还是两座大厦——金隅与大成。两座大厦，同一地基，同样的高度，如同孪生兄弟般的面孔，只是名称不同。仔细观察，两座大厦之间，被一段 10 多米长的不锈钢护栏，划清了界限。原本同样在北京地产市场起舞的两家国有企业，若即若离。

2008 年新年刚过，每天到金隅大厦上班的刘新华突然发现，平时要绕过的护栏不见了。于是，2008 年 1 月 3 日《北京金隅报》有了这样一篇报道：

融合与和谐

新年气象新，实事快人心。元旦后一上班，很多细心的人发现，存在 4 年之久，横亘在金隅大厦和大成大厦之间一段 10 多米长的不锈钢护栏消失了，一个贯通两个大厦，长 128 米、宽 8 米的楼宇广场展现在人们面前，既通畅开阔，又大气敞亮，让人看着舒心，走着开心。应该说体会最深的，还要属那些平常开车进出大成大厦的客户和办事人员。以往进出大成大厦，只能通过宣武门西大街辅路，由于先前有不锈钢护栏，

金隔大厦与大成大厦，如同兄弟

大成大厦门前广场显得狭小而局促，车辆不好掉头，进出很不方便。而现在护栏拆除后，进出大厦就顺畅多了，既可走辅路，又可以通过连通宣武门西大街和复兴门南大街的出口进出大成大厦，节省了时间，提高了效率，舒畅了心情。依一些司机的话说，"那股痛快劲就甭提了"。

凡事都有因果，是非都有先后。金隔大厦和大成大厦先后建成后，分属两个集团，又分别由两个物业公司管理。为了各自物业管理方便起见，不锈钢防护栏存在了4年，也就不足为奇了。

相互理解尊重，宽容营造和谐。2007年4月，北京市国资委决定金隔集团对大成总公司实施托管。两个集团行业产业相近，能够优势互补，市国资委的决策，有利于优化资源配置，提高规模效益。相互理解、尊重和信任，加速文化融合，既是共识，更是共谋发展大计的前提和基础。新年来临之际，正是在金隅集团党委书记、董事长王东同志的亲自关心下，护栏得以顺利拆除，在金隅大厦和大成大厦之间营造了一个简单、轻松、和谐的氛围和环境。

一滴水可以折射太阳的光辉，一件事可以洞察深远的意义。这次防护栏的拆除，不仅仅拆掉了金隅大厦与大成大厦之间的隔阂与关卡，更重要的是打通了金隅员工与大成员工沟通的心径。大家的心会越贴越近，越走心越甜，越走路越宽，共同努力，共创美好未来。正可谓：四年护栏"柏林墙"，一朝拆除变通畅。人和气顺谋发展，风物还宜放眼量。

刘新华

刘新华，时任金隅集团宣传部副部长。

几天后，2008 年 1 月 25 日《北京金隅报》一版，同样位置，同样篇幅，刊登了大成公司宣传部部长梁雁的文章：

和合故能谐

2008 年新年伊始，横亘在金隅大厦和大成大厦之间的护栏被拆除了，而更加引起大成公司领导班子关注的，不仅仅是道路的畅通，那篇发表在金隅报上的时事短评《融合与和谐》，在领导班子中引起了不小的震动。短评中充满理解和关爱，公司党委组织中心组成员集体学习，感慨颇多。这次护栏的拆除，如春风化雨，感人心怀，不仅突破了职工的心理屏障，打消了托管产生的疑虑，更使两个公司职工的心真正贴在了一起。"痛则不通，通则不痛"，大家在发言中进一步表示，道路打通了，我们的心更近了，感情更加融合了。

作为世界建材百强、中国 500 强、北京十大影响力企业的金隅集团，有着先进的集团文化、科学的发展战略、切合实际的跨越式的规划构想，是国内外同行中极具影响力的综合性企业集团，能成为金隅大家庭中的一员，对于大成干部职工来说是很幸运的。集团党委书记、董事长王东同志在集团公司2008年第一次工作会上对集团的未来提出了明确的目标：未来的3年正值集团中期发展规划实施的攻坚阶段，正值集团"第一步"战略目标实现之际，发展的任务非常艰巨，在今年集团编制的折子工程中，涉及30多项重点工程，每项都事关全局。他希望大家一定要站在集团的高度去理解、体会、认同、执行，要坚定信心，以自律的精神保持昂扬的工作热情，高质量、高标准地完成各项任务。

从时事短评到董事长王东的重要讲话和殷切希望，我们感到，作为大成员工，一种"共融、共享、共赢、共荣"的自豪感油然而生，我们已经自觉地把金隅集团的目标、愿景和利益，化作为共同的发展目标、共同的愿景和共同的利益追求。

《管子·兵法》中讲到"和合故能谐"，就是说有了和睦、团结、融洽的基础，行动才能协调，进而达到步调一致。金隅大厦与大成大厦之间的护栏拆除了，方便的是车流、人群，融进的是心中的温暖，体现的是金隅集团为大成公司搭建的发展平台。有了相互的理解、共同的认知、和谐的氛围，就会产生无穷的动力。金隅集团与大成公司同是国有企业，肩负着国有资产保值增值的共同责任与义务，必须发挥各自优势，协同作战，扎实工作，确保实现好、完成好市委、市政府、市国资委赋予的各项历史使命，尤其是作为金隅集团产业链中的一环，大成公司要在金隅集团党委的领导下，共谋企业发展蓝图、共商企业发展大计，用共同的愿景鼓舞干劲，以共同的事业凝聚人心，与集团共提升、共发展。

共融、共享、共赢、共荣。曾经我们是近邻，如今我们是一家，愿我们同呼吸、共命运，美好的明天就在眼前。

梁　雁

人们说，伟大的文化催生伟大的力量。在金隅，历经50年的风雨砥砺，薪火相传，逐步产生了企业特有的价值观念和处事之道，并依此建立了人与人、人与企业、人与社会的相互关系。在此基础上，人们逐渐形成了个人与企业，企业与社会，相互关照的生命意义和工作目标。无论高级管理人员、普通管理者，还是员工，他们都希望自己的工作有价值，与他人建立很好的合作关系，为企业做成事。而企业的领导者也越来越重视这种文化传统的影响和传承，用更先进的企业文化引导金隅人成长。这20年，金隅的企业文化表述也经历了几个重要的历史时期，一直是不断发展、不断充实，但目标始终如一。

2012年，北京金隅即将迎来集团成立20周年。作为拥有三万四千余名员工大型国有产业集团的"掌门人"，蒋卫平在接受《中国建材报》总编辑专访时回顾了金隅风雨20年的发展历程，袒露了自己亲历建材行业30余年改革发展的心声和体会。他说：

> 一个优秀企业的诞生、成长与发展，除了其包括规模、效益、效率等在内的"硬实力"的壮大之外，同时也伴随着其包括技术、管理、品牌、文化等在内的"软实力"的增强。仅就我置身参与金隅改革发展历程的个人体会而言，"企业文化"是一个立志成为行业领军和打造百年基业的企业最为关键的"软实力"。金隅历经企业化、集团化、股份化、证券化的屡次成功转型，在半个多世纪的改革发展中，形成了以"三重一争"（重实际、重效益、重创新、争一流）集团精神，"共融、共享、共赢、共荣"发展理念和"八个特别"（特别能吃苦、特别能奉献、特别有激情、特别有思路、特别能融合、特别有追求、特别能理解、特别能实干）人文精神为核心的金隅文化。
>
> 从某种意义上讲，可以将"三重一争"，"共融、共享、共赢、共荣"和"八个特别"理解为金隅文化的最显性符号，但逐一穷究其深层次内涵，皆可归于"成就事业发展"这一

本质，这也是我们新近归纳总结提炼出"使命金隅、价值金隅、责任金隅"使之对外展示企业形象、对内凝聚发展力量的依据所在。当前，金隅文化的核心已在集团系统内达成共识，原因很简单——金隅文化与生俱来而又与时俱进。

文化　传承与发展

翻看金隅成长历史，人们发现一个十分有趣的现象：10多年前，时任集团董事长张毅在工作报告中要求正在艰苦奋斗的金隅人们，"我们

"三重一争"的金隅集团精神，"四共"的发展理念，"八个特别"的金隅人文精神始终是集团前进、发展的动力

一定要快人一步，胜人一筹，别人走，我们跑，别人慢跑，我们快跑，以自己特别振奋的精神，特别出色的成果，落实'十六大'的精神实质，实践'十六大'提出的'进一步加快发展'的要求。"

几年后，金隅第二任董事长王东在工作报告中同样要求已经走在发展快速路上的金隅人："大力弘扬金隅人特别能战斗的精神，坚持'五统一'原则，大力调整经济结构，积极发展先进生产力，强化企业可持续发展能力。"

直到2008年，就任金隅第三任董事长的蒋卫平，在反复的思考中总结出属于金隅人的精神财富，提出了金隅人所特有的人文精神，他把

这种人文精神概括为"八个特别"。

20 年，三代领导人。这，纯属巧合吗？

在金隅集团反复的兼并、壮大和融合中，培育和传播优秀的企业文化在集团发展历程上占有十分重要的地位，起到了特殊的作用。或许这正可以印证："金隅文化与生俱来而又与时俱进。"

至今，在集团所有企业你都不难看见"三重一争"的集团精神（重实际、重效益、重创新，争一流），"共融、共享、共赢、共荣"的发展理念和金隅"八个特别"的人文精神（特别能吃苦、特别能奉献、特别有激情、特别有思路、特别能融合、特别有追求、特别能理解、特别能实干）一同影响着今天的金隅人。

改变　从习惯入手

经历过董事长张毅"执政"的许多人都会津津乐道张毅对于厕所的特殊"情结"。至今，金隅物业公司管理的大厦也规定，所有厕所的清理不得使用各种除臭剂。要了解这一规矩的由来，还得从建材人的出身说起。

过去人们常用"砖、瓦、灰、砂、石"，"苦、脏、累、穷、远"这十个字描述老建材。描述的是工作环境差，条件艰苦，生活质量一般，身体严重透支。当时，城市人口每月食用粮食是有定量的，一般的青壮年职工每月粮食定量最多是 33 斤，而砖厂工人的定量是 63 斤。劳动强度可见一斑。同时，由于工作现场各种灰尘多，没法保持清洁，久而久之，人们对工作和生活环境要求不高。最明显的就是着装和厕所。好多建材企业的工作现场不许有女工，上班时好歹遮一下，下班凉水一冲就得。厕所，那会儿全中国都一样，大楼里才有冲水的。

建材人提出要发展现代服务业，要服务"现代人"，不彻底改变职工的习惯，提升服务标准是不现实的。改变，必须从改变自己、改变习惯入手。

因此，集团规定公司领导干部开会或重要场合一律着深色西装，打领带。这在十几年前可不是件容易的事。有一次，一个干部开集团大会，没有按规定着装。公司董事长张毅当着所有干部的面要求这位干部会后留下，告诉他："开完会，我带你买西装去。"

在金隅物业，保洁的第一课是如何清理便池里的碱垢，这样才能确保不泛味。一系列细之又细的规定，逐步地改变了建材人粗线条的生活习惯。随后，在企业环境管理、现场管理方面，集团又逐步地推进了一系列的改革措施，从现场管理到规范化管理，公司经历了一系列的从最初的管理活动到之后的制度建设，再逐步演变为从管理到行为规则的过程。金隅从培养点滴习惯做起，彻底地改变着人们对建材行业几十年的认识。

环球贸易中心大堂

至今，人们还经常乐道这样几个小片段：

人们总说，越怕什么，越来什么。刚刚搬到金隅大厦，物业部门千方百计把保洁工作做到最好。金隅大厦比较早地使用了大理石做地面装饰，大理石石质软，按照当时的清洁技术和条件，只能采取打蜡的办法，可是一般的打蜡根本不管用，所以金隅大厦的地面打蜡竟然有9层之多，多年后才靠更新的技术取而代之。有一段时间，金隅大厦22层出现泛味，泛味的位置又刚好在董事长张毅办公室旁边，这可是麻烦事，弄不好要挨剋的。物业的职工反复查找，也没有找到臭味的来源，就根据泛味的周期性明显的特点，安排人员在早晨泛味高峰时段查找。

人们戏称他们为"闻味小组"。经过几次反复，终于发现臭味来自楼顶扣板里面一段管道漏气。就是这些经历，逐渐地培养起了物业公司员工精益求精的工作态度和责任心。

还有一个故事，出自腾达大厦《企业文化手册之故事集——学故事长知识》。

一次刻骨铭心的教育

故事理念：

能上能下，经受挫折的磨炼，培养成功的意识。

公司规定，每个部门负责人每天上班前必须巡视自己的管理现场。但是，最近有些松懈了。公司领导决定狠抓一下干部的工作作风。

在一次公司部门经理办公会上，大家到齐5分钟后，总经理才到会场。一贯准时到会的总经理为什么会迟到呢，大家心中都在纳闷。有人小声说："你看，今天领导脸色很差，肯定有什么不高兴的事。"另一个人说："别胡猜，没事的。"总经理入座后，很严肃地问大家："你们今天谁没巡视？"在座的干部中有13位举了手。"都跟我来！"一句强有力的命令，所有人都觉得忐忑不安起来，这时总经理带领大家来到二层，转了一圈，又到大堂转了一圈，大家看到大堂帷幔和转门中的装饰布满灰尘时，顿时羞愧地低下了头。回到了会议室，总经理给大家讲了细节对服务的重要性，讲了五星级酒店与一般酒店的区别，那次会议让所有人明白，细节决定成败。

事情过后，公司领导做出了一个令人震撼的决定，对这13位部门负责人给予降职降薪处理。领导分别谈话，说明道理提出要求，告诉每一个人必须重视干部自身的作风建设，做一个"干就要干好的成功者"。经过一段考察，除个别调整外大多恢复了原来的职务。这次大手术虽然带来短暂的工作影响，但却带来了干部队伍整体的精神健康。

故事启迪：

彼得·德鲁克说："组织的目的是使平凡的人做出不平凡的事，组织不能依赖于天才，因为天才稀少如凤毛麟角。考察一个组织是否优秀，要看其能否使平常人取得比他们看来所能更好的绩效。""企业的目标能否达到，取决于经理人管理的好坏，也取决于如何管理经理人。"

腾达领导培养年轻干部的目标就是要把平凡的人锻炼成杰出的管理人才。办法之一是严格的绩效考核，破除"只能上不能下的干部终身制"，给干部改正错误的机会，让干部接受挫折教育。有几个年轻大学生都经历过一上一下，甚至两上两下的考验，但都理解领导"爱铁就要让他成钢"的决心和苦心。在挫折中经受教育的干部思想更加成熟，作风更加扎实，成功意识更加强烈。

"北水"的环境

1998年8月28日，时任国家环保总局局长解振华对北京市工业污染源达标情况进行调研。

调研组一来到北京水泥厂立刻被清新亮丽、绿草如茵的厂容厂貌吸引住了，这是制造水泥的企业？走了一圈之后，他对陪同检查的公司领导说，应该在北京水泥厂挂个牌子，作为环保教育基地，以便让更多的企业到此参观学习。

自1995年投产以来，环境管理就一直是北京水泥厂特别关注的重点，并且这种关注更多的是来自源头的治理。北京市环境保护监测中心多年中，多次对该厂进行过检测，污染物平均排放浓度窑尾脱硫率，窑尾烟囱排放浓度，窑灰粉尘回收率等都大大优于国际和北京市排放标准，依当地百姓的话说，"没看见水泥厂的烟囱冒过烟"。整个厂区环境不仅达到旅游风景区空气质量标准，也达到了国际环保先进水平。

根本问题的改善，使这里环境美化变得十分容易，工厂的规范化管理使每一项环境和卫生工作都责任落实。职工们也养成了维护自己周边环境的意识，公司大力开展环境绿化、美化，厂内芳草茵茵、柳绿花红，厂区绿化面积达到90%。从1996年起，北京水泥厂一直被评为北京市花园式企业。

有这么一个故事：集团组织一批宣传干部到刚刚融入金隅的天津振兴参观，一进厂人们立刻被振兴安静、整洁、像是研究院的环境震住了，连堆料库房都是窗明几净。真的天天如此？就连金隅物业的人都有些怀疑。陪同参观的振兴公司负责同志十分肯定地保证：您可以随时来，不用通知我。

振兴水泥整洁的料仓

有人问来自"琉水"的同志，"琉水"比这里怎样？"琉水"的同志说，他觉得他们更好。

就在这事一个月之后，琉璃河水泥厂、北京水泥厂都分别组织上百名中层干部来到振兴公司学习现场管理的经验，鼎鑫更是带着1489条问题，到振兴"取经"。

在集团组织的规范化检查中，集团也破例表彰了天津振兴。

这就是金隅，绝不妒忌别人，也从不放弃学习，追求卓越的管理从不止步。

决　策

总结金隅 20 年，有一个十分重要的特征，就是金隅发展的每一步都赶在了"点儿上"。而这每一次赶"点儿"的背后却是企业的决策的能力。成功的决策的确是金隅快速发展的主要原因之一，而体现金隅成功，还有一方面，就是管理的成功，如果还有第三方面，应该是不断学习的企业文化。

金隅多年来的发展实践证明，企业要发展，做好企业的战略决策是关键的一条。

金隅集团董事长蒋卫平概括金隅发展的 10 条基本经验，第一条、第二条都是讲，在解决了发展方向的基础上，企业要有科学的决策能力。

以金隅实施"走出去"发展为例。

企业发展必须具有前瞻的眼界

金隅的决策团队较早地认识到，作为地处首都的制造业企业和房地产开发企业，既要在加快结构调整中激活存量做强集团，又要通过积极"走出去"引入增量做大集团。"走出去"是可持续发展的需要，是发展方式的创新，更是一项长期发展的必然选择。

在"走出去"过程中，既要有敢于冒险、抢抓机遇的豪情，也要有严密论证、科学决策的审慎。这是金隅战略之所以长期获得成功的保障。

严格统筹规划。实施"走出去"战略，要遵循总体战略原则，每一个"走出去"项目都是集团总体发展战略和布局的细分，以集团中期发展规划作为支撑。其成功与否对总体战略产生全局影响，事关重大。因此，每一项重大决策的背后都是集团决策团队，围绕集团发展目标和中期发展规划，对"走出去"的目标方向、地区和产业项目做好统筹安排，制定好具体的实施方案和工作步骤，根据项目进度安排资金和配置人力资源。

扎实调研论证。对任何一个准备进入的区域，都必须对当地的资源、市场、政策和人文等环境进行认真调研分析，准确把握当地的行业发展趋势，同时做好自身发展定位，使"走出去"项目既成为当地的重点项目、产业支撑项目和政府扶持项目，也成为集团可以实现大发展的项目。

科学决策。集团的重大战略投资项目和重大决策都严格按照集团《投融资管理办法》和《工业项目管理办法》加强投融资项目的前期论证，听取专家意见，规范项目运作程序。多年来，这一套程序的执行有效地实现了公司的扩张，有效地规避了投资风险。

务实创新。"走出去"战略的实施不是简单地到外地投资建厂，而是通过并购、重组、控股、参股、债转股、合作或租赁经营等多种方式利用自身比较优势实现整合，占有外部资源和市场的战略布局，通过技术、管理、品牌等核心资源的输出过程，同时也是资本运作过程，实现集团文化与目标企业文化相互融合，形成优势文化的融合，进一步做强、做大金隅集团。

当年，金隅提出收购鹿泉鼎鑫水泥公司，按照当时售卖方出价，和鼎鑫当时的实际价值相比，出价是偏高的。这种溢价收购可能会带来一定的经营风险。在经过反复评估、调研，从战略着眼确认投资价值之后，金隅还是坚决地决定溢价收购。收购完成后，金隅人靠管理，靠收购后提高对于当地及周边市场的控制能力，3 年即收回投资成本。4 年后，金隅鼎鑫成为中国北方单体最大的水泥制造企业，一年的盈利，即可再建一座水泥厂。

无独有偶，金隅与邯泥之和，成功的因素众多，而最基础的一条是共同的发展目标，共同的企业文化，共同的发展愿景，促进了决策的成功，这种决策的成功又加快了企业的良好融合。

企业文化在企业发展中所起到的作用已经为现代企业管理者所熟知，然而，文化不仅仅是企业的标识、口号等表象符号。更深层的企业文化往往体现在企业的管理之中，体现在人们的行为中，体现在工作的细节之中。有人甚至说，管理就是细节。

管理是细节

当年，伴随着大量国外先进技术、设备的引进，人们总有这样一个疑惑：人家的设备怎么老是新的？仔细探求，一种叫做"管理"的东西，开始渗入到企业运营之中。

人们发现，企业中常见一些不良现象。比如：

A. 员工仪容不整、散漫、违纪、做事马虎，对工作没有质量概念，没有全局观念，甚至对本职工作也不能尽职尽责，只注重个人利益，不合格部件流入下道工序直至成品报废。

B. 物品随意摆放，原材料、半成品、成品、不合格品、返修品等混杂。

C. 工夹具、量器具、模具等杂乱无章乱丢乱放，机器设备使用保养不当，不按规程操作、使用、保养，随意开关启动设备，长流水、长明灯现象无人关心过问。

D. 工作场所脏污，不注意卫生，乱丢乱扔，随意侵占安全通道、消防设施、紧急出口等。

这些过去习以为常的东西原来是可以改变的。改变的办法叫"管理"。

于是，向外国人学习管理，最初在引进 TOTO 项目的"北陶"公司开始了。学习的起点就是 5S 管理。

5S 活动的倡导者认为，开展 5S 活动，对于提升企业的产品质量、降低不良率，提高现场管理水平及生产效率，降低生产过程中的损耗、浪费，可以起到重要的促进作用，是良好品质产生的基础工程。

在 5S 管理中，1S 代表整理（Seiri），2S 代表整顿（Seiton），3S 代表清扫（Seiso），4S 代表清洁（Setketsu），5S 代表素养（Shitsuke）。活动起源于日本，因日语的罗马拼音均以"S"开头，故简称 5S。

所谓整理，就是在工作场所中把要与不要的东西分清楚，除了要用的东西以外，一切都不放置，必要的留下来，不要的清出现场。

所谓整顿，就是把工作现场中要用的东西以最简便的方式分门别类依规定的位置、方法放置并加以标示，使大家一目了然。

所谓清扫，就是经常打扫，保持清洁。清除工作场所的脏污并防止污染的发生。

所谓清洁，这里指的是将上面 3S 实施的做法制度化、规范化，并贯彻执行及维持。

所谓素养，就是养成遵守既定事项的习惯。

通过 5S 管理，1. 减少事故发生，对安全有保障；2. 提高效率，降低浪费；3. 促进企业标准化、规范化工作；4. 对产品质量有保障；5. 增强企业凝聚力，提升员工归属感；6. 提升企业形象，是最好的宣传员、推销员；

5S 管理是一个系统工程，企业在抓管理工作的同时，重视员工队伍的建设，强化员工素质的培养，相辅相成，相得益彰，这是企业的基础工作之一。5S 活动是被国内外许多企业证明了的改善企业管理的有效方法。"北陶"在推行 5S 管理的过程中，使企业的环境、管理、职工面貌、经营业绩等方面都取得了显著成效。这也带动集团其他产业板块开始学习和引进 5S 管理。

拿来的 5S 管理

经过长期的思考和摸索，2002 年，北京建材总院领导班子决定在加强生产经营工作的同时，从长远入手，从内部入手，有计划、有步骤地改变内部工作环境，改善员工精神面貌，提高员工整体素质，提升企业形象。自当年 10 月起，北京建材总院以整理为起点，以整顿为助力，以活动为载体，开始引入并强势启动 5S 管理活动。目的是通过活动，创造良好的工作环境和氛围，让每个员工都自觉遵守各项规章制度，保持良好的工作习惯、组织纪律和敬业精神，从而具有良好素养，最终全面提升企业形象。

为了 5S 活动的顺利开展，北京建材总院成立了 5S 活动领导小组，院领导担任组长、副组长，有关部门负责人作为组员，公司内部形成了完善的组织工作体系。为使开展 5S 活动的必要性深入人心，北京建材总院采取"请进来、走出去"的办法；请开展过 5S 活动的北京东陶公司等有关企业的同志到总院授课；同时组织骨干到北京东陶公司等企业参观，直接感受 5S 活动的氛围和效果，加深印象，调动其积极性，为开展 5S 活动打下了良好基础。

北京东陶公司最早在国内企业中开展 5S 管理活动

在实际工作过程中，北京建材总院将 5S 活动与企业文化紧密结合，不断创新活动方式，始终保持 5S 活动的新鲜活力和动力，逐步提升员工素养，增强企业的团队意识和竞争力。结合企业自身特点，为调动全员参与积极性，专门成立了 5S 活动小团队，通过团队活动展示板展示各团队的名称、团队口号、团队标识、团队名单和团队全家福，展示本 5S 团队活动情况，包括院 5S 活动领导小组对该 5S 团队检查评比情况，便于监督检查与评比考核，有效增强员工的责任感和荣誉意识。每月现场管理工作进行不少于两次的现场管理检查评比评星工作，对优秀团队实行奖励、对落后团队进行批评督促。此举在很大程度上激发了各团队的凝聚力和竞争意识，大家你追我赶，逐步形成争先进、争一流的企业氛围。

北京建材总院为了鼓励先进人物，作为企业文化建设的内容之一，每年评出十项大奖，其中专设了 5S 团队管理奖。另外，总院的另外一项重要奖项——管理奖，也以 5S 现场管理工作业绩作为主要评定依据之一，以此促进 5S 工作的持续、深入开展。后来，结合公司新的发展形势和实际情况，北京建材总院在 5S 活动的基础上，大胆创新，将"安全"（Safe）、"节约"（Save）纳入活动体系，形成了独创的"5S + 2S"活动，此举得到广泛赞誉，一些同行业企业还到总院现场了解和学习"5S + 2S"活动的一些具体做法，并给予了极高的评价。

北京建材总院 5S 管理体系的引入实施和丰富创新，使工作面貌年年都有新变化，有效改善了公司环境，提高了生产效率、产品品质、员工士气和团队意识，极大地提升了企业形象。

在集团层面，集团自 20 世纪 90 年代起，就实施统一的规范化管理、考核，利用这种管理方式，不但改变了企业环境，规范了办公工作流程，提高了工作效率，还极大地传播了金隅文化，促进了职工队伍整体能力提升。

一位曾经亲历过金隅管理发展演变过程的总部职工这样回忆了规范化管理的成果。

规范化管理浇灌金隅的文明之花
——忆集团规范化管理工作的幕前幕后
赵振宇

退休 10 个月时，我正在帮助续写集团组织史，健康体检时检出肾癌，随后切除了右全肾和部分左肾。是集团党政领导和同志们的热情关怀、帮助，鼓励我与病魔抗争，鼓励我愉快地度过每一天。在这里我向所有这些同志们表示衷心感谢。

我在集团成立不到两个月时，从"五金公司"调到集团工作。集团成立对外发放的宣传材料是在平安里的龙顺成中式家具厂印刷厂印制的，还在"五金公司"办公室工作的我带一辆面包车运到集团机关。

回想到集团 17 年，虽然没有取得什么像样的成绩，但是尽心尽力了。即使在身体不适时也没有请过病假，工作从无分内分外之分。初到集团纪委时，材料完全手写，经常晚上10点多钟到家，吃完饭11点多，文字材料第二天上班就要。往往写到凌晨3点多，再工整抄一遍，就到了上班时间了，有时候累得直不起腰。后来有了电脑，其他条件也有很大改善。

看到《北京金隅报》刊登的：《北京金隅报》与北京水泥厂共同举办"20年，我们一起走过"的征文启事。心中瞬时涌起千言万语，从哪里说起呢，就说说记忆中的集团规范化活动吧。

规范化活动检查组在天津金隅混凝土检查现场管理

20年来，集团生产经营、经济效益发生了翻天覆地变化。20世纪80年代中期，国家不再统一包销企业产品，得自己找销路，原来紧俏的产品还好，要是社队企业也能生产的产品，就不好销了，因为社队企业给用户回扣，产品价格又便宜，而我们企业的产品虽然比他们质量好得多，所用原材料也比社队企业好得多，但价格没有优势，又不能给用户回扣，销售困窘。不少企业月月为发工资着急，到处东挪西借。集团成立后，开放搞活，引资、合资，引进外国先进设备，确实是摸着石头过河。集团指导企业盘活资产，利用土地资源走开发之路，突出拳头产品，淘汰落后和低附加值产品，围绕服务北京城市功能，新建了现代物业和休闲度假业。经过多年的努力，集团年产值已超过300亿元，实现了金隅股票在国际、国内两个资本市场上市。集团成立20年，在经济工作取得了极其伟大的业绩的同时，精神文明建设上也取得了辉煌成就。

规范化活动的由来

当年，无论走到哪个企业都能见到车间地面厚厚的油污和泥土，落满尘土的窗户，凌乱的厂区，职工穿着破旧的工作服。工作服虽定时发放，但由于生活不富裕，旧的、破的能凑合穿就穿，刚到集团工作时，我还穿着水暖器材二厂发的工作服。

1996年，集团开始在全系统企业中开展现场管理活动，重点整治企业的环境和生产现场，抓得很紧。从清扫地面、库房管理、变电站和锅炉房管理、擦拭玻璃和保养机器设备起步，逐渐深化到厂区规划，道路整修、厂容厂貌建设、厂房、围墙的统一标识等。当时的牵头部门是综合计划处，并由一名集团副总直接领导，参与的部门有生产处、人事劳动处、安全能源环保处、保卫处等。每年对集团所有企业检查一次，分三种标准：优化型、先进型和普及型。达不到普及型标准的限期整改后复查，直到达标为止。

从1997年开始，集团党委按照城建工委的部署在全系统开展规范化服务活动，先期主要在各窗口单位和窗口岗位开展，如：销售部门的销售厅、地磅房、产品库房，后勤部门的食堂、医务室、浴室、宿舍、幼儿园等，维修部门，车间生产上下道工序衔接，电话班、传达室、门卫、家属区等。后来逐渐扩大到所有单位，内容也逐渐扩大到规范化办公、规范化管理、厂区文化环境等。牵头部门是党委宣传部，参加的部门有：工会、行政卫生后勤处、保卫处等。检查验收的标准是：示范单位、先进单位、达标单位。

规范化活动的发展变化

20世纪90年代末，现场管理活动和规范化服务活动同时检查，逐渐成为党委围绕企业中心工作的有效形式，成为集团重要的文化和形象标志。2000年城建工委推行"文明四区"建设活动，我们多年坚持的规范化服务和现场管理，内容包含了"文明四区"活动的主要内容。

2000年年初，在集团党委开展的"三讲"学习教育活动后，根据群众意见，集团由工会牵头成立了家属区整治、宿舍、食堂治理检查小组。集团党委领导，工会牵头，组成新的工作机构，包括：工会、党委宣传部、行政卫生后勤处、保卫处、安全处等。

当时，各单位职工住房十分困难，很多单位原来的单身职工宿舍已被结婚职工挤占，一家一间房子，所有的厨房用品都堆在楼道，再加上一些箱子、柜等，楼道里过人都十分困难。做饭炒菜，满楼道的墙壁和房顶都被熏得油污黑黑的，电线纵横交错。使用厕所的人员太多，严重超负荷，污水横流。还有的单位职工在家属区养羊，养鸡的就更多了，楼外搭满了小房。活动刚开展时难度很大，有些单位的家属区治理工作迟迟没有动静，分管这项工作的集团党委领导带领我们三番五次去督促检查，苦口婆心做说服动员工作，对多次催促没有行动的单位领导进行了严肃批评。

后来，各单位轰轰烈烈地开展起来了，有的单位党委动员说服一些党员和领导干部，退出在宿舍楼里的住房，在每层改建几间公用厨房，然后对楼道进行粉刷修缮，清除了楼道所有杂物，消除了安全隐患，改善了职工居住环境。可以说在最初的活动中，多位进行具体工作的人员受到人身伤害和精神伤害，甚至还有女同志，他们为这项工作的开展做出了重要贡献。此后，在家属区开展了地面硬化、绿化和保洁等，职工家属宿舍面貌焕然一新，这样治理那时在北京市也是开先河的举动，受到广大职工的热烈拥护。

再往后，集团对一些存在重大安全隐患、救火车已经开不进去的住宅区，进行开发和重建。如："北木"的"100 间"平房区、西三旗的多片平房区、西郊砂石厂的平房区和个别单位的简易楼房。

在企业改革初期，大部分单位把职工食堂、幼儿园、卫生所等后勤部门精简、剥离了，后来很多单位恢复了职工食堂，当时的检查要食堂做到：职工就餐方便，三班倒的职工能吃上饭，要整洁卫生保证职工健康，菜饭要经济实惠，要服务态度好等。单位宿舍要求：整洁、安全。再后来很多单位对单位宿舍进行了封闭式公寓式管理，门口有专人值守，专人打扫卫生，甚至有的单位，比如北京水泥厂还统一配备了寝具。

到 2000 年中期，在开展"三个代表"学习教育活动时，基层党员领导干部提出，规范化管理、现场管理和家属区、食堂、单宿治理等活动非常好，大大改善了集团和企业形象，提升了职工素质，促进了集团和企业的经济发展。但是，三个检查组分别检查，企业多次接待，耗费精力比较大，能否合并为一，集团有关部门也提出相同建议。

鼎鑫公司的小提示

为此，集团党委决定，把三项检查合并，由集团党委主管工会工作的常委领导、集团工会牵头，生产经营部、党委宣传部、保卫处、安全处、行政卫生部等部门参加，后来又增加了能源环保部、物业部、水泥事业部等部门。检查验收标准也进行了不同程度的修改，规范化活动标准参照现场管理标准也改为：优化型、先进型、普及型。每年还进行十佳文明岗位和十佳文明标兵推荐和认定评选，并给予物质奖励。

为文明单位创建工作打下坚实基础

集团党委规范化管理活动至今已经开展了15年了，现场管理活动已经连续开展16年了，家属区、食堂单宿治理活动也已经连续开展10年了，在北京市工业企业中没有一家企业能够坚持这么多年。北京城建集团的一位老领导说，"开展一项活动不进行检查督促是坚持不了长久的，我们开展的文明四区活动在北京市推广，但是，现在得向金隅学习，只有进行经常性检查，才能巩固发展活动成果"。

我们的活动也在不断创新和充实、完善、发展中走过来。各单位不断为这些活动注入新鲜血液，比如：最初混凝土制品一厂的销售"四个一"服务：一张笑脸、一把座椅、一杯热茶、一张报价单；琉璃河水泥厂销售服务大厅服务，限时服务，24小时全天候服务；天坛家具公司首先设立了售后服务专门部门，为客户进行售后服务；北京陶瓷厂的5S管理、建材科研总院的5S＋2S管理等在全集团宣传介绍推广。建机公司原来基础条件一般，经济条件困难，但是，不声不响地开展规范化服务活动，早期达不到示范型标准，后来，尽管不断有企业并入，但很快就融为一体，原企业的长处继续保持和发展，不足很快改进，最后从先进型到优化型，从集团文明单位到集团文明单位标兵再到首都文明单位。最近看《北京金隅报》报道凤山温泉度假村开展"三三四四五"培训，这就是一种创新和发展，它适应了集团服务业的发展要求。

集团党委以规范化管理活动为抓手扎实深入地开展了文明单位创建工作，在北京市也是走在了前列，我们不仅一直参加了北京市和全国的文明单位评选，也开展了集团文明单位的评选，可谓是全方位的文明单位创建。以我熟悉的2009年计，当年集团所属成员单位共获得首都文明单位15家，首都文明单位标兵3家，天坛家具公司连续6年获得两届全国文明单位，北京水泥厂获得第一届全国精神文明建设先进单位（连续三年），不久前，我从《北京金隅报》获知北京水泥厂又在2011年被评为全国文明单位。吴邦国委员长在任国务院副总理时，在没有提前通知的情况下，到北京水泥厂巡视，对他们的环保、环境、厂区绿化十分赞赏。北京市也把北京水泥厂列为工业企业对外开放单位。

历史在进步，时代在发展，集团也在克服前进路上的一个个障碍和困难中奋勇向前。过去，我们推行的规范化管理"三项活动"是在不断创新中进行的，是在总结各单位经验的基础上发展的。今后，智慧的金隅人一定会创造出更多更好的精神文明建设和物质文明建设的丰硕成果。

（本文作者是原集团党群工作部退休职工）

学习的文化

来自《北京金隅报》的报道：

"学分银行"培养专家型员工

最近的每个周末，北京水泥厂烧成处置部污泥干化车间班长孙建华都是和几个同伴一起"啃"书本度过的。这个已经参加工作10多年的70后怎么也没有想到，如今的他又坐到了"职工之家"的课堂上。

"这个'学分银行'让我们这些早年来企业而学历又不太高的人可以获得国家承认的大专学历，真的挺好。而且结合需求，就近学习专业技能，太方便了。"孙建华说。

"学分银行"，顾名思义，是把学习成绩像存"银行"一样，储存起来。经过一段时间的学习，累积学分，获得国家认可的大专学历。"学分银行"突破传统的专业限制和学习时段限制，将技能培训与学历教育结合起来，将学生完成学业的时间从固定学习制改变为弹性学习制。职工通过一定的学习时间积累学分，将不同学习经历转换、认定，达成一定成果后，系统给予相应评价。"学分银行"专门针对那些具有一定实践工作经验，原学历不高的一线生产者，通过帮助他们完成基础理论的学习，提高一线技术职工面向生产升级的能力。"学分银行"由北京市总工会职工大学与金隅集团共同实施。

本着打造"导师型领导、专家型员工、学习型企业"的目标，北京水泥厂积极响应集团工会关于开展"学分银行"计划的有关要求。据了解，此次集团报名参加"学分银行"共108人，其中北京水泥厂70人。为了给职工们提供宽阔的学习平台，激励职工主动学习，北京水泥厂为70名来自一线的职工免费提供了培训考试教材，并提出，对考试通过拿到相应证书的职工将给予全额学费补贴，大大提高了职工学习的积极性。工会主席边晓航表示，要通过"学分银行计划"这一渠道，最大限度地实现一线职工专业知识和职业技能的"双提升"，以适应企业快速发展的需要。

北京水泥厂建厂近20年来，始终致力于打造"循环经济示范基地"与"复合型人才培养基地"的目标，坚持"党管干部、党管人才"的原则，将人才培养放在重要战略位置。每年除特定的安排领导班子、中层管理人员、业务骨干、一线职工各种学习计划外，还通过选聘内训师、外请专业资格培训师对中层以上领导干部就加强行政管理、财务管理、人力资源管理等进行培训，提升管理团队能力；对技能型、操作型、生产型职工，根据需求分批次进行专业培训与指导，实现全员培训，强化一线职工，特别是青年职工的文明素养、职业道德、岗位技能的提升。

"学分银行"计划为在生产一线工作，有实际经验、有实践能力而又迫切需要系统提升知识结构的职工而言，无疑可以帮助他们实现技能证书和学历证书的双收获。随着企业的发展，职工新老更替加快，北京水泥厂35岁以下青年职工已经占到职工总数的四分之一，未来几年将成为支撑企业快速发展的中流砥柱。构建"学分银行"有助于满足企业快速发展的需要，北京水泥厂"一切皆可成才"的理念在"学分银行"计划实施推进中也显得更契合企业实际，这也是"学分银行"实施意义所在。

祁保全

不仅是"学分银行"，在金隅，职工参与学习的途径可谓是多种多样。在2011年获得第二届北京市职工职业技能大赛家具手工木工比赛前十名选手中，金隅集团下属企业的选手占了九位。这对于一个早已经完成机械化、自动化转型的企业来说，可是非同小可。多年来，金隅企业一直强调把人才作为企业的第一资源，关注职工成长，助推职工成才，采取

金隅集团连续两年承办北京市职业技能大赛

各种举措加速人才培养。而且在传统技术和基础技能方面的培养也从来没有放松过。

在金隅，集团整合了各种社会资源，组织一线职工参加市总工会举

办的"农民工大学生助推计划"，多名通过成人高考的农民工，有机会进入市总职工大学，利用业余时间免费攻读大专课程，并获得学历证书；通过与市总职大合作办学，金隅集团成为"学分银行计划"北京市第七家试点单位。这一项目为一线职工搭建了学习深造的平台，得到了下属企业百余名职工的积极响应。相关工作的开展，使一线职工在为企业服务和奉献的同时，也享受了知识和技能提升的机会，使他们能够结合本岗位的工作需求，在职业技能方面得到长足的进步和发展，为培养优秀的一线员工和技术人才奠定了基础。

天坛家具公司作为市总工会素质办认可的"农民工技能学习基地"，多年来致力于为企业农民工提供学习和发展的空间，不断提高农民工待遇，关注农民工成长，为他们提供岗位成才的空间和机会。伴随着现代科学技术的进步，家具制造已经从传统的手工业发展成为具备相当规模的现代制造产业，高科技机器和设备提高了家具生产的效率和质量。然而，在家具制作过程中，特殊的卯榫结构制作、特殊工艺加工等环节，特别是传统红木家具制造中，工人的能力、见识依然起着不可替代的关键作用，不可或缺。这也是天坛、龙顺成这样的老字号、老品牌历经百年，经久不衰的秘诀。正是认识到这一点，天坛家具公司重视技术工人的培养，很多外来务工人员在天坛家具找到了自己的位置，成为了能够独当一面的技术人才，并在天坛扎根。第二届北京市职工职业技能大赛冠军左万青，进入天坛公司15年，从一名普通的工人成长为分厂的技术管理人员，凭借自身的努力，曾经两次被评为优秀生产人员。这一次，他历经初赛、复赛、决赛，在与北京市400多名企业职工和民间高手的对决中，力压群雄，夺得冠军，为天坛、为家乡，也为到北京城市务工的群体赢得了荣誉和尊敬。这种鼓励学习的企业文化和氛围也是很多木工坚持留在天坛工作的原因。

不仅如此，近些年，天坛家具公司在丰富外来务工人员精神生活，增强凝聚力方面更是采取了不少措施，如天坛党委开放的"双周影院"，与集团工会合办的"农民工流动课堂"以及投资改善集体宿舍的生活居住条件等。通过一系列有效措施，天坛家具公司吸引和留住了众多优秀人才，使天坛家具的品牌历久弥新，经久不衰。

很多人都了解一个叫顾伟华的"文明北京新市民"的故事。

和北京一起成长
——记天坛公司顾伟华

13年前，在东北一家国营单位工作7年的顾伟华"被优化"了。生于斯，长于斯的故乡就这么"抛弃"了他。东北小伙一横心，2万块卖掉家里的房子，闯北京！

第二年，顾伟华走进当时正如日中天的天坛家具。一回想，自己与木头的那份缘分大概是来自东北那片森林……

以一个外来务工青年的身份闯入天坛，顾伟华被分配到了从事沙发制造的第五分厂，当了一名钉簧工，给沙发上弹簧的。师傅说，咱们造的沙发可是给中央领导坐的，进的是中南海、人民大会堂！这下把顾伟华镇住了，咱可得踏踏实实学习技术，把这份工作做好。工作中，他虚心学习，不懂就问，自己的活干完了，就去其他工序学习帮忙。这些使他很快就对沙发制作工艺流程有了了解。好学的他一到工余，就翻阅有关家具制造的专业书籍，潜心学习家具制造的工艺知识，充实自己，使自己能尽快适应工作的要求。干起活来，他更是不含糊，不怕吃苦，不怕受累，不怕困难，不怕麻烦，任劳任怨地干。渐渐地，这名从外地来的小伙子赢得了工友们的好感，觉得他将来肯定会有出息。

果然，凭着扎实的干劲、善学的态度，还有原先国营单位的工作经历，顾伟华被工厂指派负责刚刚兴起的ISO 9000质量体系认证工作。那时的认证工作尚处于初始阶段，整理验证过程十分严格。体系制定过程中需要十分熟悉生产工艺、质量标准、生产记录要求、检验结果等。标准出台后，还要经过多次的反复审核和抽查。一边做标准，一边还有自己的生产任务。顾伟华忙得不可开交，也兴奋得不亦乐乎。毕竟这一番折腾，让顾伟华学到几年也难学到的知识和本事；这一折腾，让顾伟华对生产工艺、质量有了全方位的接触；更多地，对企业有了一份认可，也让企业里多了一个难得的干将。

回到车间，顾伟华开始做样品的试制工作。根据客户提供的图片和工程要求定制沙发。还诞生了一个新行当——沙发放样工。这沙发放样工不仅需要熟悉工厂的设计、生产工艺，还要具有一定的审美能力，熟悉不同

从务工人员成长起来的顾伟华

文化背景下人们的审美需求。好学的顾伟华业余时间整起了绘画、设计。工作上从原材料开始，什么软体、剪裁、蒙皮、油漆，各种工艺材料都要统统懂一点儿。好学成就了顾伟华。

多年中，顾伟华当过分厂检验员，负责所有生产过程乃至成品的检验。当一个称职的检验员，不仅要有扎实全面的工艺基础，还要有耐心细致的敬业精神，最重要的是既要敢于"得罪"人，严格检验，又要把握好与生产工人之间的和谐关系。为了能干好这项工作，顾伟华从质量工艺管理规范到检验标准，从公司内部规定到国家相关标准，他把当年参加质量体系认证的经验拿过来，熟练掌握了检验标准。合格的放过，不合格的返工。在他一丝不苟的努力下，分厂的产品品质得到了很大提高。在检验中，他还把自己研究产品工艺标准总结出一

套心得与工人分享，促进整体生产工艺水平的提高，使天坛沙发的产品质量一直稳定在同行业最高水准。

2005年，顾伟华被委以重任，负责分厂的生产调度。那年盛夏，分厂常规生产任务几近饱和，可公司出口任务突然加大，分厂要在不耽误常规生产的基础上，利用3个月时间协助生产近两万件出口实木餐椅。接到任务，他组织协调工人倒班，优化生产工序，确保完成任务。而作为生产调度，他没有倒班的余地。有一次，他带着职工在分厂三层楼上安装钉箱，到晚上10点多时电梯坏了，还有400多件椅架、包布背座没有上楼，而且当晚必须装箱发货，找人修电梯是来不及了，怎么办？他带头扛起椅子走上楼梯，其他人看到也跟着肩扛手抬，经过一个多小时的努力，终于把400多件椅子全部运到车间。当时天气又热又闷，他和工友都是汗流浃背，就像刚被雨淋过一样。而第二天一大早，他又照常投入到了工作中。

为了使自己的工作尽职尽责，他克服时间少、年龄大、无人指导等困难，自学了计算机基础知识、CAD辅助设计和Photoshop图片处理技术。他学以致用，将分厂十几年来的经典产品，用数码相机拍照，在电脑上制作处理后，将产品分类编号，制作成电子图册，刻成光盘，发到业务员手里，方便订货。

担任副厂长后，他陆续完善了《生产调度管理职责》、《新职工技术培训制度》、《重点大宗订单产前分析会制度》等一系列内部生产管理制度，为分厂的规范化、精细管理奠定了基础。

10多年过去了，顾伟华从一个打工者，成长为公司生产、工艺、管理方面的专家，担任沙发分厂的副厂长。不是厂里推荐他参加优秀外来务工人员评选，他早就忘记了自己外来务工的身份。他说，我们现在很多的外来务工人员走上了公司的管理岗位，工作中所有的一切和正式职工没有多大的差别，保险、年金和职工一样。将来退休也可以在北京领取养老金。我的爱人也在天坛，女儿在北京交大读书。北京，这座城市给了我失去的一切，我正在和企业，和北京一起成长起来。

2010 年，在市委宣传部、首都文明办、国资委、市人力社保局、市总工会、团市委等组织的评选中，顾伟华光荣地当选了"文明北京新市民"，这是北京这座城市对顾伟华们的认可，是对外来务工人员劳动、创造的鼓励。

现在，顾伟华正在公司新的发展布局中承担更重要的使命，一个由 19 名专业技术职工组成的天坛公司样品分厂正在建成，创新将帮助顾伟华和天坛公司再造新的辉煌。

李　强

2012 年 6 月 29 日，在北京金隅党委隆重召开的纪念建党 91 周年暨集团成立 20 周年大会上，一位青年职工的故事把现场的 1000 多名来宾和金隅职工感动了。讲故事的人就是从一名学徒工成长起来的"全国技术能手"、"全国工人先锋号"，北京市琉璃河水泥有限公司郭玉全职工创新工作室负责人——郭玉全。

由一名看火工人成长起来，成为水泥技术专家，并代表琉璃河公司担任世界上先进的沙特 YCC10000 吨水泥项目经理，郭玉全传奇经历的背后是金隅"成就事业发展"核心价值观的最好体现。

胡杨，胡杨，你深爱着什么？

于　博

胡杨，你是沙漠里令人敬仰的树！因为……

胡杨，你是珍奇的树。沙漠的干旱、炎热、风沙、贫瘠，让很多生命望而却步。可是，干旱枯萎不了你，炎热屈服不了你，风沙摧毁不了你，贫瘠动摇不了你。在任何磨难面前，你总是顽强地挺起脊梁，昂扬起生命的斗志。

胡杨，你是珍贵的树。你的质地坚硬，是建筑的好材料。你防风固沙，保护农田。你生长在沙漠里别无所求，只有奉献啊。

胡杨，你是让人珍爱的树。你这样的豁达和伟岸，你这样的奋发和进取，你这样的坚韧和忠诚。在你的生活里只有荒凉的沙漠，没有荒凉的人生。你这美丽的胡杨树啊，大漠里，有你深深的爱恋。

写到这里，我想到了一个人，一个和胡杨树有着同样品质和情怀的人，他叫郭玉全。

多年来，这个由一名看火工人成长起来的水泥技术专家先后获得了"全国技术能手"，"全国建材行业岗位技术能手"，"北京市劳动技术能手"，"首都劳动奖章"，"北京市经济技术创新标兵"，"中国水泥突出贡献奖"，"全国创建学习型组织、争做知识

从学徒工成长为"全国技术能手"、"全国工人先锋号"代表郭玉全的传奇经历体现了金隅"成就事业发展"的核心价值

型职工先进个人"，"享受北京市政府特殊津贴技师"……每一个称号都是一道耀眼的光环，每一道光环都讲述着他奋斗的故事。

郭玉全19岁时就来到"琉水"，在水泥熟料煅烧这个岗位上做一名看火工。在水泥行当里合适的火候才能烧出优质的

熟料，生产出优质的水泥。然而，观察熟料窑内的火候靠的就是工人的一双慧眼，熟练的老工人可以通过火苗的颜色判断出窑内不同区域、不同煅烧阶段的温度。刚刚参加工作的郭玉全一定要看清这火中的奥秘。他虚心请教、反复研究，很快就从一名徒工成长为一个熟练技工。3 年后的 1987 年初，"琉水"向伊拉克巴杜什水泥厂派出 500 多名劳务人员从事水泥生产任务。郭玉全因为技术娴熟，自然是优选的派出对象。在那里他第一次见到世界上最先进的全自动化的窑外分解窑水泥生产线。面对新设备，新技术，郭玉全便立下誓言："学习先进知识，做一名优秀的中国水泥工人。"

在伊拉克的产品说明书使用的是阿拉伯语或是英语。郭玉全不懂，他便找来字典一个字一个字地学习、一句一句地翻译，并且到现场实际勘察、对照。因为他的勤奋钻研，他不但学会了阿拉伯语，还初步掌握了外国先进的设备和技术。

胡杨树要生长，就要将它的根扎得更深。郭玉全知道这个道理，于是，他把自己根植于知识的土壤里。好学、好奇、好琢磨是大家对他的评价。收藏各种专业书籍是他的最大爱好，从 20 多年前他曾用过的已经发了黄的专业技术资料的手抄本和油印本，到新出版的各种专业书籍，他都认真地学习过。工作中做笔记，写论文，写工作心得，是他最擅长的。他还擅长藏书，工作室里就摆满了两个书柜的专业书籍。这些书籍是他走向成功的阶梯，是他实现理想的见证。他说："在工作中学习，在学习中工作，学以致用。这是我取得成绩的奥秘。"

随着水泥制造工艺的发展，新的生产设备不断涌现。郭玉全逐渐感到自己单一的专业知识已经不能适应现代化水泥生产的需要。为此，他自学了水泥工艺、钳工、焊工、电工和液压设备等各种知识，特别是在水泥工艺、维修钳工和液压设备等工艺生产故障判断和排除，设备维护和维修方面都达到了很高的专业水平，成为一个水泥生产方面的领军人物。

有一次，水泥窑用的燃烧器设备厂家急切地向郭玉全求援。地处云南边陲的一条水泥生产线因使用该厂家的燃烧器，烧出了大量废品，回转窑无法再运行生产。各方面反复核查多次也没有发现问题的根源。窑是水泥厂的命根子，一旦停窑损失惨重。问题迫在眉睫。郭玉全立即只身前往，星夜兼程地赶到那个水泥厂。他不顾疲惫，下到现场，边听取该企业相关技术人员介绍情况，边仔细查看他们的操作运行原始记录，边向技术人员询问问题。他综合这些问题后，这样分析说："操作参数显示是虚假的。有异物堵塞了窑用燃烧器，显示的温度就偏低，导致实际燃烧用的煤粉量不足，窑内煅烧温度达不到标准而出了废品。"现场的技术人员听完他的判断后都很吃惊，立即组织人员拆开窑用燃烧器查看。果然，像郭玉全所判断的那样，燃烧器内部的部分通道被铁丝和棉纱等异物堵塞了。经过很快清理干净，重新开炉，一切参数正常，回转窑正常运转

郭玉全的同事们在海外开展技术服务

了。在场职工无不欢欣鼓舞。当郭玉全准备返程时，企业的领导紧紧握着他的手恳切地说："我们用了两个多月，分析和改造了多处工艺流程都没找到问题所在。你来了，几个小时就成功地把问题解决了，你的技术水平让我们佩服、让我们汗颜呀。我代表我们全体员工感谢你！"燃烧器厂家的人也满怀感激地说："你不但在危难中帮助企业解决了难题，还给我们公司保住了品牌，也是我们企业的大救星啊！"连设备制造厂家都无法解决的问题，对于郭玉全来说却很轻松地解决了，显然，这功夫的背后是郭玉全对生产工艺和每个流程细节、设备的每个零部件工作都了然于胸。

另一次，"琉水"在贵州对外技术服务项目的同事凌晨打来求援电话，说那里的新生产线在调试生产过程中预热器的各种参数异常，又找不到问题的症结，生产线无法正常运行。郭玉全在电话中问了对方几个重要参数后，要求对方检查高温风机挡板位置。一个小时后对方打回电话，兴奋地告诉他说："问题解决了，确实是高温风机挡板在升温过程中偏移了位置。"

泰山不拒细壤，故能成其高；江河不拒细流，故能有其远。郭玉全这样的孜孜以求，是源自他有着对自己的企业和水泥线执着的爱啊！

胡杨树，你努力地吸收阳光、奋力地贮藏水分、拼力地伸展枝叶，这一切都是因为你深深地爱着。然而，风云和闪电也会无情地刺痛你的胸膛，狂风也会卷走你最想守候的爱……

那次去沙特援建，郭玉全含泪惜别了80多岁已经卧床不起的老母亲。他多想陪伴在母亲的床前，尽一个儿子的孝心。可他得走。他不知道母亲还能不能等到他回来的一天。果然，这期间他的母亲突然病故了。可是，处在设备紧张调试阶段的他显然无法回来。他忍受着巨大的悲痛，只靠加倍的工作，让工作的疲劳排解内心的悲伤，让工程进程的快速度风干自己忧伤的眼泪。他深爱自己的母亲，然而，他无法不一次次面对同样属于自己的责任和事业啊！

当一株胡杨树长成材之后，会从它的根部萌发幼苗，从而扩大疆域，逐渐地成为壮观的胡杨林，它绿了、美了浩瀚的沙海。

郭玉全也有自己的"胡杨林"。

"郭玉全职工创新工作室"是北京市总工会授予的北京市首批 10 家职工创新工作室之一。郭玉全充分发挥"创新工作室"的多工种、多专业的人才协作优势，组织技术技能人员和专业骨干，针对水泥生产的机

郭玉全（中）与外国同事

电设备、计算机控制程序、润滑、收尘、岗位安全、工艺及操作的常见事故案例，进行全面的总结，撰写培训教材。一方面他们为"琉水"培训出技术骨干，代表"琉水"为国内外几十家企业提供技术服务，足迹遍布河北、贵州、云南、内蒙古、山西、山东等多个省市；另一方面，他们踏出国门援建沙特阿拉伯、越南、吉尔吉斯斯坦、哈萨克斯坦、尼日利亚等国家水泥生产企业。

2010 年 11 月，郭玉全带领他的创新工作室成员和 70 名"琉水"人，远赴沙特阿拉伯，为那里新建的一条万吨水泥熟料生产线提供生产技术服务。这条生产线是由中国设计并承

建，汇集了中、德、美、法等多个国家的知名品牌的最先进水泥生产工艺和设备，是目前世界上规模最大也是最为先进的水泥生产线之一。在调试德国生产的"莱歇立磨"时，在德国专家回国休假的情况下，他们不等不靠，独立开磨，实现了一次投料成功，顺利运行达产，创造了立磨调试期最短的新纪录。很快，项目的关键设备回转窑也实现了一次投料成功并生产出优质的熟料产品。

史密斯自动化取样、制样和荧光分析系统价值2000万元人民币，通过机械设备和软件控制完全实现无人化操作，这套设施在中国水泥行业还从来没得到过应用。郭玉全凭借着丰富的调试经验，白天陪同设备厂家工程师进行调试，晚上对照相关资料翻译学习，消化吸收，很快掌握了这套设备的使用和维

沙特CCC技术服务项目

护技术，其专业知识和技术水平让设备厂家都感到吃惊。这也是史密斯技术人员所经历的在调试该设备的过程中用时最短、最顺利、最放心的一次。当史密斯工程师结束工作准备回国时，沙特阿拉伯业主方面忧心地问："你们现在就走，荧光曲线谁来给做，我们的员工谁来培训？"史密斯工程师指着郭玉全说："找这位先生就OK了。"郭玉全高度负责的态度和精湛的技术本领得到了沙特阿拉伯业主及工程总承包方的高度赞扬。他和他率领的技术服务团队为

祖国争了光，打响了海外市场上"CHINA"的水泥技术服务品牌。

这是中国工人的骄傲！这是我们这个时代的骄傲！这是祖国的骄傲！

当我叙述到这里的时候，已经被郭玉全的事迹所折服了。我在想：一个连大学都没有进过的普通职工为什么能克服重重困难，带领着他的团队取得一个个在业内都堪称奇迹的业绩？是什么给了他们如此巨大的原动力？

是爱想事、爱琢磨的性格，还是不服输、不认输的品质？还有，是"琉水"传承了多年的丰厚文化，还是金隅人那些"特别"的精神追求？

郭玉全和他的同事们就像一棵棵胡杨树，把根深情地扎在琉璃河深深的土壤里，再大的磨难，再多的困难，也动摇不了他们的爱和忠诚！

最有价值的金隅人

在金隅，最大的价值不是多少亿的资产，最大的价值是金隅人。这已经成为集团的共识，是金隅文化突出的表象之一。

金隅集团从传统的低端制造企业到在中国企业500强企业中独领风骚，快速成长，这奇迹般地崛起背后，是金隅人脱胎换骨的变化。

人们说，在国有企业很难形成有价值的企业文化。因为，在中国企业领导者频繁变换，企业家代表的是政府或者某一部门的利益，这种频繁变换和利益调整，很难在企业形成持久的文化。往往是，一个领导人上台，提出一系列目标、制订一系列规则，随着领导人的调整，目标、规则都会随之变化。这在金隅成立前也是一样，有多少人就有多少想法，有多少公司就有多少规则。企业缺少了持久的文化认同，也就缺少

责任，无论是个人对于企业的责任，企业对于国家的责任，金隅人都始终坚守，责无旁贷

了共同的价值观、共同愿景和共同目标，缺少成长的动力和方向。

金隅集团成立不久，就根据管理的要求，提出了"五统一"原则，这"五统一"原则原本是相对于企业管控而提出的，后来逐步地扩展到管理、投资、干部任用等各个管理层面，成为了集团文化的物质基础。在这一基础之上，集团提出的金隅人共同的核心价值观——"信用、责任、尊重"；共同的企业精神——"重实际、重创新、重效益、争一流"；共同的发展理念——"共融、共享、共赢、共荣"；金隅人永远坚守的"八个特别"的金隅人文精神。这些企业文化中的最基本元素，没有因为领导人的更替而改变，金隅的发展目标和管理原则也没有因为领导人的变换而调整，而是坚定方向，确立目标，与时俱进。这是一种大智慧。正是这种大局意识，持久的文化理念，培养了职工共同的价值观。谈到金隅的发展，董事长蒋卫平说，几万员工对于企业价值观的认同，对于企业价值的成长、规模的壮大、未来的发展，起到至关重要的作用。

翻开历年的《北京金隅报》（包括其前身《北京建材报》），人们发现其中一个十分有趣的现象，集团每年都会对为企业做出突出贡献的人员进行表彰，这些表彰中，最有影响力的是每年年初表彰的"十佳销售人员"和"十佳科技工作者"，以及每年"七一"表彰的"十佳共产党员"、"十佳团员青年"。在这些受表彰的人员名单中，你不难发现一个个十分熟悉的名字，包括段建国、姜德义、李伟东、王世忠、王肇嘉等如今的集团领导人，更包括一大批企业的"一把手"、企业领导班子成员。这便是集团文化和集团价值观的写照，它体现了金隅的干事文化、成功意识。曾经多次被评为集团"十佳科技人员"，现任的金隅股份总经理姜德义说："金隅文化是一种极富感染力的氛围，是一种守正出奇的精神，是一种创先争优的约定。金隅近几年兼并的一批企业，无论底子如何，无论是原来的干部自身管理，还是金隅派出的干部去管理，都变成了好企业，因为走进金隅门就是金隅人，都会被金隅文化融合。"

在金隅，一提到金隅的扩张、发展，人们最常说到的是："一纸任命，两个人，到哪里去发展。"这种发展的底气就是来自强大的金隅文化。今天，全国规模以上的企业有 4.5 万家，金隅 2012 年在财富榜的排名在 150 名左右，稳居中国优秀企业的"第一阵容"。这，就是文化的力量。

八项"人才工程"

2012 年金隅集团第一次工作会后，集团提出加快落实人才工作的折子工程，确定八项"人才工程"建设。根据规划，确定了重点落实"经营管理人才建设工程"、"专业技术人才建设工程"、"技能型人才建设工程"、"党务人才建设工程"、"职工素质提升工程"、"科技带头人百人工程"、"青年英才开发工程"、"特殊人才重点引进工程"等八项"人才工程"。对八项"人才工程"所提出的目标任务逐项分解，责任落实到有关部门和各企业，公司成立了专项工作小组，由公司领导和各有关部门组成工作机构，完善配套文件，明确工作进度。

经营管理人才建设工程的主要目标：打造一支秉承金隅文化信念、

富有强烈的事业进取心，上下同欲、坚强和谐的经营管理团队。培养一批优秀企业家和职业经理人；引进和培养一批熟悉现代资本运作规律和特点的专业管理人才；培养一批具有行业领军能力的创新管理人才；培养和储备一批熟悉相关专业的经营管理后备中、高层人才。

专业技术人才建设工程的主要目标：在重点领域引进和培养一批急需紧缺的专业技术人才，加大培养力度，大幅提升现有人才专业技术水平，逐步建立起一支经验丰富、梯次合理、创新能力强的专业技术人才队伍。

技能型人才建设工程的主要目标：进一步提升技能型人才的地位和整体水平，造就一支具有精湛技艺、数量充足、门类齐全、综合素质全面的技能型人才队伍。

党务人才建设工程的主要目标：加快培养一批政治坚定、勇于创新、熟悉企业经营管理、擅长思想政治工作、善于推动科学发展的高素质党务人才，使集团党务人才队伍专业水平显著提高，年龄结构、知识结构更加优化，总量符合工作需求。

总部每年组织干部、青年，利用各种方式，关心关注那些
为了金隅发展，肯于吃苦、到艰苦地方创业的金隅人

职工素质提升工程的主要目标：集团职工队伍理想信念更加坚定，"八个特别"金隅人文精神深入人心，职业道德建设更加深入，职业技能普遍增强，综合素质全面提升。

科技带头人百人工程的主要目标：汇聚100名左右在集团内部具有较高影响力的科技带头人，其中50人具有广泛的行业知名度，10人具有行业领军水平，大幅提升集团科技领先水平和自主创新能力。

青年英才开发工程的主要目标：培养一大批具备良好思想政治素质、掌握精湛专业技术知识、充满干事创业激情的青年拔尖人才，并充分发挥他们的示范引领作用，形成广大青年人才快速成长、竞相涌现的良好局面。

特殊人才重点引进工程的主要目标：围绕集团产业发展对部分特殊人才的紧迫需求，重点引进一批代表先进管理水平、掌握行业前沿科技和关键技术，能够切实疏通经营管理瓶颈、突破技术开发难题的高层次人才。

这八项人才工程是金隅多年开展人力资源建设的项目之一。多年来，金隅强调：人才资源是金隅第一资源，人才是集团宝贵的财富。要做好人才工作，并将其作为干事用人的重要指导方针，即：对那些长期在条件艰苦、工作困难的地方工作的干部要格外关注；对那些不图虚名，踏实干事的干部要多加留意；对那些埋头苦干，注重为长远发展打基础的干部不能亏待。以正确的用人导向，进一步激活金隅人才资源，给广大员工发挥才能搭建平台，为想干事、能干事、干成事的同志和各类优秀人才脱颖而出创造条件，真正使想干事的人有机会、能干事的有平台、干成事的有地位。

金隅的凝聚力

在金隅集团的跨越式发展过程中，金隅集团党委发挥党委的政治核心作用，2006年，集团党委在全系统启动了以"了解人、关心人、凝聚人、激励人"为主要内容的"凝聚力系统工程建设",最大限度地凝聚了党组织力量,使党组织的政治核心作用得到充分发挥;最大限度地

凝聚了智慧和人才,使职工明白实现集团中期发展规划,需要金隅人的共同智慧和力量,为打造企业核心竞争力提供智力支持和人才保证;最大程度地凝聚了人心,为维护好、实现好、发展好各方利益,构建和谐企业,推动企业的全面发展起到积极的促进作用。

每逢年节,集团都组织各种慰问活动,公司领导到家里看望困难职工

金隅党委在凝聚力系统工程建设方面的思路、做法已深入人心,党建工作"围绕、融入、促进"经济工作取得良好成效,得到了各级党委的充分认可和高度评价,为和谐金隅的构建奠定了坚强的思想政治保障和坚实的党员群众基础。

2005年,北京金隅集团党委设立了"献爱心、筑和谐、促发展"专项基金,发布《"献爱心 筑和谐 促发展"专项基金管理办法》和实施细则,办法规定了对因遭受意外灾害、罹患重大疾病、家庭收入过低等特殊困难职工的救助办法;对见义勇为先进集体、个人和为企业发展做出特殊贡献人员的奖励办法。办法规定:"特困职工每年一次性补助500元以上;困难职工每年一次性补助300元以上。"

办法规定:"当年纳入北京市城镇居民最低生活保障标准的特困职工,虽有医疗保险待遇,但因患大病,在享受医保待遇和其他补助后个人承担医疗费确有困难的人员,自负医药费一年内在5000元—10000元的,救助500元以上;自负医药费10000元—20000元的,救助1000元

以上；自负医药费在 20000 元以上的，救助 2000 元以上。

"非低保户的困难职工，生活确有困难，因病自负医药费一年内在 20000 元以上的给予 2000 元救助。

"因患尿毒症、恶性肿瘤、白血病、严重肾病、工伤致残等重大疾病，生活确有困难的，自负医疗费一年内 20000 元（含 20000 元）以上的部分，按自负金额的 10% 给予补助，补助金额最高不超过 10000 元。"

文件还对意外灾害救助、困难劳模救助、特殊贡献人员的奖励、见义勇为集体和个人的奖励等做出详细规定。

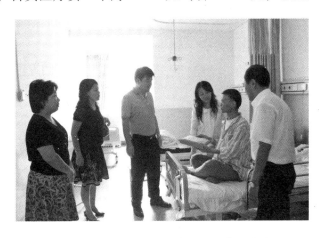

金隅水泥经贸公司职工。募捐帮助患重病的职工。职工在病床上，也在关心重点工程中水泥的供应保障

自 1998 年起金隅为职工投保职工互助保险，十几年间，参与投保的规模逐年扩大，到 2011 年，实现 6 项保险计划全覆盖。在职职工住院保险投保人数达到 10451 人，全年保额达到 174 万元。2011 年，金隅代办处共为 357 名职工办理了理赔，赔付金额达到 47.79 万元。

金隅代办处连续 15 年被北京办事处评为职工互助保障先进单位，2010 年度被中国职工保险互助会评为全国互助保障先进单位。

凝聚力的核心是凝聚人心，凝聚智慧，促进发展。凝聚人心，就是要使金隅人的价值理念获得职工的高度认同，不论形势如何变化都始终予以坚持；凝聚智慧，就是要使金隅团队的动作协调、上下目标统一，打造向心力，促进企业均衡和谐发展。

金隅多年来通过全面建设"凝聚力系统工程"，把各方面的积极因素充分调动和凝聚起来，共同为实现集团的宏伟目标而努力奋斗；在确保国有资产保值增值的同时，使金隅员工充分享受到集团改革发展的成果，实现集团和金隅人的共同发展，这是集团快速发展、持续发展的不竭动力和源泉。

在这一思路的引导下，历届金隅领导班子，每一个工作团队，每一阶段发展的主要目标，都始终强调对于金隅职工的关注。特别是"十二五"规划提出的"三个翻番带动一个翻番"的发展目标，更是把关注职工诉求作为企业发展的重要目标。因此，这一目标拥有了更为凝聚人心的力量，真正体现了金隅与金隅人共同发展的理念，真正成为全体金隅人共同追求的目标和共同愿景。

金隅广泛关注社会事业，多年赞助北京男女篮球队，取得了良好的社会效益和影响力

太行和益　心气是怎样炼成的？

在金隅集团开展的各项活动中，有一个身影，你是没法忘记的：健

硕的身材，花白的胡须，永远鼓动人心的快乐微笑。他就是太行和益党委副书记、工会主席路长有。公司根据凝聚力系统工程建设的要求，把关心职工生活和情感需求作为一项大事。公司职工70%以上家在邯郸，平日里一个月才可能回趟家。远离城市的生活单调、重复，没有一点让人兴奋的东西。公司在积极改善职工居住、用餐环境的基础上，千方百计丰富职工的业余文化生活。每逢集团的各种文艺、体育竞赛，和益都是当仁不让的参与者，也取得了十分好的成绩。路长有就是这个队伍中永远的领队和啦啦队队长。

这些年公司陆续开辟了游戏厅、影视厅，建立了图书文化阅览室，组织书画讲座、培训，公司现在拥有的3D电视系统，职工不出工厂就可以看到立体大片。

2011年，为了更加了解职工的生活情况，解除职工的后顾之忧，包括公司经理王昭、党委书记张小平在内的公司领导分批来到每位员工的家庭，一面为职工家人送去关心和慰问品，一面了解职工在生产生活中遇到的实际问题，并积极协调解决，在职工中引起强烈反响。

公司还不断丰富职工过集体生日的内容，职工生日当天能吃到公司精心准备的一碗生日面，还会收到公司统一制作的小礼物；在员工福利待遇方面，公司给员工缴纳企业年金；鼓励职工教育好子女，对考入专科以上学校的职工子女进行奖励；组织女工春游，给全体女工上保险，每年定期进行体检，给职工送去实实在在的关怀。

良好的工作生活环境，带动了职工对企业的关心。职工们积极参与厂区的环境绿化、美化劳动，清洁厂区环境。

2012年春节前，两辆清洁的大巴车，停在了厂区前，这是公司为职工安排回家过年的班车。过去职工回邯郸要倒汽车、火车，再转汽车，反反复复的倒车疲劳中，快乐全无。公司看到了职工回家的辛苦。特意安排了春节班车，按不同时段开出，让身处工作岗位的职工，下班后，痛快地与家人团聚。

那些年 职工有宿舍不住 宁可花钱找旅馆 为的是躲事儿

几年前，在保定和益公司曾经流传这样的故事：在生产被动的日子里，一些员工下班后会关上手机，公司提供的宿舍不去住，却宁可花几十元去县城找个小旅馆凑合一宿，为的就是躲避没完没了的加班，睡个好觉。企业运转不好，效益差、工资低，设备故障频出，企业陷入恶性循环。

近年来，随着公司不断加大对金隅文化的宣传，以及具有金隅特色的凝聚力系统工程建设，特别是企业通过抓科学管理，加强效绩考核，通过指标层层分解，人人有任务，个个有责任，广大员工把自己当成企业的主人，积极投入到生产中来。如今，哪里有任务，哪里有抢修，哪里就有突击队，职工们往往主动放弃休息时间，在搞好自己部门、车间工作的同时，不忘记协助兄弟部门、车间，因为职工们心里有本账，"窑早一分钟转起来，企业就多一分效益，员工就多一分实惠"。那年4月26日，窑、生料磨系统掉电，在窑系统设备开启后，启动生料磨主电机时，全厂再次掉电。电气部技术人员迅速赶赴现场，对主电机进行检测，确认电机已烧损的情况下，公司启动抢修方案，兵分两路，一路由设备部连夜带领机修、电修、矿山人员等10余人去北京前景公司拆电机；另一路由设备副总负责把旧电机拆下来。电气部、生产部、原料车间、制成车间、机修等20余位干部职工，凿窟窿、挂滑轮、安装卷扬机，连夜把重26.5吨的电机拆下来。那一路在北京前景公司干部职工的配合下，于第二天上午将电机提前1个半小时运到厂里，为保证回转窑连续运转争取了宝贵的时间。之后，机电和原料车间相关人员克服疲劳连续奋战，吊装、找正、空试、负荷联动，终于在当天23:10把生料磨开起来，确保了回转窑的连续运转，把生产损失降到最小。

石灰石均化库顶两年来因大风，库顶多处彩钢瓦刮掉，每逢下雨造成物料潮湿给生料磨产量带来影响。库顶高30米，安全系数小，施工难度大，联系多家施工队无人接手。公司烧成车间青年突击队勇挑重担，在炎热的夏季，天一亮就到现场，仅用 3 天时间，彻底把均化库顶彩钢瓦修复。

从躲避加班到主动加班，职工的心气不一样了，企业凝聚力强了，员工成了公司真正的"主人翁"。

和益的干部　当年人心思归

和益公司 70% 的员工来自邯郸。在建厂初期，他们为了家庭和事业来到易县。但面对创业的艰难和越来越渺茫的未来，一部分人选择了离开。那时，流行的话题是："谁谁调回去了，你什么时候走？"

不光是职工，干部们也是，那会儿白天做别人的思想工作，让人留下。晚上，自己也活动脑筋，想办法回去。

实在回不去的人们，留下来咬牙坚持。

新的领导团队上任，想改变一下形象，给自己也给职工一些信心，可是公司实在没有钱。曾经盘算着回邯郸的干部，咬下牙，自己掏腰包买来办公沙发等，一点一点地改变公司的形象和运营情况。公司经理王昭刚来时，想方设法借来 100 万元，让企业先运转起来。两个月后，公司挣了 20 万元，职工们高兴得不行。从那时开始，职工们开始越来越多地参与到企业管理中，企业慢慢步入正轨。

辊压机投产后产量不达标，通过改造打散机及各类插板，保持合理辊缝间隙和压力，很快产量上来了并且超过了设计能力。员工张占军大胆提出将辊压机生产出的余料供 2 号磨使用。公司领导了解情况后立即采纳，很快予以实施，果真很见成效，2 号磨台时产量平均提高了 20 吨，为企业创出了效益。张占军也得到企业的重奖。

从那时起，职工越来越倾心技术创新和提出各种合理化建议。公司则在充分调研的基础上，相继采用员工合理化建议 20 余条，调动了员工参与企业建设的积极性，也产生了良好的经济效益。

新人留在和益的理由

在那些年和益公司人心思归的时候，公司也曾想积极培养本地员工和新员工，相继招聘了几批大学生。公司现在的电器技术员刘成刚是2003年从河北理工大学来公司的大学生。现在负责公司电器工段，管理着公司从矿山到水泥出厂所有的电器设施的运转、保障。那时，许多和他一样对于企业怀有梦想的年轻人，来到企业，可是却看不到企业发展的前景，没有信心，许多大学生选择离开。

金隅集团接手和益公司后，领导班子意识到青年人才在企业发展中的创造性价值，公司将人才培养作为企业发展的重点问题。李鑫、张学良、张连鹏等一批有贡献、有能力的青年学生相继走上中层领导岗位，为企业的发展贡献着他们的才智。

随着企业的发展，越来越多的青年技术人才被吸引到了太行和益，刘成刚也选择了在和益成家立业。很多年轻职工在保定购买房产，甚至把自己刚大学毕业的亲戚、兄弟也介绍到和益来。他们说，和益发展得好，有青年人肯奉献，肯创造，将来会更好，这就是今天年轻人留在和益最好的理由。

从首席职工到荣誉职工

金隅集团推行的首席职工制度至今已近7年。这些年来，在实践中总结摸索出具有金隅特色的首席职工制得到了广大职工的认可和称赞，并得到全国总工会和北京市总工会等有关部门的肯定。在金隅20年发展过程中，陆续培养出一大批精通和熟练掌握岗位技能的一线职工，他们在工作中默默奉献，用自己的知识和技能为企业发展出力，创造了巨大的经济价值。

2005年12月，金隅集团党委作出决定，从2005年度开始，在全系统推行"首席职工制"，对被评聘出的首席职工，由集团统一发给每人每月 500 元津贴。7 年来，首席职工总数已达 2504 人次。

金隅集团有 70 多个工种，凡是熟练掌握岗位技能的一线员工都有机会当选首席职工。为此，集团制定了《关于选拔聘任金隅集团首席职工的实施意见》，公司董事长亲自担任评聘领导小组组长。首席职工的评聘工作主要遵循三条原则：选拔标准遵循技能水平与岗位贡献相一致的原则；选择岗位突出成熟技术的原则；选拔程序体现公平公正、群众参与的原则。

集团领导明确提出，在设立首席职工制问题上，要立足集团实际，打破用人思维定式，不拘一格。在评聘工作中，要纠正以往对于人才的片面认识，树立科学、合理、符合集团发展需要的人才结构。更重要的是，通过设立"首席职工"制，在广大职工中树立起一种"金隅观念"，那就是：凡有志于企业发展，有一技之长的工人，在金隅都能有所施展，并且能有所回报。

根据集团实际，首席职工数量以一线职工总数 3% 为标准，必须从一线职工中产生。在每年选拔评聘首席职工时，集团的每位职工都有机会给本企业的候选人打分。内容包括技能水平的高低、工作态度的好坏、岗位贡献的大小。最后以无记名投票方式确定本年度职工认可度最高的首席职工。经公示后由集团公司聘任，聘任周期为 1 年。凡是被评聘为首席职工的人员，每年都要参加集团统一举办的脱产培训。接受平静心态、锻炼体验、个人感悟、交流指导、心智提高等 5 个阶段的心理健康培训。通过培训帮助职工更好地学习、提高，并通过学习过程中的思考、发现、感悟、总结，帮助职工重新定位，重新发现自己，重新寻找集团核心价值观和团队凝聚力，帮助职工更快成长。

金隅集团党委书记、董事长蒋卫平说："首席职工制度的推出，是金隅集团坚持以人为本，尊重职工劳动、尊重劳动价值的具体体现。在企业，以人为本就是以职工为本。让广大干部职工特别是一线工人共享企业发展成果，是平衡企业利益关系的重点。在多元利益的格局下，集团不断深化'人才资源是第一资源'的理念，最大限度地凝聚智慧和人才，为打造企业核心竞争力提供智力支持和人才保证；同时着眼于把全体职工的心力拧在一起，形成最富活力的生产力，充分调动人才队伍的积极性、创造性，积极构建企业内外和谐环境。"

2006年，金隅集团党委为了奖励那些持续为集团发展做出贡献的平凡劳动者，设立了"金隅荣誉职工制度"，表彰职工的"老黄牛"精神。凡是在金隅集团所属单位工作男满30年、女满25年并与所在单位签有正式劳动合同的本市城镇在册在岗职工都会被授予"金隅荣誉职工"称号。

对于"金隅荣誉职工"授予荣誉证书、享受相关待遇及荣誉津贴，包括：由金隅集团为本人每年办理北京市园林局所属公园通用年票一张，至本人退休或调离集团系统为止；在本人退休前由金隅集团分期分批组织一次度假疗养；由金隅集团为本人提供凤山温泉度假村门票5张；由金隅集团为符合条件的职工每人每年一次性发放荣誉津贴1200元，至本人退休或调离集团系统为止。

凝聚力系统工程不仅仅体现在对员工的关爱上，它的核心是金隅员工职业素质的升华。在金隅，人是企业的核心，人人皆有贡献，人人皆可成才。开展凝聚力系统工程，就是要通过绩效评价和激励机制的不断完善创新，激活人力资源能量，切实发挥人力资本的核心作用，实现人才与企业共同成长、金隅人与金隅集团的共同发展。以发展的愿景鼓舞干劲，以共同的事业凝聚人心，积极倡导职业伦理，大力弘扬奉献精神，促进员工自觉恪守职业道德，帮助员工解决成长中的困难，实现金隅与金隅人的共同发展，这就是凝聚力。

享受心力交瘁的奋斗

涿鹿金隅建在平均海拔1180米的土山坡上，当初工程建设一年多的时间，老天似乎也有意考验这些金隅人，有46天因风、雨、雪频频肆虐而被迫停止施工。

工地上，一群头戴白色安全帽、身穿灰色工作服的人们年龄不一，身材不等，口音不同，但他们的眼神总是流露出一种创业者的激情和自豪。

经理赵启刚自项目开工以来，将全部精力投入到项目建设中。远在辽宁本溪的母亲被发现肺部有肿瘤，他得到消息，心急如焚，但项目建设工作千头万绪，他怕同事担心，把工作详细布置后，悄悄驾车奔赴沈阳。匆匆安顿好母亲后，又火速回到工地。

党委书记许明父亲患病卧床 8 年，他一直在床前尽孝，悉心照顾。2008 年 9 月，他接受集团安排，毅然来到涿鹿项目部报到。平时他只能通过电话问候家里的情况。2009 年 5 月 22 日，他父亲去世，遗体告别当天，许明再也控制不住心中的悲痛，纵情大哭，在场的人无不感动。两天后，他没有休完丧假，就回到工地。

桃李不言，下自成蹊，有领导人的表率作用，其他员工自然不甘落后。

2009 年 11 月 9 日，矿山上的雪还没有化完，中午 12 点板喂机运到现场，下午 1 点 30 分，由分项设备负责人王孝利引领车队上山卸货。由于雪天路滑，原先 20 分钟的路程足足走了近 3 个小时还未到达目的地。此时天空又开始下雪，车队被困于距项目部临建办公室 4 公里之外的矿山中途进退两难。工艺设备部杨连成、何秉玉带着越野救援车和信猛等同志顶风冒雪及时赶到，协调吊车、装载机等机具铲雪修路，将矿山设备安全送上山，回到厂内已是零点三十分。一直没有休息的党委书记许明，亲自去厨房煮了姜汤，下了热腾腾的鸡蛋面给大家驱寒，所有人心里都热乎乎的。

翻开许明的日记，这样感人的故事比比皆是。

然而，最让人动容的是，再苦、再累，涿鹿金隅人都把这当成一种享受、一种毕生受益的财富。在他们自己创办的《涿鹿金隅报》上，你会惊喜地发现，这里几乎人人都是诗人。

《雨烦》：

"两日阴雨眉头紧，六人郁闷整三斤。天公偏喜秋雨绵，英雄无泪也沾襟。"

《外山村小景》：

"涿鹿春来四月寒，杏花绽放遍坡间。乡村小路红屋瓦，日落炊烟入眼帘。"

以喜悦的心情描绘了厂区周围的美景，《涿鹿颂》：

"大斜阳上雪飞扬，建设现场施工忙。金隅儿女多壮志，誓与天公争短长。"

赞颂施工场地热火朝天的场景：

"高高塔架入云端，大雪纷飞数九寒。万险千难何所惧，竣工确保笑开颜。"

在这些诗句里，一种浓郁的乐观、奋进之情在涌动……这种以苦为乐，不屈不挠的情怀表现出金隅人另类特质——豪迈的英雄主义气概。

人品、党性、官德

在鼓励创新、促进发展的同时，金隅集团十分重视对于人的品格的培养。金隅的核心文化是人，金隅人要在金隅的成长中，提升素质，奉献价值，获得成长，就必须恪守信念，遵守底线。

集团领导经常性地告诫自己的同事，特别是领导干部：

在当今多元化的社会、纷争的世界中做到动中求静、以静制动、由定升慧，失败时自责而不自卑，成功时自信而不自负。尤其是在自身利益、局部利益受到影响时，要善于调整心态，控制情绪，学会忘记，有所取舍，作自己情感的主人；更要自律。我们所从事的也是一份高风险的职业，必须筑牢道德和法纪两道防线，常修为官之德、常怀律己之心、常思贪欲之害、常戒非分之想，严于自律、乐于他律、勇于律他，拒腐防变，清正廉洁，洁身自好。

"和谐金隅"是我们始终不渝追求的目标和集团持续稳定发展的保障。我理解"和谐金隅"的本质特征有5个基本方面：和谐的根本是价值理念高度认同，不论形势如何变化都始终予以坚持；和谐的关键是主要领导同志公道正派，各级领导干部在人品、党性、官德统一上率先垂范。要带出好风气、好队伍，不搞小圈子，而是发展金隅大集团，不搞小宗派，而是做金隅发展的促进派；和谐的基础是团队动作协调、上下目标统一、企业均衡发展；和谐的保障是工作流程简约而不简单、决策严谨而不繁琐、执行高效而不盲动；和谐的真谛是原则上坚定、利益上互让、性格上包容。

集团党风廉政监督员聘任会

在精神追求上。要不断树立正确的职业道德观和事业发展观，讲职业操守，讲事业追求，在自己的岗位上恪尽职守，做到认真、严谨、负责、敬业。我曾多次讲过：将个人的发展融于集团的发展，做成几件推动集团发展的值得总结回忆的事，既是人生的乐事，也是集团的幸事。工作有价值，人生就有意义。着眼于集团发展的理想和信念，一要讲职业操守，二要讲事业追求，以更好的学识、更美的情操、更高的境界，投身集团奔腾不息的发展大潮中，把个人的前途命运融入轰轰烈烈的集团事业中，实现人生的价值。

在工作作风上。要善于调查研究、善于发现问题、善于解决问题、善于总结提高；坚持讲实话、办实事、求实效，遇到矛盾不回避、不推诿，实事求是地反映问题，真情实意地解决难题；要始终保持不骄不躁、艰苦奋斗的工作作风，兢兢业业地做事。始终保持克己奉公、廉洁自律的道德情操，干干净净地做人；要"常修为政之德，常思贪欲之害，常怀律己之心"，认识到权力是把"双刃剑"，为民则利、为己则害。明明白白地算清"七笔账"：算好"政治账"，志高方能致远。算好"经济账"，勤耕方能富足。算好"名誉账"，清廉方能扬名。算好"家庭账"，守身方能家圆。算好"亲情账"，品高方能会友。算好"自由账"，自律方能无拘。算好"健康账"，心良方能体壮。做到自重、自省、自警、自励，"权为民所用、情为民所系、利为民所谋"，才能使自己在政治上更加坚定、思想上更加成熟、道德上更加高尚、行动上更加自觉，实现"人品、党性、官德"相统一。

在道德修养上。各级领导干部要按照中央提出的"两个务必"的要求，加强思想道德修养，充实精神生活，继承和发扬我们党和集团发展中的优良传统和作风，自觉抵制拜金主义、享乐主义和极端个人主义，真正做到贫贱不能移、威武不能屈、富贵不能淫，劳而不怨、欲而不贪、泰而不骄、威而不猛；提倡"天行健，君子以自强不息"的奋斗精神和"地势坤，君子以厚德载物"的包容精神，兼容并蓄，共促发展。

始终从小处着眼，从点滴做起，在积累中实现升华，在增强道德修养中保持先进性。

20年金隅人向社会回报了20个金隅

就在刚刚过去的这个"七一"，金隅集团（股份）党委书记、董事长蒋卫平《在北京金隅纪念建党91周年暨集团成立20周年大会上的讲话》中说：

> 过去20年，是金隅不辱国企使命、勇担社会责任的20年。在不断加快自身发展，充分发挥国有经济引领、带动和示范作用以及确保国有资产持续保值增值的同时，始终坚持"经济效益、社会效益、生态效益协调统一"，为城市发展、环境安全和社会和谐做出了积极贡献，获得"五一劳动奖状"、"中华环境奖"、"全国企业文化示范基地"、"北京十大影响力企业"、"中国最具影响力企业"等荣誉称号，并得到了党和政府以及社会各界的肯定。
>
> 过去20年，是金隅创新党建、凝心聚力的20年。集团党委在市委和市国资委党委的坚强领导下，结合自身实际，坚持党建工作围绕、融入、促进经济发展，明确了"结构更加优化、效益更加显著、发展更加和谐"的科学发展主题，确立了"四强"、"四优"和"四好"有机结合的"创先争优"活动载体，形成了各级领导重视、机制健全、保障有力的"惩治和预防腐败体系"，开展了以了解人、关心人、凝聚人、激励人为内容的"凝聚力系统工程"。与此同时，始终坚持"德才兼备、以德为先、注重实绩"的用人原则，"能务实、敢创新、讲效率、抓效益、干成事、不出事"的用人标准，"民主、公开、择优"的选拔任用机制，"对长期在条件艰苦、工

作困难的地方工作的干部职工格外关注，对不图虚名、踏实干事的干部职工更加留意，对埋头苦干、注重为长远发展打基础的干部职工绝不亏待"的用人导向。获得"全国建设系统思想政治工作先进单位"、"北京市思想政治工作创新奖"等荣誉称号，集团党委多年来在党建创新和思想政治领域的工作成绩得到上级有关部门充分认可。

20 年前，集团实力还很弱小。20 年后，集团总资产已达870 亿元、净资产 260 亿元、营业总收入 300 亿元、实现利润33 亿元，分别是 20 年前的 29.42 倍、25 倍、21.46 倍、78.43倍，经济效益和经营规模在北京市属国有企业中跃居前列，在中国企业 500 强、中国企业效益 200 佳和全国盈利能力 100 强等权威榜单中的排名持续大幅提升。

从 1992 年到 2012 年，金隅从当初的地方建材工业企业，经过了一路奋斗，百炼不轻，从革不违；博纳百川，守正出奇；金隅已经成为中国最具竞争力、影响力的行业领先企业，辉煌的业绩凝聚着金隅人不断创新的勇气与胆魄，还有不竭的智慧与才华。

20 年，金隅为社会贡献了不止 20 个金隅。

这是金隅的成长之路，这是属于金隅人的辉煌！

奉献在金隅，成长在金隅

结　　语

从"2009"到"601992"

"不了解金隅的历史，就不知道金隅的未来。"这是金隅的领导人经常告诫新一代金隅人的话。

2009 年 7 月 29 日，金隅股份在香港 H 股上市，金隅人选择"2009"作为金隅股票的代码，是想告诫金隅人：上市，只是金隅征战国际资本市场，寻找新发展的起点。从"2009"出发，金隅人任重道远。

同样，当 2011 年金隅在上海 A 股回归，金隅人按照上海证交所规则将自己的股票代码确定为"601992"，是想告诉今天的金隅人，我们从 1992 年一起走来，经过几代人的奋斗，终于站在了国际和国内两个资本市场的舞台上，这是金隅人坚定发展目标、始终如一、敢于梦想、顽强奋斗的结果。

金隅从 1992 走来，2009 是一个新的起点。未来的路，靠一代代金隅人为之奋斗，与之共同成长。

在金隅的旗帜上永远写着：

共同的核心价值观——"信用、责任、尊重"；

共同的企业精神——"重实际、重创新、重效益、争一流"；

共同的发展理念——"共融、共享、共赢、共荣"。

金隅人永远坚守着：

"八个特别"的金隅人文精神——"特别能吃苦、特别能奉献、特别有激情、特别有思路、特别能融合、特别有追求、特别能理解、特别能实干。"

坚持"使命金隅，价值金隅，责任金隅。"

金隅人，应持彩练当空舞，与金隅一起迈向国际一流，打造百年基业。

后　记

今年是北京金隅成立20年。这20年，北京金隅风雨兼程，伴随国家改革开放和城市的发展的脚步，由小到大、由弱到强，在创新中逐步成长为国有控股的大型现代化产业集团和征战国际国内两大资本市场的公众公司。金隅的成长历史是几代金隅人奋斗的历史。在走向金隅更好、更快发展的新时期，金隅人选择了用"记住"历史的办法，探寻金隅成长之路，寻找金隅成长的精神之源。

创作和出版这样一部书是金隅集团党委确定的纪念北京金隅20年系列活动之一。蒋卫平同志多次讲过，不了解金隅的历史，就不知道金隅将来的发展。在金隅的发展中，越来越多的企业融入金隅，越来越多的青年人成为金隅力量。金隅20年成长的历史证明：金隅的历史是金隅人奋斗成长的历史，金隅的成功来源于金隅企业文化这个原动力。因此，要让一代代金隅人记住凝聚在金隅人心中那与生俱来又与时俱进的金隅文化，并使之传承与发展。

为此，公司组织了一个工作团队，由总部各有关部门同志组成，这些人有些经历了集团20年发展过程，有些参与了集团、股份多项重要工作，有些人多次参与了集团重要文稿、资料的写作，经验丰富，和金隅一同走过。吴东同志最早召集大家进行座谈，提出了工作要求。之后，工作小组召开了两次策划会，商议编写方案。当时，大家达成的共识是：要写一本更多人可以看的书。

这一时期，主创人员阅读了集团发展的大事记；集团领导的重要讲话，特别是历年来工作会上董事长的重要讲话；20年《北京建材报》、《北京金隅报》，以及多年中集团组织编写的大量文稿。初步形成了一个框架意见后，又经过了不同方式的交流，提出方案，广泛地征求了各方面的意见。比如，老同志、宣传干部，总部、企业的部分同志等。

在广泛听取意见的基础上，我们提出了一个编写提纲，向吴东同志、段建国同志做了汇报，听取了意见，对方案做出补充修改。经过完善后，正式向董事长蒋卫平做了汇报。董事长利用约半天时间听取了本书前期工作汇报，并回顾了亲身经历的许多重要事件，反复论证了写作中可能出现的各种问题，之后提出了重要的原则意见，并就书的编写方法、线索等提出了意见，确定了这部书的书名：《铸造辉煌——金隅20年成长之路》。

在写作之前，我们又联系、采访了许多老同志、重要当事人，走访了多个在京企业。历时一个月左右。

在采访中，又发现了许多新线索，根据线索又继续找到许多书籍、讲话、文稿等。

全部资料整理、收集、采访工作大约两个月，阅读的文稿、资料等大约200万字。写作时间，一个多月。

初步成稿后，请了部分同志阅读。请董事长蒋卫平审阅，吴东、段建国同志也分别审阅了文稿，并提出重要的修改意见。

全书在8月中旬印制500册，继续听取意见。

在本书结构上：回顾集团20年成长史，我们发现一个十分有趣的现象：从1993年到2003年集团总收入翻一番；实现这一目标，金隅人用了10年。

从2003年到2008年，短短5年，金隅集团营业总收入又实现了翻一番。

从2008年到"十一五"末，集团紧紧抓住难得的历史机遇，一方面实现了在国际国内两个资本市场的成功跨越；另一方面，集团以科学发展观为统领，积极实现了集团整体布局，并在各个板块实现了跨越式发展，营业总收入再次翻一番。

这3个重要的历史时期，又刚好诞生了代表金隅企业发展、金隅企业文化的3位主要领导。三任领导，三个重要的发展阶段，更重要的是金隅发展的战略目标、规划步骤、企业文化被一直坚守，始终如一。这是金隅持续发展的最基本的保障，最基本经验，这也构成了这本书的前三个部分，分别是：第一部分　国有企业改革的必由之路；第二部分　金隅成长之路；第三部分　实现跨越式发展之路。

在前三部分总结金隅重要发展阶段的基础之上，我们又归纳了金隅发展的三个方面的重大成果或者主要经验，这就是：在规划发展方向上，金隅坚持了科学发展，选择和城市一起成长；在促进发展的手段上，金隅借助资本的手段实现了公司融资和企业融合，融合推动了发展；在实现内涵式发展上，公司推动和建立了和谐发展的金隅文化；这也形成了这本书的后面三部分。

这样的立意，也是为了体现集团制定的"十二五"发展的目标——"三个翻番带动一个翻番"，为实现这样的目标树立信心。

在内容上，我们一直牢记董事长蒋卫平多次要求的，让读者尽量多的了解金隅的历史，尽量清晰地了解金隅未来发展的战略选择。在这本书中，我们初步地记录了金隅由一个有政府主管部门性质的工业局逐步转变发展成国际化公众公司的历程；金隅旗下四个板块形成的历程；金隅文化表述的形成历程以及金隅发展的几个重要的机遇期，用故事阐述了金隅成长的十条基本经验。

所有的选材也是按照集团发展的整体思路，在整体框架下选材、表述，尽量做到从大处着眼，从细处着手，通过人的成长、事业的发展，展现金隅20年成长之路。尽量做到董事长蒋卫平要求的，让历史告诉未来。

在创作手法上：我们坚持写人、写事，采用纪实的手法，通过对金隅发展历程和其中人物命运的探讨，揭示公司的共同理念和金隅价值，让人们认同集团文化、认同集团发展道路、认同金隅发展的共同目标。

我们还尽量做成一部可以读的历史，特别是对于年轻的金隅人来说。

这本书的形成是金隅集团集体智慧的结晶。由金隅职工集体创作；在工作执行上，集团主要领导亲自参与策划，反复听取汇报，提出了重要的修改意见；总部各部门安排专人，提出意见，提供资料，给予咨询指导，参与了写作、编审的各个环节；各单位的党政领导、宣传干部同样给予本书积极支持，提供各种资料，为采访提供帮助；因此，本书中才有了大量的第一手材料，增强了本书的真实性、可读性。

参与本书策划的总部同志包括，刘炜、马一宁、徐宏雷、吴家仁、王淑英、裴克为、张静、王海滨、郭悦、刘素敏、刘杰、胡林等，部分企业的党委书记、经理，各个企业的宣传部、党群部负责同志，很多宣传干部，《北京金隅报》的通讯员等，许多离退休的老同志，都对本书采编工作给予了巨大的帮助。书中采用的许多照片来自集团和各单位的摄影爱好者，由于年代跨度太久，很多作者的名字已不十分清楚，只是那些比较熟悉的同志如王宁、邱小林、王永和、林捷生、贺路启、季伯文、夏芝玉、李军、张涛等都为本书提供了大量的图片和资料。在此，对于各方的支持和关注表示感谢！

这再次体现了，这本书是一首金隅人共同谱写的同心曲。

同时，还要感谢的是在本书创作、编写和出版过程中给予了许多专业指导和精神鼓励的，包括北京出版社、北京青少年音像出版社的编辑，是他们专注、专业的工作，使本书最终得以出版。

由于编写的时间实在有限，许多第一手材料欠缺，采访也不够全面；加上编写者整合资源的能力有限，创作能力有限，问题、疏漏、错误难免，好在我们还比较容易读到各种资料，还有那么多热心金隅事业的金隅人，大家的口授心传是对于金隅文化更好的注解。

以本书作证，全体参与者、创作者都抱着极大的热忱和严谨的态度，力求通过本书表达出对于金隅历史的尊重，对于金隅人的尊重。

二〇一二年十二月